Maria de Wit
Kinderkleidung

Maria de Wit

Kinderkleidung
natürlich und gesund

Ratschläge
Schnittmuster
Materialien

Verlag Freies Geistesleben

CIP-Titelaufnahme der Deutschen Bibliothek

Wit, Maria de:
Kinderkleidung natürlich und gesund:
Ratschläge, Schnittmuster, Materialien / Maria de Wit.
[Übers.: Petra Arbes. Ill.: Ronald Heuninck]. -
Stuttgart: Verlag Freies Geistesleben, 1990
Einheitssacht.: Kinderkleding <dt.>

ISBN 3-7725-0953-3

Die holländische Originalausgabe erschien 1989
unter dem Titel «Kinderkleding» bei Uitgeverij Christofoor, Zeist.
Übersetzung: Petra Arbes
Einband und Illustrationen: Ronald Heuninck
Deutsche Ausgabe: © 1990 Verlag Freies Geistesleben GmbH, Stuttgart
Druck: Greiserdruck, Rastatt

Inhalt

Einleitung

Kinderkleidung ist eine sehr persönliche Angelegenheit. Jeder, der ein Kind zu versorgen hat, macht sich seine Gedanken darüber. Dieses Buch ist entstanden, während unsere Kinder heranwuchsen. Die Ideen und Schnittmuster kommen direkt aus der Praxis und sind vielfach getestet. Was hier beschrieben wird, ist *eine* von vielen Möglichkeiten, wie man Kinderkleidung und Kinderbettchen aussuchen und ausstatten kann. Es soll helfen, sich ein eigenes Urteil darüber zu bilden und das zu finden, was zu der eigenen Art und Weise des Umgangs mit diesen Dingen paßt.

Der erste Teil dieses Buches handelt von Baby- und Kinderkleidung, Wiegen und Kinderbetten. Der Schwerpunkt liegt hierbei auf der Verwendung von natürlichen Materialien. Um Wiederholungen zu vermeiden, wird nicht jedes Mal erklärt, warum diese gewählt werden. Um sich grundsätzlich aufzuklären, kann man auch erst Teil 3 über die *Materialien* lesen.

Im zweiten Teil werden Schnittmuster gegeben. Sie sind einfach und bestehen meistenteils aus geraden Stoffteilen, die zu weiten Kleidungsstücken, die das Kind nicht in seinen Bewegungen behindern, zusammengenäht werden.

Im dritten Teil ist einiges über die Entstehungsgeschichte und die Verwendung von natürlichen und synthetischen Fasern sowie Pflegehinweise für die Kleidung aus diesen Fasern zu finden.

Die Artikel, die in diesem Buch genannt werden, sind nicht immer in herkömmlichen Textilgeschäften zu bekommen. Mit «Spezialgeschäften» meine ich Geschäfte, die sich auf das Verkaufen von Kleidung aus natürlichen und so wenig wie möglich mit chemischen Mitteln «veredelte» Materialien spezialisiert haben. Einige Adressen von solchen Geschäften sind im Anhang dieses Buches zu finden sowie auch eine Liste von Nachschlagewerken, falls man über ein bestimmtes Gebiet mehr erfahren möchte.

Ein Buch wie dieses macht man nicht allein. Es gab viele Menschen, die mit aufbauender Kritik halfen, die erzählten, wie sie ihre Kinder kleiden, die mit über die Schnittmuster, die aufgenommen werden sollten, nachdachten, die mich in ihrem Wäscheschrank oder Textilgeschäft herumschauen ließen. Peter Malaize möchte ich mit Namen nennen. Er half mir bei dem Kapitel über die Behandlung der Wäsche und gab mir viele sachkundige Ratschläge. Und dann sind da noch unsere Kinder, die so brav getragen haben, was ich für sie gemacht habe. All diesen Menschen möchte ich herzlich danken.

Maria de Wit

Teil 1
Die Kleidung des Kindes

1 Die Kleidung für das neugeborene Kind

Man kann annehmen, daß die Menschheit schon im Altertum ihre Babys vor Kälte und Wärme geschützt hat, indem sie sie in Tücher wickelte. Denn so wie die Urkleidung des erwachsenen Menschen aus gefalteten Tüchern, die durch Bänder und Nadeln zusammengehalten wurden, bestand, so werden auch die Kleidungsstücke ihrer Kinder solche Tücher gewesen sein. In der Zeit von Hippokrates (460-377 v.Chr.) waren sich die Ärzte darüber einig, daß jedes Kind gewickelt werden müsse. Nur hinsichtlich der Wickeltechnik war man verschiedener Auffassung. Eine Methode war zum Beispiel diese: Das Kind wurde in drei bis vier Finger breite Bänder gewickelt, die Gliedmaßen extra. Anschließend wurde der ganze Leib noch einmal mit Wickeln umgeben. Dann schlug man dem Kind ein Leintuch um, das mit noch breiteren Bändern festgemacht wurde (Abbildung 1). Von den alten Römern wissen wir, daß sie ein Kind direkt nach der Geburt wuschen und mit langen Binden «wie eine Mumie» – so schreibt der Dichter Titus Maccius Plautus (ca. 251-184 v.Chr.) – umwickelten.

Zur Zeit von Christi Geburt waren die Bräuche unter den Juden nicht anders, denn die Bibel erzählt: «Und sie gebar ihren ersten Sohn und wickelte ihn in Windeln und legte ihn in eine Krippe…» Plinius der Ältere (23 – 79 n.Chr.) ist wahrscheinlich der erste Arzt gewesen, der Einwände gegen das Wikkeln hatte. In einem seiner Bücher bezweifelt er, ob es gut sei, den Menschen direkt nach der Geburt in Windeln und Binden zu legen (was bei keinem anderen Geschöpf vorkommt): «Denn dann liegt das Wesen, das später über alle anderen Geschöpfe herrschen soll, an Händen und Füßen gebunden weinend darnieder.»

Das älteste schriftliche Dokument über das Wikkeln in den Niederlanden finden wir nicht in medizinischen Schriften, sondern auf einer Rechnung des Grafen Albrecht van Beieren aus dem

Abb. 1

Jahre 1360. Sie wurde ausgestellt, als seine Tochter in Den Haag geboren wurde: «6 1/2 Ellen weiße Laken gekauft, (um) meine kleine Tochter einzuwickeln.» Im Jahre 1457 gab der Arzt Bartholomäus Metterlingen aus Augsburg Anweisungen für das Dehnen und Richten der Gliedmaßen beim Wickeln. Der Chirurg Felix Würtz (1518-1574) warnt in seinen *Practica der Wundartzeny* vor dem zu strammen Wickeln und beschwört die Mütter, keine «Kunst» aus dem Wickeln des Kindes zu machen. Ein zu stramm gewickeltes Kind würde im Schlaf viel Angst und Kummer haben. Ende des 17. Jahrhunderts schreibt Doktor François Mauriceau, daß ein Kind fest gewickelt werden müsse. Das würde ihm ein schön gerades Körperchen geben und es daran gewöhnen, aufrecht zu gehen. Denn sonst würde es unter Umständen wie ein Tier auf Händen und Füßen laufen. Man befürchtete auch, daß die kleinen Händchen und Füßchen, wenn sie nicht gewickelt würden, beschädigt würden oder abfallen könnten. Ende des 18. Jahrhunderts schreibt Jean Jacques Rousseau (1712-1778), daß es besser wäre, den Kindern besonders weite Kleidung anzuziehen, die den Gliedmaßen viel Freiheit läßt. Mitte des neunzehnten Jahrhunderts riet man wiederum dazu, das Kind zu wickeln. Das sei nötig, weil so Gliedmaßen und Körper in einer festen Position blieben und beim Herumrollen von der einen auf die andere Seite nicht gekrümmt würden. Zu festes Wickeln richte jedoch viel Schaden an, es behindere die Atmung und störe die Körperfunktionen.

Diese ganze Diskussion der gelehrten Doktoren ging an der einfachen Mutter vorbei. Weil ihre Mutter, Großmutter, Tanten und Schwestern gewickelt hatten, wickelte sie ihr Kind auch. Sie glaubte, dadurch die Haltung ihres Kindes zu verbessern und einem Nabelbruch vorzubeugen. Man glaubte, daß auch die Art der Wochenpflege auf den Charakter, den das Kind bekommen würde, einen Einfluß hätte. Hatte die Amme in ihrem Ammenstuhl (einer Kreuzung zwischen einem niedrigen Stuhl und einem Korb mit einer hohen, halbkreisförmigen Rückenlehne, Abb. 2) zu dicht am Feuer gesessen, dann konnte es leicht passieren, daß das Kind ein «Hitzkopf» wurde. Erst im Laufe des neunzehnten Jahrhunderts wurde das stramme Wickeln immer ungebräuchlicher, doch das Umschlagtuch für das ganz kleine Kind blieb bestehen. So war es etwa bis 1950 noch allgemeiner Brauch, die Kinder in ein Umschlagtuch gewickelt schlafen zu legen. Heute verwendet man das Umschlagtuch nur noch in den ersten zehn Tagen. Danach tragen die Kinder meistens einen Strampelanzug.

Abb. 2

Als Erwachsene haben wir bereits gelernt, mit unseren Gliedmaßen und unserer Freiheit umzugehen. Das kleine Kind ist noch lange nicht so weit. Vor der Geburt sitzt es in dem allerkleinsten Häuschen, das man sich nur vorstellen kann. Bei der Geburt werden auf einmal alle «Grenzen» weggenommen. Die Welt erweist sich als hell und groß. Das Kind schützt sich gegen das äußere Licht, indem es die Augen schließt und viel schläft. Aber der kleine Körper fühlt sich im Raum verloren. Wenn wir das Kind warm in Umschlagtücher einpacken, können wir ihm wieder wenigstens einen Nachklang der Geborgenheit von der Zeit vor der Geburt vermitteln. Sobald es die Beinchen streckt, fühlt es den Stoff und weiß, wo es ist. Vielleicht ist das auch der Grund, warum viele Kinder mit dem Kopf an der Oberseite der Wiege liegen wollen. Gerade da, wo das Kind spürt: hier bin ich nicht mehr, hier ist es anders – da findet es seine Form. Der Dichter sagt: «Ich finde meine Form, wo ich meine Grenzen spüre.» Kinder suchen ständig nach ihrer Form und brauchen dringend die Grenzen, die wir ihnen setzen. Zuerst in Form eines Wickeltuches, das ihnen Sicherheit gibt. Nach ein paar Monaten können sie an demselben Wickeltuch oder im Strampelsack ihre Kräfte ausprobieren, wenn sie versuchen, die Begrenzungen wegzustrampeln. Noch später im Leben können sie auf der Grenzlinie, die wir zwischen dem, was erlaubt und was nicht erlaubt ist, ziehen, ihre Kräfte erproben.

Das Wickeltuch müssen wir darum gut feststecken oder -knoten, so daß es nicht weggestrampelt werden kann. Aber es muß genug Platz lassen. Das Kind muß sich bewegen und bei Bauchkrämpfen die Beine zum Bauch hin ziehen können. – Es gibt noch einen anderen Grund, das Kind zu wickeln: So ein Wickelpuck ist wunderbar warm! Kinder brauchen bis zum Alter von neun bis zehn Monaten die Schutzhülle physischer Wärme ganz besonders, um zu wachsen und um Gehirn und Organe zu entwickeln. Mag es auch so aussehen, als ob sie nie frieren würden – einem Kind mit kalten Händchen ist wirklich kalt! Es kann es lediglich noch nicht selber unterscheiden, da es noch zu wenig in seinem Leib zu Hause ist, und außerdem – wie sollte es uns das sagen können? Ein Erwachsener, der friert, produziert Wärme, indem er die durch die Nahrung aufgenommenen Kalorien verstärkt in Wärme umsetzt. Sein Herz schlägt schneller, und sein Atem geht rascher, bis die gewünschte Temperatur erreicht ist. Das Neugeborene macht das auch, aber im Gegensatz zum Erwachsenen kann es die Wärme in und um den Körper herum nicht halten. Es ist gezwungen, immer wieder neue Energie zu produzieren, um warm zu bleiben. Erst wenn wir es von außen mit Wärme umgeben, kann es sich entspannen und ruhig einschlafen. Experimente mit nackten Kindern haben gezeigt, daß die Kinder solange Energie in Wärme umsetzten, bis die für sie ideale Temperatur (29°) in der unmittelbaren Umgebung ihres Körpers erreicht war.

Ist das Kind wach und droht abzukühlen, dann fängt das «kleine Feuer» von innen sogleich an zu brennen. Wenn das Kind jedoch tief schläft, kann es passieren, daß es nicht merkt, daß es abkühlt. Ein kalt gewordenes Kind hat kalte Hände und Füße, obgleich der Körper unter den Kleidern sich unter Umständen warm anfühlt. Das Kind ist unruhig, eventuell atmet es schneller und weint. Wird es dann in ein Wolltuch gewickelt oder mit in ein warmes Zimmer genommen, dann wird es ruhiger.

Mit Hilfe des Wickeltuchs können wir eine ruhige und gleichmäßige Entwicklung des Kindes unterstützen. Pullover und Hemdchen sollten möglichst aus natürlichen Materialien sein: Wolle oder Seide, Baumwolle für heiße Tage und für die Windeln. Eine Windelhose aus Wolle verhindert, daß das Wickeltuch naß wird und hält das Kind in der nassen Windel gut warm. Dann braucht es keine zusätzliche Energie zu produzieren, um warm zu bleiben, und kann all seine Kraft aufs Wachsen konzentrieren. Das Kind braucht gerade die Wärme, um von seinem Leib Besitz nehmen zu können. Erst in der Wärme kann das «Ich» des Menschen geboren werden. Wir kennen dieses Gefühl doch auch: Wer hätte noch nie, nachdem er frierend nach Hause gekommen war, Wollpulli und Socken angezogen, sich die Hände und Füße gewärmt und dann erklärt: «Jetzt fühl' ich mich wieder wie ein Mensch!»

2 Die Babyausstattung

Nachstehend folgt eine Liste von Babyartikeln, die man benötigt, wenn das Kind geboren wird. Man braucht nicht viel – Kinder wachsen schnell, und auffüllen kann man die Garderobe jederzeit noch.

3 Hemdchen aus Bouretteseide, Trikotseide oder Baumwolle
3 Wollhemdchen
3 Wollpullöverchen
3 Pullis aus Baumwolle oder Trikotseide
1 oder 2 Ärmelwesten aus Wolle (eventuell)
12 Mullwindeln
12 Reiskornwindeln
6 Windeleinlagen aus Seide (eventuell)
3 Windelhosen aus unentfetteter Schafwolle (können auch nach der Geburt gekauft oder gestrickt werden, man braucht sie erst nach ca. 6 Wochen)
4 Umschlagwindeln aus Flanell
4 Moltontücher
1 Wickeltuch aus Wolle
1 Umschlagtuch aus Wolle
6 Nabelbinden
2-3 Seidenmützen
Wolljacke
1 Wollmütze
1-2 Paar Wollsocken
6 Spucktücher
3 Mull- und 3 Frotteewaschlappen

3 Handtücher
4 Sicherheitsnadeln
1 Wickelkommodenauflage
Wiege
Matratze
3 oder 4 Moltontücher (zum Unterlegen unter das Bettlaken)
3 oder 4 Babybettlaken
3 Kissenbezüge (eventuell)
3 Unterlaken (eventuell)
1 kleines Gummituch oder eine kleine Wolldecke
2-3 Babydecken aus Wolle
2 Bettflaschen aus Metall mit Hülle
1 Babybadewanne
1 Waschschüssel
Haarbürste (am besten mit echtem Haar; wenn das nicht möglich ist, können die Haare auch mit einem Handtuch gebürstet werden)
Kamm, möglichst aus Holz
Babyseife, Babyöl und Babysalbe (siehe auch Produktinformation im Anhang)
Strampelanzüge braucht man erst dann, wenn das Kind ins Laufställchen kommt.

Wollschlafsächchen als 3 Ko.

Hemdchen

Für die Allerkleinsten ist ein Hemdchen zum Binden am praktischsten. Ein Hemdchen, das man über das Köpfchen ziehen muß, stört das Kind. Außerdem kostet es mehr Zeit, und das Kind kühlt unnötig ab. Später kann man Hemdchen mit Kreuzverschluß verwenden. Die Halsöffnung ist schön weit, so daß das Köpfchen bequem hindurch kommt. Hemdchen, die mit Druckknöpfen zwischen den Beinen geschlossen werden (die sogenannten Windelhemdchen) sind weniger geeignet, wenn man eine Windelhose aus Wolle benützt. Das enganliegende Hemd nimmt die Feuchtigkeit aus der Wollhose darunter auf, und so werden alle Sachen naß. Außerdem werden sie bald zu klein, weil der Rumpf des Kindes sehr schnell wächst.

Seide. In ungefähr drei Tagen spinnt sich die Seidenraupe einen Kokon, der sie vor allen störenden Einflüssen von außen abschließt. Darinnen kann sie sich in aller Ruhe in einen Schmetterling verwandeln. Wenn der Mensch Seide verwendet, schützt er sich durch diese umhüllende Eigenschaft, vor der Unruhe, die uns heutzutage überall umgibt. Seide kann bis zu 30% ihres Eigengewichtes an Feuchtigkeit aufnehmen, ohne sich naß anzufühlen. Daher ist sie ein ideales Material für Hemden. Außerdem hält sie die Wärme, wenn es kalt ist, stößt sie jedoch ab, wenn es warm ist. Für das Neugeborene könnte man ein Seidenhemdchen wählen, eventuell mit einem Wollhemdchen darüber; später nur Wolle oder nur Seide. Seidenhemdchen kann man in Spezialgeschäften kaufen. Dort wird auch Trikotseide am Meter verkauft, so daß die Hemdchen selbst genäht werden können.

Wolle-Seide-Gemisch. In denselben Spezialgeschäften findet man auch Hemdchen aus 70% Wolle mit 30% Seide gemischt. Diese Hemdchen verfügen über die günstigen Eigenschaften von beiden Materialien.

Wolle. Wolle enthält eine Eiweißverbindung, die dem in unseren Haaren und Nägeln enthaltenen Keratin entspricht. Sie schützt das Schaf gegen Hitze: Das dicht auf der Haut anliegende Fell läßt die Wärme kaum hindurch; gegen Kälte: Durch ihre Krauslocken kann die Wolle viel warme Luft um das Schaf herum festhalten; gegen Regen: Die Schuppen, womit das «Wollhaar» bedeckt ist, schließen sich, und das Wasser tropft ab; gegen Transpiration: Die Schuppen öffnen sich und nehmen die Feuchtigkeit – bis zu 40% ihres Eigengewichtes – auf; gegen

Giftstoffe: Die mit dem Schweiß aufgenommenen Giftstoffe werden im Wollhaar unschädlich gemacht.

Das Schaf verdankt seinen gleichmütigen Charakter auch seiner Wolle, die all diese störenden Einflüsse von außen auffängt. Wenn das Schaf geschoren wird, dann bleibt die Wolle «lebendig» und erweist auch demjenigen, der sie dann trägt, gute Dienste. Darum ist es für jeden Menschen, und mit Sicherheit auch für ein Neugeborenes, gut, als erste Schicht Wolle auf der Haut zu tragen. Die Wärme der Wolle schützt das Kind vor zu schnellem Abkühlen. Die Fähigkeit, Feuchtigkeit aufzunehmen, sorgt dafür, daß es angenehm trocken bleibt, auch wenn die Windel mal etwas nasser als sonst geworden ist.

Es kann sein, daß ein Kind empfindlich auf die Wolle reagiert, weil das Material durch die gekräuselten Fasern auf der Haut kribbelt. Das kann nach einer halben Stunde, bei anderen jedoch erst nach ein paar Tagen vorbeigehen. In manchen Fällen bleibt die Irritation bestehen, dann sollte die Wolle besser nicht direkt auf der Haut getragen werden.

In Spezialgeschäften kann man sehr feinmaschige Wollhemdchen kaufen. Meistens ist derselbe feinmaschige Wollstoff dort auch als Meterware zu bekommen. Daraus kann man die Hemdchen auch selber machen.

Aus sehr feiner Strickwolle und Nadeln mit Nadelstärke 2 – 2 1/2 kann man die Hemdchen auch selber stricken.

Baumwolle. Die zu Fäden gesponnenen Flöckchen der Baumwollsaat bilden den Grundstoff für jedes Kleidungsstück aus Baumwolle. Die Flöckchen schützen die Samen vor dem Austrocknen, indem sie sie kühl halten und das Sonnenlicht abführen, und vor dem Verfaulen, indem sie das Übermaß an Feuchtigkeit absorbieren. Dadurch ist Baumwolle in der Lage, bis zu 20% ihres Eigengewichtes an Feuchtigkeit aufzunehmen.

Baumwolle kann keine Wärme halten, aber durch die Verarbeitung zu Trikot (zwischen den Maschen kann mehr warme Luft stehen bleiben) und durch Aufrauhen des Stoffes auf einer Seite hat man versucht, diesem Mangel abzuhelfen.

Baumwolle ist von alters her der meist verwendete Grundstoff für Unterwäsche, da sie gut waschbar ist. Auch für Kinderkleidung wird Baumwolle gern und häufig verwendet. Durch die Veredelung der Baumwolle gehen jedoch viele ihrer guten Eigenschaften verloren. Baumwollhemdchen werden in vielen Babyartikel-Geschäften verkauft. Vor dem Kauf sollte man das Etikett lesen. Häufig sieht etwas wie Baumwolle aus, erweist sich aber als Gemisch aus Baumwolle und synthetischen Fasern. In Spezialgeschäften kann man Baumwollhemdchen finden, die so wenig wie möglich behandelt sind.

Baumwolle mit Viskose oder Modal. Ausgangsprodukt für die Viskoseherstellung sind Zellstoffplatten, die durch verschiedene Behandlungen zu zähflüssiger Viskose gelöst und dann in ein Spinnbad gepreßt werden, in dem die Zellulose wieder ausgefällt wird, bis man die sogenannten Endlosfäden erhält. Versponnen mit Baumwolle ergibt das einen Stoff, der dieselben Trageeigenschaften wie Baumwolle hat. Modal ist veredelte Viskose.

Hemdchen aus diesem Material sind von geringerer Qualität als Baumwollhemdchen, da einer der Grundstoffe künstlich zusammengesetzt ist. Es ist eine häufig vorkommende Mischung. Das eingenähte Etikett gibt die Prozentanteile der jeweiligen Materialien an.

Baumwolle mit synthetischen Fasern. Synthetische Fasern wie Polyester oder Polyamid werden aus Steinkohle oder Öl hergestellt. Bis man das gewünschte Endprodukt erhält, wird das Ausgangsmaterial verschiedensten Ver- und Bearbeitungsprozessen unterworfen. Synthetische Fasern können nahezu keine Feuchtigkeit aufnehmen, noch können sie Wärme ventilieren. Das kann allergische Reaktionen in Form von Hautausschlägen verursachen. Hemdchen aus Baumwolle mit synthetischen Fasern sind aus diesem Grunde nicht so günstig.

Pullover Pullis dürfen nicht zu eng sein, müssen leicht an- und auszuziehen sein und dürfen die Bewegung nicht behindern.

Für ein ganz kleines Kind sind Pullis mit dem Verschluß an der Rückseite recht praktisch; später sind es Pullis mit einem weiten Halsausschnitt, zum Beispiel einer runden Passe, die einsrechts-einslinks gestrickt ist und durch die man ein Bändchen, das an den Hals anschließt, zieht. Ein Verschluß mit Knöpfen auf der Schulter läßt viel Platz für das Köpfchen und stört nicht beim Liegen.

Wolle. Erwachsene schlafen oft in einem kühlen Zimmer besser. Ein Wiegenkind sollte in der kalten Jahreszeit und in kühlen Sommern lieber warm eingepackt in einem kühlen Zimmer stehen als dünn angezogen in einem gut geheizten Zimmer. Mit Wollpullis kann man sie schön warm anziehen. Letztere bekommt man in Spezialgeschäften. Oft möchten Omas oder Tanten sie auch gern selber stricken. Man sollte sie nicht zu knapp bemessen, die Kleinen wachsen schnell. Ein straff gestrickter Pullover verfilzt schneller als ein etwas lockerer gestrickter.

Seide. Seidenpullis sind an warmen Tagen kühlend und an kalten Tagen wärmend. Das ist eine angenehme Trageeigenschaft für ein Kindchen, das im Sommer geboren wird.
Seidenpullover können unter einem Woll- oder Baumwollpullover getragen werden. Sie werden ebenfalls in Spezialgeschäften angeboten.

Wolle und Seide. Es gibt Pullover aus einem Wolle-Seide-Gemisch. Die Prozentanteile sind auf dem eingenähten Etikett angegeben. Diese Pullover bringen die guten Eigenschaften von Wolle und Seide in einem Kleidungsstück zusammen.

Baumwolle. Baumwollpullis sind angenehm an warmen Tagen. Wenn es kälter wird, sind sie nicht mehr warm genug, aber unter einer Wollweste getragen erweisen sie gute Dienste. Vor dem Kauf sollte man das eingenähte Etikett lesen. Man kann schwer sehen oder fühlen, ob es sich um reine Baumwolle oder um ein Mischgewebe handelt. Das Angebot der großen Babywarenhäuser ist jedes Jahr wieder anders. Meist werden Pullis aus reiner Baumwolle überall verkauft.

Baumwolle mit Viskose oder Modal. Siehe hierzu unter «Hemdchen» auf S.18.

Baumwolle mit synthetischen Fasern. Pullover aus Kunstfasern oder aus einem Mischgewebe sind überall zu bekommen. Sie sind – wie auch die Hemden aus diesen Materialien - nicht zu empfehlen. Wenn wir jedoch keine Wahl haben, dann ist ein Baumwolle-Viskose-Mischgewebe besser als eines aus Baumwolle und Kunstfasern; auf jeden Fall ist ein Pulli mit einem hohen Baumwollanteil einem aus rein synthetischem Material vorzuziehen.

Ärmelwesten aus Wolle

Diese Ärmelwesten gibt es in zwei Ausführungen:

– als Schal um die Schultern und mit Manschetten, die um den Puls geschlossen werden. Das hält die Schultern warm und gibt keinen dikken Pfropf zwischen den Ärmchen, wenn das Kind auf der Seite liegt (siehe Muster auf Seite 149);

– als Schal mit Halsausschnitt und Vorderteil, wird mit einem Bändchen zugemacht. Wenn das Kind viel auf dem Rücken schläft, dann wird auf diese Weise ein Teil des Oberkörpers warm gehalten.

Windeln

In einem Buch aus der Vorkriegszeit über Kinderpflege wird der werdenden Mutter folgender Rat gegeben: «Für die allerersten Windeln, die sehr weich sein müssen und auch nicht zu groß sein sollten, kann man sich am besten der Vorräte aus Mutters oder Großmutters Wäscheschrank bedienen und einen ordentlichen Stapel halb verschlissenen Damast mit nach Hause tragen. Davon kann man die allerfeinsten Windeln machen!»

Es gibt bestimmt nicht mehr viel Omas, die einen Stapel halbverschlissenen Damast im Schrank haben. Sollte dem dennoch so sein, dann empfiehlt das Buch, daraus 12 Windeln mit den Maßen 70 x 70 cm zu nähen.

Die herkömmlichen Windeln, wie sie in jedem Babygeschäft verkauft werden, können in drei Sorten unterteilt werden.

Mullwindeln. Diese Windeln bestehen aus zwei Stoffschichten, die rautenförmig aneinandergewebt sind. Sie sind weich und können die Feuchtigkeit gut aufnehmen. Für das Neugeborene sind sie genau so fein wie der halbverschlissene Damast.

Reiskornwindeln. Diese Windeln sind fester und fühlen sich etwas dikker an als die Mullwindeln. Sie sind besonders gut, wenn das Kind etwas älter wird. Am besten ist es, von beiden Windelsorten ein paar im Haus zu haben. Insgesamt 24 Windeln – so wie gelegentlich empfohlen wird – ist ein bißchen knapp, wenn mal an einem Tag nicht gewaschen wird, wenn die Wäsche nicht trocknen will oder wenn man öfter die Windeln wechseln muß. Eine Gesamtanzahl von 30 bis 36 Stück läßt dann etwas mehr Bewegungsfreiheit.

Die vorgeformte Windel. Diese
Windeln sind manchmal aus Trikot-, manchmal aus Frotteestoff
und haben ungefähr die Form
einer gefalteten Windel (Abbildung 3). Sie können mit Klettband, einem Bändchen um die
Taille oder mit Sicherheitsnadeln geschlossen werden. Manche Marken haben an der Innenseite Streifen, worunter man
eine Papier- oder Textilwindel
schieben kann. Sie sind pro
Stück ca. 25% teurer als einfache Windeln. Windeln mit einer
extra Verdickung zwischen den
Beinen brauchen länger, um
trocken zu werden. Windeln,
die das nicht haben, sind auf die
Dauer zu dünn. Dann kann man
eine eigens dafür entworfene
kleine Windel oder eine herkömmliche Windel einlegen.
Die Bändchen sollten vor dem

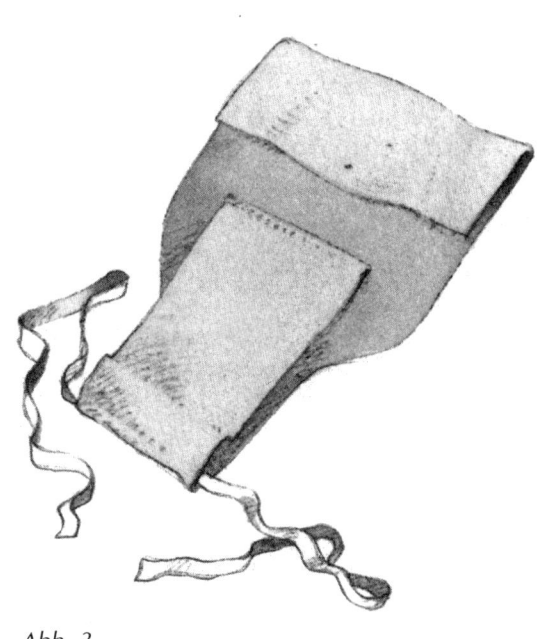

Abb. 3

Waschen zu Schleifen gebunden werden, sonst kommt die Windel als
gordischer Knoten aus der Maschine.
Für viele liegt der große Nachteil der Textilwindeln im Waschen. Im
ersten Lebensjahr des Kindes hat man ungefähr 2000 Windeln zu waschen. Schmutzige Windeln auszuspülen ist keine angenehme Arbeit.
Ständig Wäsche um einen herum, die noch nicht gewaschen oder zusammengelegt ist, kann einen hetzen oder auch lähmen: «Hört das denn
nie auf, was hat das für einen Sinn…». Aber Papierwindeln werden aus
kostbaren Bäumen gemacht, sie verschmutzen die Umwelt sogar schon,
bevor sie hergestellt sind (als Grundstoff wird, genauso wie bei der
Viskoseherstellung, Zellulose verwendet, s. S.226). Sie sind mit Plastik
kombiniert, worin wir das Kind von den Oberschenkeln bis zur Taille
einpacken. Außerdem muß die gleiche Anzahl von 2000 Windeln pro
Jahr und pro Kind auch wieder vernichtet werden.

Was mit einer Papierwindel nicht geht

- Ein oder zwei Stoffwindeln kann man als Handtuch für das Kind verwenden. Sie sind schön weich für die zarte Haut, und wenn man sie nach dem Baden trocknen läßt und sie später wieder als Windel verwendet, hat man ein Handtuch weniger in der Wäsche.
- Eine Windel, über die Schulter gelegt, wenn das Kind sein Bäuerchen macht, hält die Kleidung sauber.
- Eine Windel im Kissenbezug gibt etwas mehr Volumen, und das Kind liegt trotzdem flach.
- Eine Windel kann den Kissenbezug ersetzen, wenn er von den kleinen Händchen zusammengefriemelt oder wenn er naß geworden ist.
- Eine Windel gibt eine warme Mütze ab, worunter die Haare nach dem Waschen trocknen können; die Windel diagonal falten und ums Köpfchen binden, so wie unsere Omas früher beim Hausputz (Abbildung 4). Der Kopf bleibt warm, und das Haar kann schon trocknen, während das Kind abgetrocknet und angezogen wird. Danach kann das Haar weiter getrocknet und gekämmt werden.
- Eine Mullwindel in 10 x 10 cm große Stücke schneiden. Drei dieser Stückchen aufeinander legen und mit Zickzack-Stich aneinander nähen. So erhält man kleine, gut waschbare Kompressen, die man als Stilleinlagen im BH tragen kann.

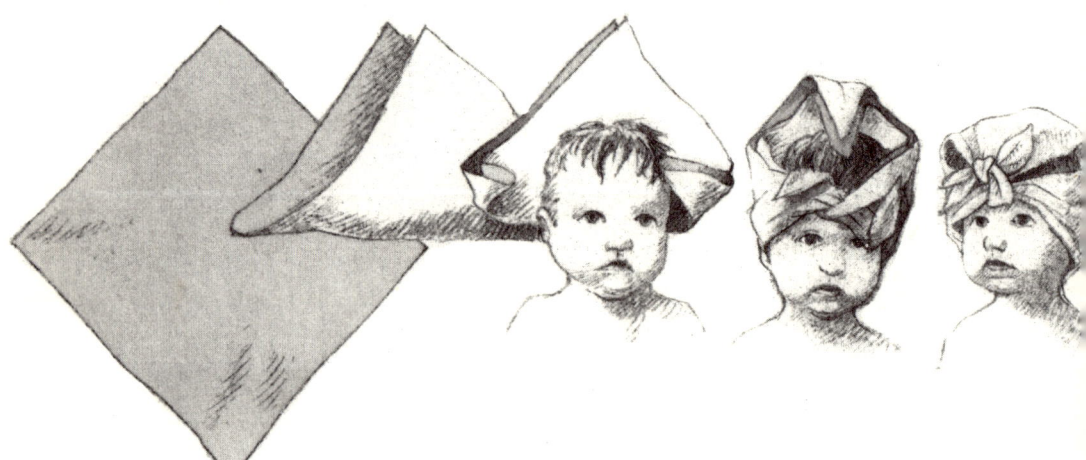

Abb. 4: «Trockenmütze» für ein Kleinkind

Das Falten der Windel

Für ein kleines Baby ist folgende Methode in den ersten zwei, drei Monaten ausreichend (Abb. 6):

Das dünne Ende zwischen den Beinchen falten, die breite Manschette um den Leib fängt die Feuchtigkeit auf. Eine Sicherheitsnadel ist am Anfang nicht nötig.

Dann gibt es noch den sogenannten Flieger: Das schmale Teil zwischen die Beine legen. Die Zipfel um den Leib hierüber falten und mit einer Sicherheitsnadel feststecken (Abb. 7). Für ein größeres Kind kann man auch vier Sicherheitsnadeln nehmen (Abb. 8).

Die so gefaltete Windel (Abb. 9) mit einer Sicherheitsnadel in der Mitte feststecken. Diese Methode wird in England viel angewandt. Die Seitenkanten der gefalteten Windeln sind schön schräg, so daß die Windel an den Beinen nicht kneifen kann. Die so gefaltete Windel paßt eigentlich die ganze Zeit hindurch, in der das Kind noch nicht trocken ist. Wenn das Kind größer wird, faltet man die Windel nicht ganz doppelt, damit sie etwas länger ist.

So geht es auch (Abb. 5):

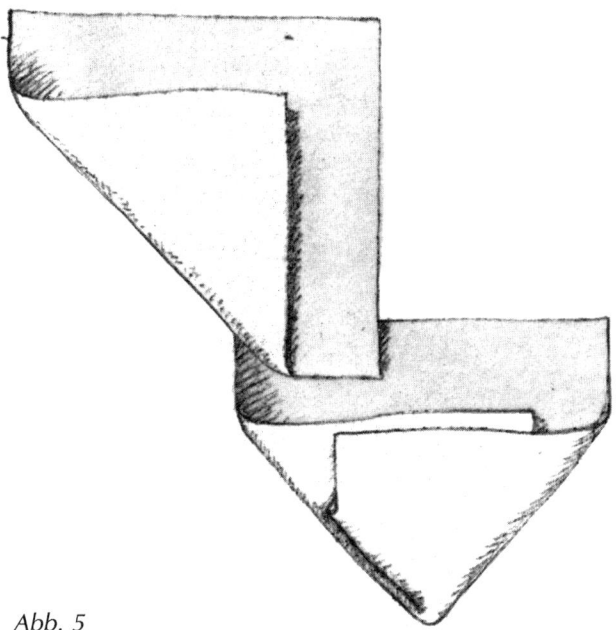

Abb. 5

Abb. 6: Windel

*Abb. 8: Flieger mit
4 Sicherheitsnadeln*

Abb. 7: Der Flieger

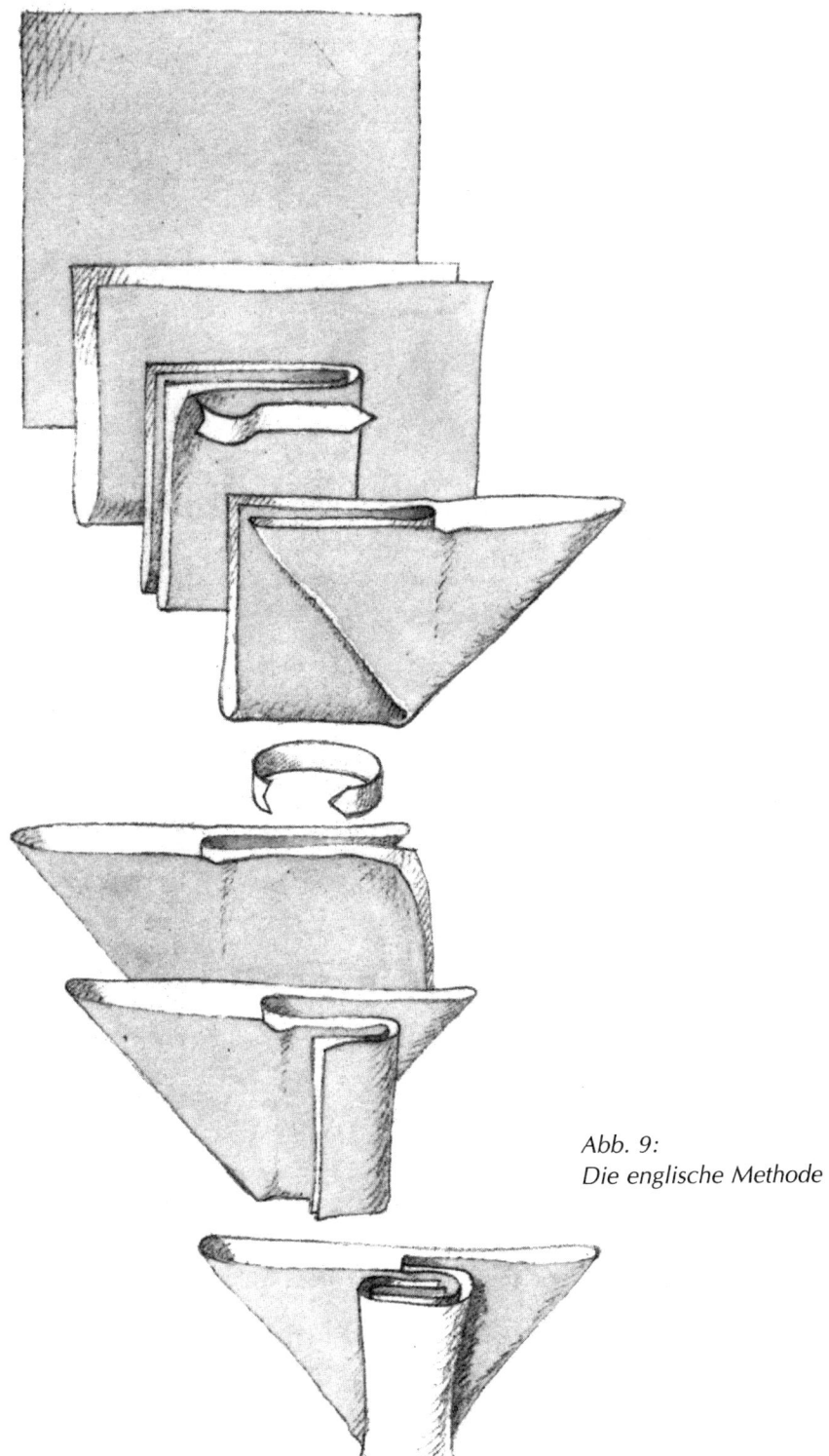

Abb. 9:
Die englische Methode

Die Windel liegt dort, wo die meiste Feuchtigkeit hinkommt, vierfach übereinander und um den Leib einfach. Auch hier genügt eine Sicherheitsnadel zum Feststecken.

Man kann ruhig verschiedene Wickelmethoden ausprobieren, bis man die gefunden hat, die einem selbst und dem Kind am meisten liegt. Nach einigen Monaten wird man vielleicht nochmal herumexperimentieren: Dann hat sich viel verändert, weil das Kind gewachsen und die Mutter um einige Erfahrungen reicher geworden ist.

Es ist ganz praktisch, die gewaschenen Windeln direkt in das gewünschte Modell zu falten und sie dann als viereckige Päckchen zusammenzulegen. Auf diese Weise kommen ordentlich aussehende Stapel in den Schrank, und man spart Zeit beim Wickeln.

Die Windel-pflege

Einweichen. Man sollte zwei Windeleimer in Gebrauch haben, einen für die nassen und einen für die (in der Toilettenspülung) ausgespülten Windeln. Wenn sich der zähflüssige Stuhlgang des kleinen Babys schlecht ausspülen läßt, dann kann man die Windel erst ein paar Stunden in einer leichten Soda-Lösung (1 Eßlöffel Soda auf 5 Liter Wasser) einweichen. Das Ausspülen geht dann viel einfacher. Ein biologisches Einweichmittel hilft hier gar nicht oder nur sehr wenig.

Auch sonst können die Windeln in Wasser mit 1-2 Eßlöffel Soda auf einen vollen Eimer (10 Liter) eingeweicht werden. Wenn jedoch nicht jeden Tag gewaschen wird, kann es sein, daß das Soda unangenehm riecht. Dann ist Schmierseife besser. Ein oder zwei Eßlöffel Schmierseife in warmem Wasser auflösen und mit kaltem Wasser auffüllen, bis man genug für zwei halbvolle Eimer hat. Das gibt keinen üblen Geruch, und die Windeln werden so noch einfacher sauber.

Waschen. Für die Wäsche ist ein Seifenwaschmittel das beste. Echte Seife besteht aus einer Kombination von Fett und Lauge. Die Fettstoffe in der Seife schützen die Faser und verhindern, daß sie austrocknet. In Seife gewaschene Windeln fühlen sich immer weich an. Ein Weichspüler ist daher nicht nötig. Weichspüler sollte man übrigens niemals für Windeln verwenden. Sie legen einen undurchlässigen Film um die Faser, die infolgedessen weniger Feuchtigkeit aufnehmen kann.

Ein synthetisches Waschmittel habe ich selber lieber nicht verwendet. Man hat herausgefunden, daß die Detergentien in einem synthetischen

Waschmittel die Durchlässigkeit von Membranen vergrößern. Unsere Haut ist so eine Membran. Wie gut man auch spült (spülen ist verdünnen), es bleibt doch immer ein Waschmittelrest in der Wäsche zurück. Das merkt man deutlich daran, daß die trockene Wäsche immer noch ein bißchen nach Waschmittel riecht. Die Detergentien im synthetischen Waschmittel werden durch den Urin des Kindes wieder aufgelöst. Die Babyhaut, die am Anfang noch so zart und durchscheinend ist, daß man fast Angst hat, sie durch das bloße Berühren zu beschädigen, wird noch poröser gemacht. Die Haut wird so allen eigenen Abfallstoffen, den Waschmittelresten und den Bakterien, die dann gern mit von der Partie sind, ausgesetzt, und diese werden dann wieder vom Körper aufgenommen. Seifenwaschmittel-Rückstände, die dadurch frei werden, daß sie sich in Schweiß oder Urin auflösen, können dagegen von der Haut neutralisiert werden. Es kann sein, daß das ganz kleine Kind dazu noch nicht völlig in der Lage ist, aber die Irritation ist bestimmt geringer als bei synthetischen Waschmitteln. (Für weitere Informationen über Waschmittel s. S. 240 ff.)

Bleichen. Die Sonne bleicht noch am sichersten. Chlor entfernt die Flecken nicht, sondern ätzt den Farbstoff des Flecks weg, so daß dieser unsichtbar wird. Chlor ist schlecht für die Haut und für die Umwelt. (Siehe auch das Waschen von Baumwolle, S.220.)

Trocknen. Windeln müßten eigentlich immer draußen trocknen. Das hat viele Vorteile: Der Wind macht die Windeln schön weich, die Sonne bleicht die Flecken weg und vernichtet die meisten Bakterien, so daß man die Windeln, selbst für ein Neugeborenes, nicht mehr bügeln braucht. Doch leider läßt unser Wetter das längst nicht immer zu. Wer Glück hat, findet ein trockenes Plätzchen unter einem Balkon oder einer Pergola oder hat die Möglichkeit, eine Wäscheleine an der Innenseite eines geöffneten Fensters zu befestigen. In vielen Fällen muß man mit einer Wäscheleine über der Treppe, dem Trocknen der Windeln über der Heizung oder, wenn die Luftfeuchtigkeit im Haus wegen der Zentralheizung recht niedrig ist, über Nacht im Wohnzimmer vorlieb nehmen. Doch alle diese Lösungen sind mit großen Umständen verbunden. Als letztes bleibt noch der Trockner. Er braucht wenig Platz, kann sogar auf der Waschmaschine stehen und trocknet innerhalb kürzester Zeit alles, was man braucht. Doch neben diesen deutlichen Vorteilen hat der Trockner auch große Nachteile: Die Wäsche verschleißt, die Trommel selber ist teuer und verbraucht viel Elektrizität.

Zellstoff-windeln

Obgleich Zellstoffwindeln schon über zwanzig Jahre im Handel sind, sind sie noch nicht ins Warengesetz aufgenommen worden. Jeder Fabrikant kann daher sein eigenes Produkt herstellen, ohne irgendeiner Kontrolle unterworfen zu sein. Ebensowenig ist er verpflichtet, die genaue Zusammensetzung seines Erzeugnisses bekannt zu geben. Zellulose wird aus eigens dafür geschlagenem Nadel- oder Laubholz gewonnen oder ist wie die Viskose (s. S.226) ein Abfallprodukt der holzverarbeitenden Industrie. Die Zellulose, die für Windeln verwendet wird, ist meistens die billigste, d.h. die qualitativ schlechteste. Zellstoffwindeln bestehen aus verschiedenen Schichten. Die Kontaktschicht, die Seite, die auf die Haut des Kindes kommt, besteht aus einem nicht gewebten Vlies, das meistens aus Viskose ist. Diese Schicht muß dafür sorgen, daß der feuchte Urin nicht wieder an die Haut kommt und daß dementsprechend «Babys Haut trocken bleibt». Dann folgt die Zelluloseschicht, die die Feuchtigkeit aufnehmen muß. Die unterste Schicht ist häufig aus Plastik, um das Durchlecken zu verhindern.

Eine Untersuchung des Belgischen Konsumentenbundes aus dem Jahre 1981 zeigte, daß gelegentlich synthetische Parfüms in den Windeln verwendet wurden. Weiterhin fand man in der Kontaktschicht von manchen Windeln optische Aufheller (siehe Kapitel über Waschmittel, S.243) und in der Zelluloseschicht gelegentlich Plastik- und Gummistückchen.

Es gibt verschiedene Systeme zum Befestigen der Zellstoffwindeln:
– Plastikslips mit passender Einlage;
– Windeln, die aus einem Plastikslip mit Füllung bestehen. Das Ganze wird nach Gebrauch weggeworfen.

Die Verwendung von Zellstoffwindeln ist nicht immer problemlos. Die Windeln können ausflocken und reißen; wenn sie naß werden, verwandeln sie sich in einen harten Klumpen; manchmal sind sie zu rauh für den zarten Babypopo; sie kneifen an den Beinchen; sie lecken; das Kind ist nasser als nötig, weil durch das Plastik hindurch die Feuchtigkeit nicht verdampfen kann; das Plastik kann auch die Wärme nicht festhalten, so daß die Windel abkühlt und als kalter nasser Sack zwischen den Beinchen hängt. Die unterste Hälfte des Rumpfes steckt also Tag und Nacht in dem unangenehmen Plastik. Kein Erwachsener wollte in dieser Hinsicht gerne tauschen. Eine Textilwindel, die gut um das Kind festgesteckt ist und die mit jeder Faser Feuchtigkeit aufnehmen kann, muß komfortabler sein. Die Feuchtigkeit kann besonders gut verdampfen, wenn man eine Windelhose aus Wolle verwendet. So bleibt auch die Windel warm. – Nehmen wir einmal an, daß ein Kleinkind mit zwei Jahren trocken ist (viele Kinder brauchen dreieinhalb Jahre oder noch länger) und daß es sechs Mal pro Tag gewickelt wird. So können wir leicht ausrechnen, daß wir 730 Tage x 6 Windeln = 4380 Windeln verbrauchen. Das ist nicht unbeträchtlicher Abfall, womit wir unsere Umwelt belasten, und dabei rechnen wir die Umweltverschmutzung bei der Herstellung der Windeln noch gar nicht mit.

Aus Seide. Seide ist für den Schutz der Haut das feinste Material. Während sich auf der Baumwollwindel Bakterien, die aus Urin Ammoniak **Hautschützer** produzieren – Ammoniak ist oft die Ursache für das Wundwerden –, bestens entwickeln, finden sie auf Seide keinen solchen Nährboden. Ein Stückchen Seide in der Windel schützt die zarte Haut. Besonders in der Nacht, wenn die Windeln weniger häufig gewechselt werden und wenn die Haut bereits ein bißchen entzündet ist, ist das sehr wichtig. Hautschützer aus Seide (Windeleinlagen) bekommt man in Spezialgeschäften. Aus Bouretteseide oder Trikotseide kann man sie auch selber nähen.
Die Hautschützer braucht man nicht gleich nach der Geburt. Manche Kinder brauchen sie überhaupt nicht. Wenn es nötig ist, kann man sie immer noch schnell kaufen oder selber anfertigen.

Aus synthetischem Material. Diese Einlagen sind meistens aus Polyester und nehmen lediglich 1% Feuchtigkeit auf. Nur die Windel über der Einlage wird naß. Ein Nachteil hiervon ist, daß ein großer Teil der Haut des Kindes auf synthetischem Stoff liegt.

Eine Windelhose aus Wolle ist in den ersten sechs Wochen fast nicht nötig. Die Menge an Urin wird noch ohne weiteres von der Windel **Windelhosen** aufgenommen. Wird das Wickeltuch doch naß und will man noch keine **aus Wolle** Wollhose verwenden, dann kann man ein 60 x 20 – 30 cm großes Stück Wollstoff zwischen Windel und Umschlagtuch legen. Wenn das Baby zum ersten Mal eine Wollhose trägt, kann sich die Haut durch die vermehrte Wärme etwas röten. Die Haut mit Babycreme einreiben – nach ein paarmal Wickeln hat sich die Haut daran gewöhnt, und der Ausschlag verschwindet.

Windelhosen aus Wolle bekommt man in Spezialgeschäften, aber man kann sie auch sehr gut selber stricken (siehe Anleitung auf S.148). Handgesponnene Wolle, die von Sand und Schmutz gereinigt, aber nicht entfettet ist (die Wolle in Wasser mit etwas Salz waschen), eignet sich am besten für eine Windelhose: Daraus kann man eine «Wunderhose» stricken, die absolut keine Feuchtigkeit durchläßt. Aber auch Hosen aus im Geschäft gekaufter Wolle eignen sich sehr gut.

Die Hosen groß und weit machen, dann können die Beinchen des Kindes, solange es noch klein ist, beim Anziehen mühelos hindurchschlüpfen, und die nasse Windel bleibt auf der Hose liegen. Das beugt auch einem nassen Fleck auf der Umschlagwindel vor. Die Beinlöcher brauchen nicht eng um die Beine zu schließen. Die anderen Kleidungsstücke bleiben trocken, weil die Wolle die Feuchtigkeit auch absorbiert und nicht nur isoliert wie bei der Verwendung von Plastikhosen.

Für ein Wiegenkind ist Gummiband oder eine Kordel in der Taille noch nicht nötig. Wenn das Kind anfängt zu krabbeln und zu stehen, kann immer noch ein Band hineingezogen werden. Darauf achten, daß die Wollhose die Windel ganz bedeckt, auch oben. Das Hemd darüberziehen und die Windel an den Beinlöchern gut hineinstopfen – nun kann die Umschlagwindel drumherum gefaltet werden, ohne Gefahr zu laufen, naß zu werden. Eine nasse Umschlagwindel kann mal vorkommen, aber braucht bestimmt nicht die Regel zu sein. Eine Windelhose aus nicht-entfetteter Wolle so wenig wie möglich mit Seife waschen, aber nach draußen zum Lüften hängen und ab und zu ausspülen. Windelhosen aus herkömmlicher Wolle können in Schmierseife oder einem Wollwaschmittel gewaschen werden. Durch die Einwirkung des Urins laufen sie meistens im Kreuz ein. Das bewirkt, daß die Feuchtigkeit dann noch besser abgehalten wird.

Wenn die Höschen nur naß sind, sollte man sie trocknen und lüften. Wolle hat die Eigenschaft, Abfallstoffe zu absorbieren, zum Teil zu neutralisieren und zu einem anderen Teil an die Umgebung abzugeben. (Hersteller von Wollhosen raten an, die Hosen zu waschen, wenn sie naß sind. Diese Hosen so behandeln, wie auf der Verpackung angegeben.)

Wenn das Kind «richtige» Kleidungsstücke bekommt, sollte man Strumpfhosen und Strampelanzüge aus Wolle oder Seide nehmen.

Wenn die Windelhose dann doch einmal leckt, hält die nächstfolgende Schicht die Feuchtigkeit noch ab. Ein «tropfnasses» Kind ist dann eine Ausnahme. Im Sommer, wenn Baumwollhosen über der Wollhose getragen werden, kann die Überhose schon mal naß sein. Aber im Sommer ist das Trocknen so viel einfacher, daß ein bißchen mehr Wäsche kein Problem ist.

Windelhosen aus Plastik

Im allgemeinen gibt es vier Sorten:

– Hosen mit Gummiband um die Taille und an den Beinlöchern;
– Hosen, die mit Druckknöpfen geschlossen werden;
– Hosen, in die eine Papier- oder Textilwindeleinlage gelegt werden kann;
– Slips, die an der Seite über den Beinen zugebunden werden. Die Hose, die am wenigsten abschließt, ist für die Babyhaut am besten. Das ist der Slip, den man zubindet. Der hat jedoch den Nachteil, daß er ab und zu leckt. Ein Kind ist in einer Plastikhose nasser als nötig, weil das Plastik die Feuchtigkeit hält und diese nicht verdampfen kann. Die Abfallstoffe können wieder von der Haut des Kindes aufgenommen werden. Eine Windelhose aus Plastik ist auch viel kälter – sie kann die nasse Windel nicht warm halten, und das Kind kühlt unnötig ab.

Umschlagwindeln aus Flanell

Meistens sind sie aus Baumwolle ohne Beimengungen. Das gängige Maß ist 70 x 65 cm. Umschlagwindeln aus Flanell bekommt man in jedem Babygeschäft. Aus ungebleichtem oder bereits gebleichtem Lakenflanell kann man sie auch selber machen. Vor dem Zuschneiden waschen, damit der Stoff nicht mehr einläuft und 1 bis 1 1/2 cm für den Saum abmessen. Zum Schluß mit dem Festonstich abketteln, umhäkeln oder mit der Nähmaschine umsäumen. Wenn die Umschlagtuchperiode vorbei ist, können die Umschlagwindeln als normale Windeln verwendet werden. Sie nehmen die Feuchtigkeit genausogut wie die echten Windeln auf.

Abb. 10: Falten der Umschlagwindel

Abb. 11: Andere Faltmethode

Das Moltontuch wird genauso wie das Flanelltuch gefaltet und kommt über letzteres drüber (s.Abb.10). Zu Anfang bewegt sich das Kind noch **Moltontücher** so wenig, daß man noch keine Sicherheitsnadel benötigt. Bei einem beweglichen Kind oder wenn das Kind dann älter wird, kann es passieren, daß man das ganze Windelpaket unter der Wiege wiederfindet. Dann ist es an der Zeit, ein oder zwei Sicherheitsnadeln zum Befestigen zu nehmen. Das Molton kann auch anders gefaltet werden (Abb.11). Man muß selber ausprobieren, welche Methode für das Kind die beste ist. Ich finde letztere ganz angenehm, weil die Beine etwas mehr Platz haben, habe aber auch zwischen beiden Methoden abgewechselt. Unter den Schnittmustern im zweiten Teil dieses Buches ist auch die Beschreibung eines Umschlagtuches mit Bändern zu finden (s. Abb. 12 und S.126). Für ein Neugeborenes ist es noch etwas zu groß, aber wenn man das Tuch hinten einschlägt, wird es kürzer und kann vom ersten Tag an verwendet werden. Diese Tücher geben dem Kind genug Bewegungsfreiheit, und es ist doch warm und sicher eingepackt. Wenn man außerdem eine gute Windelhose aus Wolle hat, ist das Kind selten naß; drei Umschlagtücher dieser Art sind daher genug.

Ein Wickeltuch aus Wolle kann man nehmen, wenn das Kind nicht warm werden will, wenn man dem Kind etwas mehr Hülle geben will **Wickeltuch** und später, wenn das Flanelltuch zu klein geworden ist. Aus einem **aus Wolle** weißen Wollstoff (z.B. Wollflanell) kann man das Tuch selber machen. Ein dünner Mantelstoff oder eine dünn gewordene Decke tun es auch. Ein ca. 75 x 95 cm großes Stück nehmen und umhäkeln. Eine gute Alternative ist ein gestrickter Sack, der mit einer Kordel um die Taille gehalten wird (Abb.13). Den Sack ca. 50 cm lang und 35 cm breit machen. Das ist zwar recht groß, aber dafür hat man um so länger Freude daran.

Meistens sind Babydecken aus Molton oder Frottee, weil das leicht zu waschen ist. Aber eigentlich sind diese Materialien für unsere Zwecke **Babydecke** zu kalt. Ein Säugling kann stark und schnell abkühlen. Das geschieht vor **aus Wolle** allem, wenn er gewickelt und gewaschen wird und wenn wir ihn aus der Wiege holen, um ihn den Freunden und Verwandten zu zeigen. Eine Wolldecke, eventuell mit Bouretteseide gefüttert, ist ein guter

Abb. 13: Gestrickter Sack

Abb. 12: Umschlagwindel mit Bändern

Schutz dagegen, daß bei diesen Gelegenheiten die Händchen und Füßchen kalt werden. Auch beim Arzt muß man gelegentlich zwischen Wiegen und Gespräch mit dem Arzt lange warten. Ganz und gar in eine Wolldecke eingewickelt, bleibt das Kind schön warm. (Vor dem Arztbesuch kann man das Kind nach dem Baden mit Babyöl einreiben, dann hat es eine warme Extra-Hülle um sich herum.)
Die Babydecke kann man auch als zusätzliche Bettdecke nehmen, wenn es kalt ist. Auch als Isolierung über der Kinderwagenkappe im Sommer kann sie gute Dienste leisten. Sie hat dann die gleiche Wirkung wie ein Rieddach: Die Sonne kann die Luft unter der Kappe nicht mehr so stark erwärmen.
Baby-Wolldecken kann man in Spezialgeschäften bekommen, aber man

kann sie auch leicht selber machen. Jeder weiße oder rosa Wollstoff eignet sich dafür: eine dünne Decke, dünner Mantelstoff, Wolljersey. Aus dicker Wolle hat man sie auch schnell gestrickt (s. Strickmuster auf S.146).

Nabelbinden werden kaum noch verwendet. Indem man den Nabel mit einem Spray einsprüht, trocknet er schneller und fällt bald ab. Für das Kind ist die Nabelschnur der letzte Rest der Verbindung mit der sicheren Gebärmutter. Das eine Kind braucht drei Wochen, bevor es dies loslassen kann, ein anderes Kind hat bereits nach fünf Tagen eine gut ausgeheilte Nabelwunde. Doch die Nabelschnur bleibt für jedes Kind etwas Wertvolles. Mit Hilfe einer Nabelbinde kann dieser kostbare Rest umhüllt und geschützt werden. Man sollte – ohne ein Spray zu verwenden – so lange warten, bis das Kind so weit ist, sie selber loszulassen. Nabelbinden werden lediglich in einer Größe angeboten. Eigentlich ist das ein Unding, denn sie sind zu dick, zu glatt und zu kurz. Aus einem Streifen Baumwoll- oder Seidentrikot oder auch Lakenflanell sind sie leicht selber zu machen. Trikotseide oder Flanell sind am günstigsten. Sie verrutschen nicht und halten sogar ohne Sicherheitsnadel. Einen 1m langen und 10 cm breiten Stoffstreifen nehmen und ohne einzuschlagen mit einem feinen Zickzack-Stich abketteln.
Sechs Nabelbinden sind meistens genug.

Nabelbinden

Der Kopf eines Babys ist immer warm. All die Begeisterung, die das Kind für die Erde, auf der es nun wohnt, verspürt, strahlt durch das Haupt nach außen. Das kann man sich wie eine Aura um das Haupt herum – so wie auf den Bildern der alten Meister – vorstellen. Durch dieses Ausstrahlen verliert das Kind viel Wärme, denn der Kopf nimmt bei einem Neugeborenen ungefähr ein Viertel der gesamten Hautoberfläche ein. Diese Wärme benötigt das Kind, um seine Organe und das Gehirn zu entwickeln. Schützt man den Kopf nicht, dann geht ein Teil der Wachstumskräfte des Kindes an die Umgebung verloren. Die Eindrücke von außen kommen noch hinzu. Das Haus, die Zimmer, das Laufställchen, die Spielsachen, der Besuch, der Straßenlärm, vielleicht sogar Radio und Fernsehen – alles ist neu und aufregend und der Beachtung wert. Außerhalb des Hauses scheint alles riesengroß zu sein: Bäume bis an den

Die Mütze

Himmel, ein Garten bis zum Horizont, Straßen ohne Ende, bunte, krach-machende Monster mit breiten Rädern, die dicht am Kinderwagen vor-beibrausen – und Licht, viel, viel Licht. All das ist mehr, als das Kind verkraften kann. Es wird geradezu gezwungen, die Fontanelle, die sich oben auf dem Kopf befindet, schnell zu schließen, um seine eigene Wärme zu halten und sich vor all den Eindrücken, die ständig auf es einstürmen und die Traumwelt, in der es noch lebt, angreifen, zu schüt-zen.

Um das empfindliche Köpfchen zu umhüllen und zu beschützen, setzt man dem Kind eine Mütze auf.

Ein Kind, das im Frühling geboren wird und schon viel und dichtes Haar hat, hat fast schon von Natur aus eine Mütze auf. Ist es obendrein noch verträumt und schläft viel, dann kann die Mütze ruhig weggelassen werden. Ein waches Kind hingegen, das im Herbst auf die Welt kommt und bis zum zweiten Lebensjahr noch ein kahles Köpfchen hat, darf Tag und Nacht eine Mütze tragen. Zwischen diesen beiden Extremen gibt es zahllose Zwischenstufen. Es gibt Kinder, die ihre Mütze über alles lie-ben. Sie tragen sie über Nacht, bis sie drei Jahre oder noch viel älter sind. Das Kind hat ein haarfeines Gespür für seine Bedürfnisse und macht davon auch Gebrauch. Die Seide, die die Raupe schützt, während sie sich in der Puppe zum Schmetterling verwandelt, ist für eine Babymütze das feinste Material. Es wärmt und kann den Schweiß aufnehmen, ohne direkt naß zu sein. In der Wiege ist eine Mütze ohne Bändchen noch am sichersten, aber es kann vorkommen, daß dem Kind die Mütze über das Gesichtchen rutscht, wenn es das Köpfchen nach hinten schiebt. Ein erbärmliches Geschrei ist dann die Folge. Dann sollte man eine Mütze mit Bändchen nehmen, die das Kind auch später noch im Ställchen tragen kann.

Seidenmützen werden in Spezialgeschäften angeboten. Aus einem Streifen Seidentrikot kann man sie selber nähen (siehe Schnittmuster auf S. 130). Diese Mützen sind für das Kind auch angenehm zu tragen, wenn es in der Wiege liegt.

Man braucht zwei Mützen, denn sie werden vom Spucken und Schwit-zen schnell schmutzig.

Wolljacke und -mütze bekommt das Kind an, wenn es nach sechs Wochen mit nach draußen kann. Ein weiter Wollpulli kann auch als Jacke dienen. Einen solchen Pullover mit dem Verschluß vorne über einen anderen Pulli ziehen. Echte Jäckchen können, wenn sie zu klein geworden sind, oft noch mit dem Verschluß auf dem Rücken als Pulli verwendet werden. **Wolljacke**

Das Kind braucht eine Wollmütze. Damit können wir die Kinder vor vielen Erkältungskrankheiten schützen. Im Winter kann man sie einfach über die Seidenmütze anziehen. Das Kind kann sich so nun selber viel besser warmhalten. Handschuhe sind daher fast überflüssig. **Wollmütze**

Wenn das Kind im Kinderwagen mit nach draußen kommt, dann braucht es meistens keine Handschuhe. Falls die Händchen doch kalt werden, dann sollte man ein Paar Wollhandschuhe ohne Daumen stricken oder kaufen. **Handschuhe**

Socken bekommt das Kind schon öfter an, nicht nur dann, wenn es nach draußen geht; zum Beispiel, wenn die Körpertemperatur zu niedrig ist oder wenn es mit kalten Füßchen aus der Wiege kommt. (Dann kann es ratsam sein, mit dem Hausarzt einmal darüber zu sprechen.) **Wollsocken**
Wolljacken, Mützen, Handschuhe und Socken bekommt man in Spezialgeschäften. Als Geschenk sind sie recht beliebt. In der Regel wird dann etwas ausgesucht, das aus «der neuen Wolle» ist, «die man so gut in der Waschmaschine waschen kann». Das ist bestimmt gut gemeint, und um Enttäuschungen vorzubeugen, sollte man schon in der Schwangerschaft erzählen, daß synthetische Stoffe für Kinder nicht so günstig sind, und mit Begeisterung die Vorteile der Wollsachen, die man schon hat, aufzählen. Auf die Frage:«Was soll ich dem Baby stricken?» kann mit Takt geantwortet werden, daß ein Kleidungsstück aus reiner Wolle der liebste Wunsch ist.
Wer ein selbstgestricktes Jäckchen oder etwas Ähnliches verschenkt, kann als freundliche Geste das Etikett der Wolle dazutun. Dann weiß die Mutter gleich, wie sie es waschen muß.
In den herkömmlichen Babywaren-Geschäften werden Jäckchen aus

gestricktem oder gewebtem Acryl, aus gesteppter Baumwolle mit synthetischer Füllung oder aus einem – eventuell gesteppten – synthetischen Stoff mit synthetischer Füllung angeboten. Die Mützen sind aus Acryl, die Handschuhe und Söckchen meistens auch.

Spucktücher Ihre Anwendung ist bekannt. Es gibt sie aus Frottee oder aus Mull. Meistens sind sie aus Baumwolle, aber zur Sicherheit sollte man sich doch auf den eingenähten Schildchen vergewissern. Frotteetücher waren meinem Gefühl nach nicht so schnell naß wie Mulltücher. 30 x 30 ist ein gutes Maß, wenn man sie selber nähen will. Sechs Tücher reichen aus.

Waschlappen Für die erste Zeit sind vier bis sechs Mullwaschlappen anzuraten. Sie sind schön weich und angenehm für das Kind. Frottee-Waschlappen braucht man dann, wenn das Kind etwas größer ist. Man benötigt schon drei bis vier pro Tag.

Bade-handtücher Für die Wickeltischauflage, auf der das Kind auch gewaschen wird, braucht man ein bis zwei Badehandtücher. Wenn man genug Handtücher hat, braucht man für das Kind nicht noch extra welche zu kaufen. Windeln sind weich, leicht und schnell vorm Baden anzuwärmen und nehmen die Feuchtigkeit ausgezeichnet auf. Bis das Kind sauber ist, kann man sie gut als Handtuch nehmen. Nach dem Baden trocknen und wieder verwenden. Das spart Wäsche. Auf der Lasche des Handtuchs nachschauen, ob es aus reiner Baumwolle ist.

Sicherheits-nadeln Es gibt Sicherheitsnadeln mit und ohne Schutzkappe. Sicherheitsnadeln mit einer Metallkappe sind am schärfsten und eignen sich am besten, um Windeln, Nabelbinden und Tücher festzustecken. Die anderen Sicherheitsnadeln kann man gut für Pullover oder ähnliches nehmen. Für diesen Zweck sollte man die größte Größe kaufen. Kleine Nadeln verschwinden zwischen den Maschen von Wollpullovern, und man muß endlos herumfriemeln, um sie wieder aufzubekommen. Die Nadeln der Breite nach an Windeln und Kleidungsstücken feststecken (Abb.14). Das Kind liegt immer zusammengerollt in der Wiege. Sollte einmal eine Nadel aufgehen, dann sticht sie nicht so leicht, als wenn sie der Länge nach festgesteckt worden ist. Kleidungsstücke mit Klettverschluß machen Sicherheitsnadeln überflüssig. Bei unseren Kindern habe ich keinen Gebrauch davon gemacht, weil es synthetisch und mir das Geräusch beim Auf- und Zumachen recht unangenehm ist.

Die Wickeltischauflage

Die Wickeltischauflage besteht aus Polyester mit einem Überzug aus Plastik und einem hochstehenden Rand. Dieser muß verhindern, daß das Kind von der Kommode rollt. Sie wird überall angeboten. Möchte man etwas anderes, dann kann man es nur selber machen.

Man kann beispielsweise einen Baumwollsack mit den Maßen 60 x 75 - 80 cm nähen und diesen mit kardierter oder gezupfter Rohwolle füllen. Anschließend zunähen und an verschiedenen Stellen durchsteppen (Abb. 15). Das verhindert, daß sich auf einer Stelle die Wolle verklumpt.

Man kann auch ein Federkissen kaufen. Den gleichen Sack wie oben beschrieben nähen, aber diesmal aus Zwillich (mit Paraffin behandelte Baumwolle, die die Federn nicht durchläßt), und diesen mit dem Kisseninhalt füllen. Die Öffnung zunähen.

Beide Kissen sind weich und warm. Man kann noch einen Bezug dazu machen und dann ein Handtuch oben drauf legen.

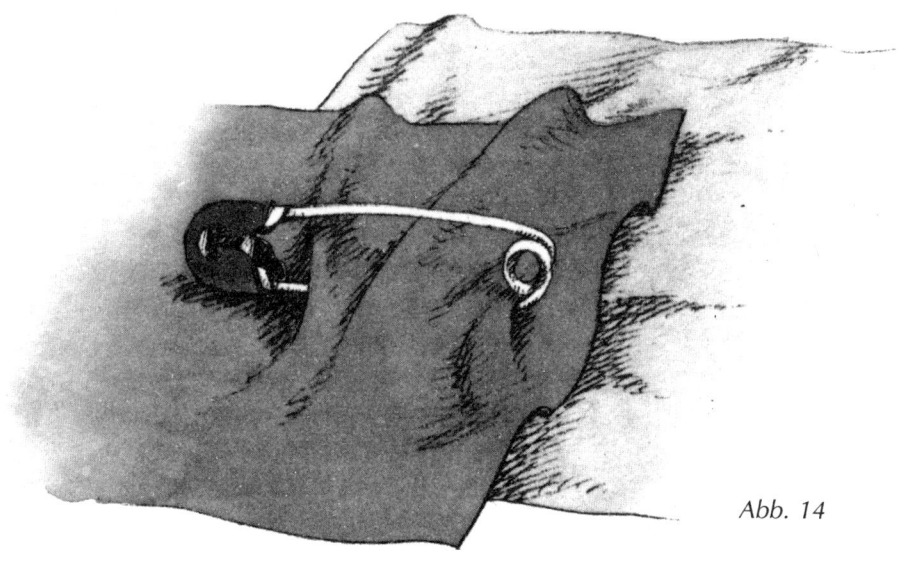

Abb. 14

Abb. 15: Wickeltischauflage

Ein Schaffell ist noch eine dritte Möglichkeit. Es wird auf die gewünschte Größe zugeschnitten (siehe «Schaffell als Matratze» auf S.56) oder
gefaltet, indem man die überhängenden Ränder nach hinten umschlägt.
Auf diese Weise erhält man einen leicht hochstehenden Rand. Obgleich
das Kind auf dem Fell herrlich liegt, sollte man doch besser ein Handtuch darüber legen. Ein kleines Unglück ist schnell passiert. Wenn die
Kommode keine Seitenkanten hat, muß man gut aufpassen, daß das
Kissen nicht verrutscht. Darum lieber eine Antigleitmatte aus Gummi
unterlegen. Man kann sie in Teppichgeschäften als Meterware bekommen. Selbst wenn die Kommode rundherum einen hochstehenden Rand
hat, sollte man doch das Kind immer mit einer Hand festhalten, wenn
man etwas aus der Kommode holt. So hat man es auf jeden Fall unter
Kontrolle.

Neben den allgemein üblichen Wegen, sein Kind mit der erforderlichen Kleidung auszustatten – dem Kaufen in Geschäften oder dem Selber- **Gebrauchte** machen – , kann man auch vom «alternativen Umlauf» Gebrauch **Babykleidung** machen. Dazu gehören Secondhand-Läden, Flohmärkte, Bazare und soziale Hilfseinrichtungen. Manchmal gibt es auch Gruppen junger Mütter, die Kinder- und Umstandskleidung zirkulieren lassen.

Ein häufiger Einwand gegen ein gebrauchtes Kleidungsstück ist, daß es etwas von der Person, die es getragen hat, behalte und daß das ungünstige Auswirkung haben könne. Auch nachdem man diesen Einwand zur Kenntnis genommen hat, sind verschiedene Erwägungen denkbar, die einen doch anders handeln lassen könnten:

– Alles, was das Wasser macht, hängt zusammen mit Lebenskräften. Spricht man nicht vom «lebenspendenden Wasser»? Ein Kleidungsstück ist dadurch, daß es mit dem Wasser in Kontakt gekommen ist, nach dem Waschen wieder «neu».

– Man kann an Kleidung hängen und gerade deshalb dafür sorgen, daß sie immer wieder durch andere aus der Familie getragen wird.

– Die Persönlichkeit der Kinder ist erst dabei, sich zu entwickeln, so daß sie das Kleidungsstück eigentlich noch nicht prägen kann.

– Kinderkleidung geht oft von Hand zu Hand, so daß ihre Herkunft manchmal schon unbekannt geworden ist.

– In einer Zeit, in der immer deutlicher wird, daß wir mit unseren Rohstoffen sparsam sein müssen, kann man sich vornehmen, gute getragene Kleidung anderen weiterzugeben.

– Aus alter Kleidung schöne neue zu machen, ist nicht leicht; die Lebens- und Liebeskräfte der Mutter, die das macht, fließen dabei auch mit in das Kleidungsstück ein.

– Manchmal fehlt das Geld, um teure neue Wollkleidung zu kaufen.

3 Die Wiege

Die Form der Wiege

Die ersten Wiegen, von denen uns alte Schriften und Bilder zeugen, hatte man in Griechenland, im alten Athen. Im British Museum in London befindet sich ein Terrakotta-Relief, das den Gott der Fruchtbarkeit und des Weines, Dionysos (Bacchus), als Neugeborenes zeigt. Er liegt in einer ovalen Korbwiege (s. Abb. 16). Dieselben Körbe nahm man auch als Sieb, um die Spreu vom gedroschenen Korn zu trennen. Für die Griechen waren sie darum das Symbol für das geerntete Getreide. Sie hatten einen runden Boden, so daß sie schaukeln konnten, wenn sie als Wiege dienten. Diese Korbwiegen waren in großen Teilen des alten Griechenlands über einen langen Zeitraum hinweg allgemein gebräuchlich. Nur in Sparta hatte man andere Wiegen. Die Schilde (Abb. 17) der Spartaner waren rund und gebogen, so wie man es auf manchen Darstellungen aus dem Altertum sehen kann. Sie schützten den Leib zu einem großen Teil sowohl von vorne als auch von der Seite. Die Mütter aus Sparta verwendeten sie als Wiege: Ihre Kinder lagen geschützt und konnten leicht in den Schlaf gewiegt werden.

Die Trogwiege (Abb. 18) war ein Holztrog, für den man ursprünglich einen ausgehöhlten Baumstamm verwendete. Am liebsten nahm man Birkenholz. Die Birke galt als Baum der Venus, als Baum der Liebe und Geburt. Eine Wiege aus diesem Holz hielt die bösen Geister fern. Holunderholz kam hingegen nicht in Frage. Der Überlieferung nach soll Judas sich daran erhängt haben. So dachte man, daß das Kind in einer Wiege aus diesem Holz dahinsiechen oder daß es von bösen Elfen grün und blau gestoßen würde. Die Trogwiege konnte ursprünglich auf der halbrunden Unterseite des ausgehöhlten Baumstammes schaukeln. Als man diesen Wiegentyp später aus Brettern baute, setzte man ein halbrundes Holzteil darunter. Auf diese Weise konnte das Kind doch noch in seiner Wiege gewiegt werden.

Die bereits genannte Korbwiege wurde über die Jahrhunderte hinweg in allen möglichen Variationen gebaut; meistens als Wiege, die schaukeln konnte, manchmal auch als Hängewiege (Abb. 19). An breiten Bändern wurde sie an einen dicken Ast oder an einen Haken in der Zimmerdecke gehängt. Da war sie vor Ungeziefer sicher, und nach einem kleinen Schubs schaukelte sie noch lange Zeit nach. Kinder, die in einer solchen

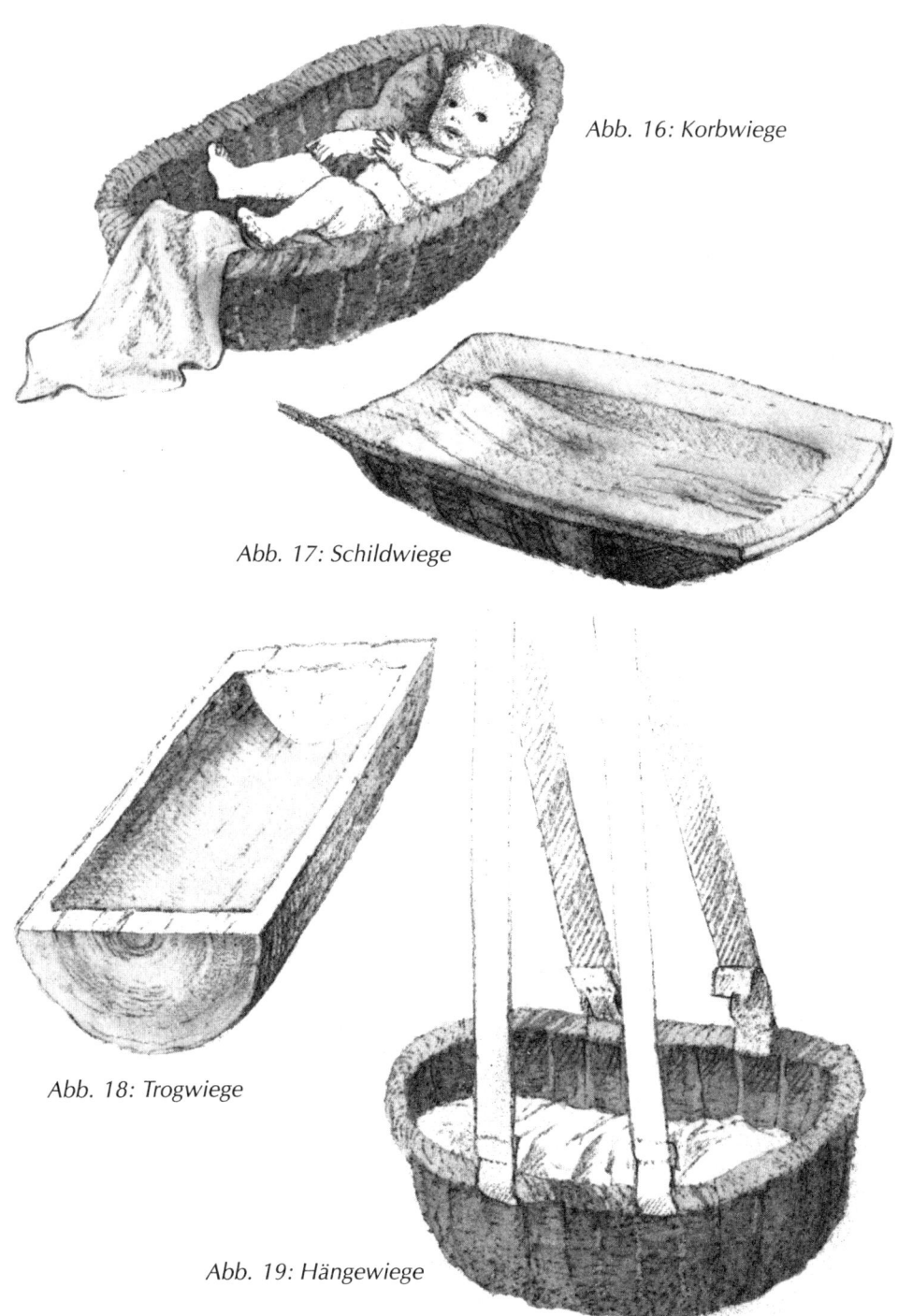

Abb. 16: Korbwiege

Abb. 17: Schildwiege

Abb. 18: Trogwiege

Abb. 19: Hängewiege

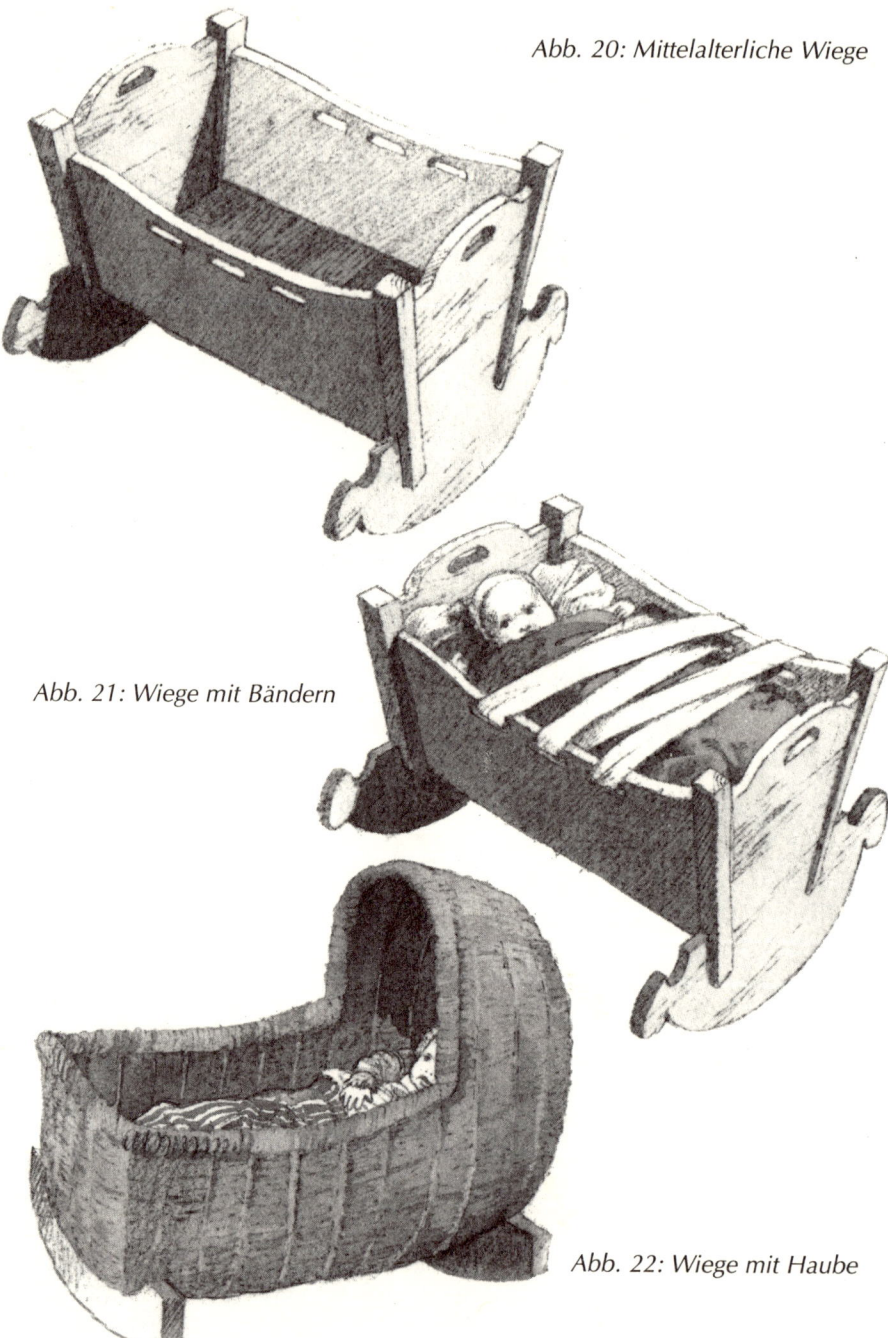

Abb. 20: Mittelalterliche Wiege

Abb. 21: Wiege mit Bändern

Abb. 22: Wiege mit Haube

Hängewiege lagen, hatten meist sehr schnell heraus, wie sie sich selber wiegen konnten.

Im frühen Mittelalter hatte die Wiege noch nicht einen Schleier, eine Gardine oder einen Himmel (Abb. 20). Für die Nacht wurde sie ganz dicht an die Bettnische der Eltern herangeschoben; manchmal stand sie auf einer kleinen Erhöhung, unter den Gardinen, die vor der Bettnische hingen, verborgen. Manchmal stand sie auch einfach auf einem Brett in der Bettnische.

Auf manchen Darstellungen sieht man einen Hund auf der Wiege liegen. Heutzutage würde man das aus hygienischen Gründen nicht zulassen, aber früher sah man das anders: Der Hund wärmte das kleine Baby und beschützte es vor Tieren oder Menschen, die ihm Böses wollten. In die Längsseiten der Wiege hatte man Löcher gebohrt, durch die Bänder geflochten wurden. So konnte das Kind nicht aus der Wiege fallen (Abb. 21).

Im 17. Jahrhundert kamen Wiegen mit einer festen Haube auf. Zuerst bestanden sie nur aus einem halbkreisförmigen geflochtenen Band, später waren diese Hauben dann auch von hinten geschlossen. Erst im 19. Jahrhundert wurde das allgemein gebräuchlich (Abb. 22). Über die Haube legte man ein grünes Tuch, das empfand man als beruhigend für die Augen. Für ein Mädchen nahm man auch gelegentlich ein blaues Tuch. In den meisten Fällen stand die Wiege dann nicht mehr unter der Gardine der Bettnische.

Das Wiegen

Alle Wiegen konnten schaukeln. Manchmal war das Rundholz der Länge nach an der Wiege befestigt, meistens jedoch der Breite nach. Im alten Rom waren sich die Ärzte darüber einig, daß das Wiegen gut für das Kind ist. Auch in mittelalterlichen Lehrbüchern für Hebammen kann man lesen, daß Kinder gewiegt werden müssen. Junge Mütter lernten wiederum von ihren Müttern den folgenden kleinen Reim:

> Ich wieg mein Kindlein sanftiglich
> und wind's in Tüchlein fleißiglich.
> Das Häuptlein soll auch höher liegen
> als der Leib. Dann sollst du's wiegen
> hin und her, doch sanft und leis,
> sing noch dazu ein süße Weis'.

Mitte des 19. Jahrhunderts erschienen plötzlich verschiedene Publikationen über die Nachteile des Wiegens. Das Kind würde Magenbeschwerden davon bekommen, viel spucken, und das Gehirn könnte unter Umständen so stark beschädigt werden, daß das Kind verrückt werden würde.

Krankenschwestern und Hebammen, die zu Beginn dieses Jahrhunderts sich sehr für die Verbesserung der Säuglingsversorgung einsetzten, sahen im Wiegen eine Bedrohung für die Volksgesundheit. Man nahm an, daß es an der hohen Säuglingssterblichkeit mit Schuld war. Man versuchte, so weit es möglich war, zu verhindern, daß die werdende Mutter eine Wiege anschaffte. Kurz vor dem zweiten Weltkrieg waren die Wiegen dann auch fast verschwunden. Als Grund wurde angegeben: «Die Kinder werden unruhig vom Wiegen, und es ist schlecht für die Verdauung.»

Eine Wiege fand man überhaupt bäurisch, altmodisch und klobig. In der letzten Zeit kehrt die Wiege wieder langsam aus ihrer Verbannung zurück. Sollte die Menschheit sich jahrtausendelang geirrt und nicht erkannt haben, was ein Säugling braucht?

Heute wissen wir, daß das Wiegen die rhythmische Bewegung des Ein- und Ausatmens nachmacht. Die kleine Pause zwischen dem Hin- und Herwiegen wirkt durch die ständige Wiederholung beruhigend. Das kleine Kind fühlt sich in dem Rhythmus geborgen und schläft ein. Mit der Wiege tut die Mutter nicht nur dem Kind, sondern auch sich selbst etwas Gutes. Es ist eine große Hilfe, wenn man etwas weiß, womit das kleine Wesen, das sich gar nicht trösten lassen will, obgleich seine rein menschlichen Bedürfnisse schon gestillt worden sind, doch noch beruhigt werden kann.

Auch in einer Hängewiege kann das Kind gewiegt werden (Abb. 23). Das neugeborene Kindlein ist zwar auf der Erde angekommen, hat aber noch nicht den «Fuß an Land gesetzt». Wie gering der Einfluß der Schwerkraft noch ist, läßt sich an allen Bewegungen des Kindes sehen. In einer Hängewiege kann man das Kind noch ein Weilchen schweben lassen. Zum Aufhängen der Wiege einen stabilen Haken in die Decke schrauben. Eine hängende Wiege ist außerdem auch platzsparend.

Eine Wiege kann aus Holz oder Korb sein, möglichst mit geschlossenen Seitenkanten, damit das Kind geschützt liegt. Meistens kann das Baby bis zum Alter von 6 bis 9 Monaten in seiner Wiege schlafen. Man kann sich auch für eine sehr kleine Wiege entscheiden, in die das Kind genau

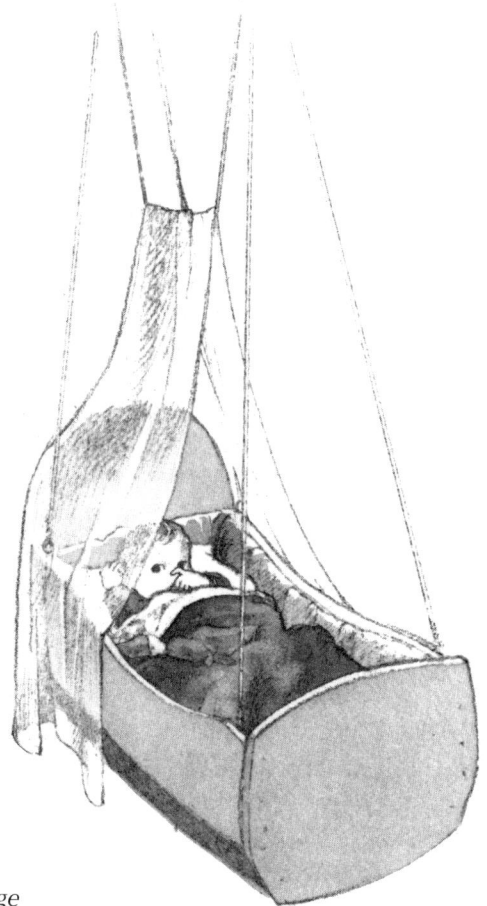

Abb. 23: Hängewiege

hineinpaßt; ein sicherer kleiner Korb, in dem das Kindchen nun liegen darf, nachdem es das allerkleinste Häuschen, in dem je der Mensch gelebt hat, verlassen hat müssen. So eine Wiege ist ideal, hat aber den Nachteil, daß das Kind schon mit 2 1/2 – 3 Monaten herausgewachsen ist. Als Zwischenlösung könnte man die Wiege mit einem dicken, mit Wolle gefüllten Futter ausschlagen, das später etwas dünner gemacht werden kann. Auf diese Weise wäre dann die Größe der Wiege veränderbar (s. unten). Man kann sich auch schon ein Kinderbett anschaffen. Das kann dann kleiner gemacht werden, indem man den Boden höher einstellt (ein mindestens 30 cm hoher Rand sollte bleiben) und das Bett wie unten beschrieben verkleinert.

Wiegenhimmel und -polster

«Wie sieht die Wiege aus, ist sie schön ausgeschlagen?» Das wird bestimmt genauso häufig gefragt wie: «Was hatte die Braut an?» Genau wie auf die Kleidung der Braut sind Familie, Freunde und Nachbarn auch auf die Ausstattung der Wiege gespannt. Beide sind mit Liebe und Sorgfalt ausgesucht worden und sind der Ausdruck davon, daß nun etwas Neues beginnt. Beim Brautkleid bringt der Unterrock das Kleid in Form. Bei der Wiege ist es das Polster, das die Auskleidung warm und weich macht. Das Kind kann sich nun nicht mehr das Köpfchen am Wiegenrand stoßen, wenn es im Schlaf nach oben gerutscht ist (Abb. 24). Solche Wiegenpolster kann man aus verschiedenen Materialien machen. Die Vor- und Nachteile werden im folgenden besprochen.

Polster aus Roh- oder Torfwolle

Wenn die Wiege zu groß ist, kann man sie mit Hilfe eines Polsters, das aus einem mit roher gewaschener Schafwolle oder Torfwolle gefüllten Bezug besteht, kleiner machen. Dieses Wiegenpolster wirkt geräuschdämpfend, ist weich, wenn das Kind gegen die Seitenteile der Wiege rollt, und warm, weil es dafür sorgt, daß es in der Wiege nicht zieht und die Wärme des auf die Seite gerollten Kindes nicht an die Umgebung abgegeben wird. Hat die Wiege die richtige Größe, dann wird der Bezug nur dünn mit Wolle gefüllt (Anleitung für ein Wiegenpolster siehe S. 125).

Polster aus Molton oder gewebter Wolle

Molton ist aufgerauhte Baumwolle. Durch das Aufrauhen wird der Stoff dicker und fühlt sich weich an. Das Gewebe ist geschlossen und schützt das Baby vor Feuchtigkeit. Aus Molton werden auch Umschlagtücher und Laken zum Unterlegen unter das Bettlaken gemacht. Molton nimmt die Feuchtigkeit gut auf und hält die Wärme. Damit der Stoff nicht mehr einläuft und schön sauber ist, sollte man das Molton waschen, bevor der farbige Bezug darüber genäht wird. Anstelle von Molton kann man auch eine Wolldecke als Polsterfüllung verwenden. Sie hält die Wärme besser als das Molton.

Polster aus Schaumgummi (Polyester)

Durch Reibung wird Polyester elektrisch aufgeladen, außerdem nimmt es den Schmutz leicht an. Dieses Material ist also nicht so sauber, wie man denkt. Heute ist man sich auch nicht mehr so sicher, daß niemand dagegen allergisch ist. – Polyester schützt die Wiege vor Zug, hält sie aber nicht warm. Daher ist er für die Wiege nicht zu empfehlen.

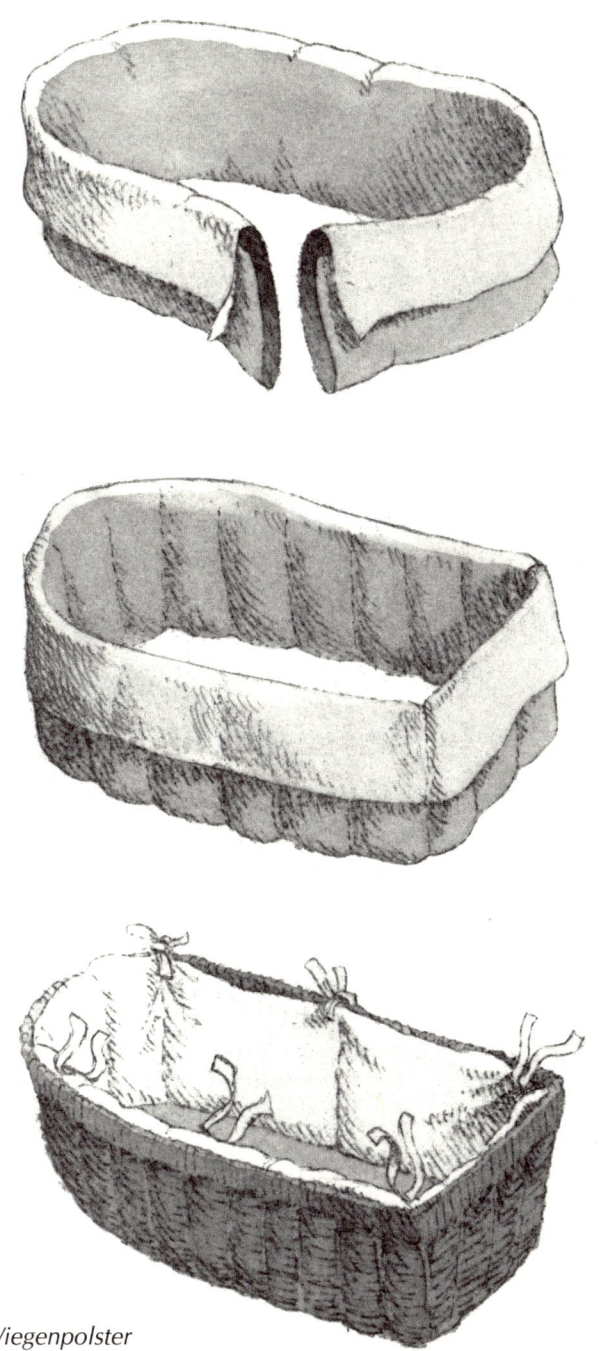

Abb. 24: Wiegenpolster

Der Wiegen-himmel

Die Farbe. In der ersten Zeit schläft das Neugeborene noch sehr viel; alle seine Kräfte benötigt es zum Wachsen. Die Umgebung sollte so wenig wie möglich ablenken; glatte Stoffe in zarten Farben wie rosa, hellblau oder goldgelb werden diesem Anliegen gerecht. Indem man einen blauen über einen rosa Schleier hängt, wird das Licht in der Wiege violett – eine Farbe, die auf das Kind beruhigend wirkt.

Wenn das Kind leicht erschrickt und viel weint, kann man es mit einem strahlend orangefarbenen oder roten Schleier probieren. Warum? Man schaue eine Zeitlang auf einen roten Fleck auf weißem Hintergrund und schließe dann die Augen; es erscheint auf der Netzhaut als Nachbild ein grüner Fleck. Dieses Grün sieht das Kind in dem roten Schleier. Rot kann das Kind beruhigen, weil die Komplementärfarbe stärker als die eigentliche Farbe wirkt. Die Hauptsache ist jedoch, daß einem die Farbe, für die man sich entscheidet, selber auch gefällt. Mit (Baumwoll-)Spitzen, Rüschen aus demselben Stoff wie der Himmel oder mit Bändern läßt sich die Wiege schön verzieren. Damit es auch wirklich die allerschönste Wiege wird, kann man noch ein passendes Symbol aussuchen – ein Kreuz, eine Sonne, einen Engel oder ein Bild von heranreifendem Getreide – und über die Wiege hängen.

Das Material. Wenn das Kind tastend sein Händchen in der Wiege herumwandern läßt, dann erfährt es das Wiegenfutter als erstes Stück Außenwelt. Schon jetzt wird der Tastsinn entwickelt, und das Kind spürt die Qualität seiner Umgebung. Wenn das Futter aus einem synthetischen Stoff ist, dann bekommen die tastenden Fingerchen keine Antwort. Synthetische Stoffe wie Polyamid, Polyester und in geringerem Maße auch Viskose bleiben vom Menschen erdachte und in Fabriken zusammengesetzte Stoffe. So ausgeklügelt das auch sein mag – die Stoffe sind feuchtkalt; nicht warm und nicht kalt, nicht hart und nicht weich; scheinbar wie Baumwolle, scheinbar wie Wolle – aber den Reichtum an wertvollen Eigenschaften, über den diese natürlichen Materialien verfügen, besitzen sie nicht. Die kleinen Händchen werden betrogen. Gerade das ganz kleine Kind braucht eine Umgebung aus ehrlichen Materialien, welche Pflanze oder Tier hervorgebracht haben und die vom Menschen bearbeitet worden sind.

Seide. Pongéseide oder Naturseide (im Gegensatz zur Kunstseide) wird aus den längsten Fäden, die vom Kokon abgehaspelt werden können, gewebt. Der Stoff ist leicht, weich und glänzend und filtert das Licht, ohne es abzudunkeln. Seide umhüllt das Kind mit derselben Intensität, mit der sie auch den werdenden Schmetterling beschirmt hat (siehe auch das Kapitel über Seide im dritten Teil dieses Buches). Für den ganz jungen Menschen, der sein Leben gerade erst angetreten hat, ist Seide eine wunderbare Umgebung. Unter normalen Bedingungen kann die Seide mehrmals verwendet werden. Man bekommt sie in guten Stoffgeschäften, häufig auch in den Stoffabteilungen der großen Warenhäuser und in Spezialgeschäften.

Wolle. Ein dünner Wollstoff ist als Wiegenfutter nicht sehr gebräuchlich. Wolle gibt viel Umhüllung, stößt den Dreck ab und knittert nicht. Das Futter bleibt lange sauber und ordentlich. Mit etwas Glück findet man in guten Stoffgeschäften einen weichen Stoff, der schön fällt, zum Beispiel Musselin. Für das nächste Kind braucht man das Futter nur zu waschen und kann es dann wieder verwenden.

Baumwolle. Baumwolle ist das am häufigsten verwendete Material. Es gibt glänzenden Popelin, durchscheinenden Batist und eine ganze Skala anderer schöner, geschmeidiger Stoffe.

Leinen. Leinen ist ebenfalls eine Pflanzenfaser, sie wird aus dem Halm der Flachspflanze gewonnen. Wegen der unregelmäßigen Struktur des groben Fadens läßt es sich nur mit Mühe zu einem geschmeidigen Stoff verarbeiten. Leinen kann nur schwer Farbstoff aufnehmen, bleicht schnell aus und knittert stark. Die aus der Umgebung aufgenommene Wärme kann es nicht halten und stößt sie direkt an die Umgebung ab. Auf Grund dieser Eigenschaften ist Leinen als Wiegenfutter nicht so geeignet.

Die Form des Schleiers. Die Halterung für den Wiegenschleier wird am Kopfende oder an einer Seite angebracht (Abb. 25). Der Schleier reicht mindestens bis zur Mitte der langen Seite oder um Kopf- und Fußende herum. Er kann so großzügig genäht werden, daß er um die ganze Wiege paßt und vorne geschlossen wird oder daß beide Seiten übereinander fallen. Das dämpft das Licht und die Geräusche, und das Kind kann sich in aller Ruhe an die Welt gewöhnen.

Beim schon etwas älteren Baby kann man den Schleier aufmachen, dann kann es ein wenig herumschauen. Wenn es Schlafenszeit ist, wird der Schleier wieder zugezogen.

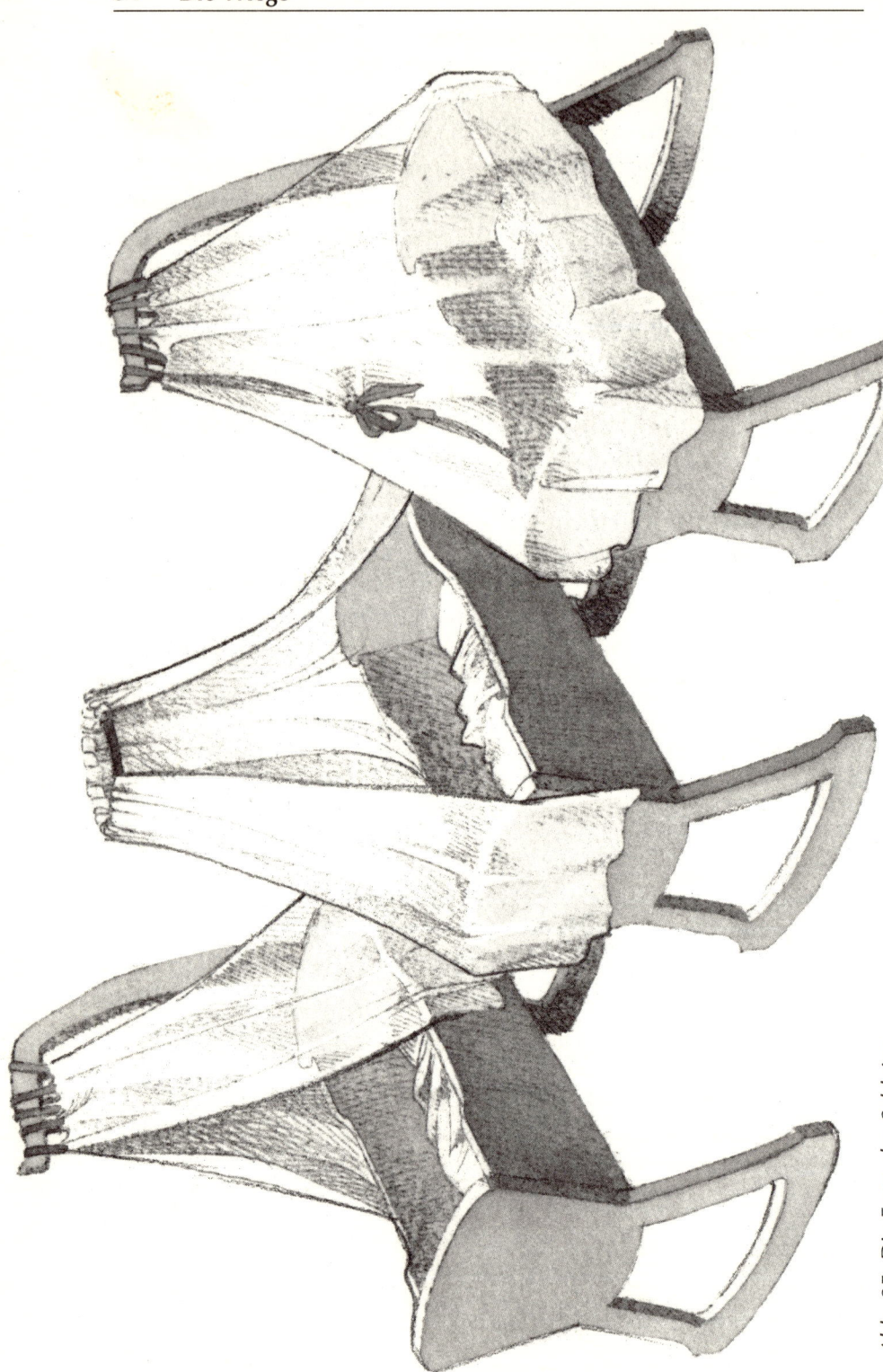

Abb. 25: Die Form des Schleiers

Zur Ausstattung der Wiege gehört folgendes:

1 Matratze
1 Unterlaken (eventuell)
eventuell ein Matratzenschutz oder eine Wolldecke
1 Moltonunterlage
1 Kissenbezug
1 Überlaken
1 oder 2 Decken
1 oder 2 Bettflaschen aus Metall mit Hülle

4, Felldeen

**Die Wiegen-
ausstattung**

Der Markt für sowohl Baby- als auch Kindermatratzen ist ständig im Wandel. Viele verschiedene natürliche und künstliche Materialien werden miteinander kombiniert, um ein möglichst zufriedenstellendes Produkt verkaufen zu können. Eine Babymatratze muß vollkommen flach sein, guten Gegendruck geben, gut atmen, im Winter vor Kälte und im Sommer vor Hitze schützen.
Folgende Grundstoffe werden verwendet:

Die Matratze

Kokosmatratze. Diese Matratze wird aus den ineinander gepreßten Fasern der Kokosnuß hergestellt. Aus denselben Fasern werden auch Kokosmatten gemacht. Es ist ein hartes und festes Material, das gut in Form bleibt. Die Matratze wird meistens mit einer Wollschicht abgedeckt, so daß sich die Oberseite weich und warm anfühlt. Die Kokosmatratze hat sich als hervorragender Ersatz für die Seegrasmatratze erwiesen, die meines Wissens nach nicht mehr im Handel ist. Kokosmatratzen bekommt man nicht in allen Babyfachgeschäften. Manche Geschäfte liefern sie auf Bestellung. Sie werden von einem Fachmann gemacht. Auf Anfrage werden sie mit einem Bezug aus 100% Baumwolle geliefert.

Roßhaarmatratze. Das Haar von Mähne und Schweif wird zu diesen Matratzen verarbeitet. Pferdehaar ist stark und formfest. Diese Matratzen halten tatsächlich ein Leben lang. Genau wie Wolle ist Roßhaar eine lebendige Faser, die Wärme festhält, beziehungsweise Wärme spendet. Sie kann auch Feuchtigkeit aufnehmen und wieder an die Umgebung abgeben. Diese Eigenschaften machen Roßhaar zu einem idealen Grundstoff für Matratzen. In Spezialgeschäften kann man Roßhaarmatratzen bestellen.

Kapokmatratze. Es wird häufig davon abgeraten, eine Kapokmatratze für die Wiege zu kaufen, weil sie nicht flach genug sei und sich leicht Kuhlen bildeten. Eine gut gefüllte (gestopfte) Matratze ist jedoch, von einer leichten Wölbung zwischen den Noppen abgesehen, vollkommen flach. Die Matratze beult erst aus, wenn sie häufig gebraucht worden ist und die Füllkapazität des Kapok abnimmt. Der Kapok fängt dann an zu «krümeln». Davor braucht man bei der Wiegenmatratze, die ja nur kurz in Gebrauch ist, keine Angst zu haben. Kapok ist eine elastische, gut isolierende Faser. Die Matratzen sind daher nicht allzu hart und können die Wärme sehr gut halten. Da Kapok schlecht Feuchtigkeit aufnimmt, sollte man regelmäßig nachschauen, ob der Bezug noch trocken ist, wobei die Feuchtigkeit dem Kapok selber nicht so schnell schadet. Kapokmatratzen kann man in jeder Größe beim Fabrikanten bestellen.

Mit Baumwolle gefüllte Matratze. Siehe S. 94: Die Kindermatratze.

Schaffell als Matratze. Ein Schaffell kann die Matratze in der Wiege sehr gut ersetzen. So ein Fell ist weich und spendet Wärme, ohne daß es heiß oder drückend in der Wiege wird. Die Felle bekommt man in vielen verschiedenen Größen. Überstehende Ränder können nach hinten weggefaltet werden. Läßt sich das Fell nicht gut falten, dann sollte man es auf Maß schneiden, und zwar ein oder zweimal so groß, wie der Boden der Wiege ist (erst die gewünschte Größe auf die Lederseite zeichnen, dann mit einem scharfen Rasiermesser ausschneiden). Mit der Zeit kann die Lederseite feucht werden. Es ist daher anzuraten, eine Windel, ein Molton oder ein Stück Trikot auf den Boden der Wiege zu legen; die meiste Feuchtigkeit zieht dann da hinein. Das Tuch sollte regelmäßig gewechselt werden. Sollte dennoch ein Feuchtigkeitsfleck auf das Fell kommen, dann kann man es zum Auslüften nach draußen hängen, während das Baby gebadet oder gestillt wird. Das Fell kann wie eine normale Matratze bezogen werden. Später kann es als Matratze für das Campingbett, als behagliche Decke auf dem Wickeltisch, als warme Unterlage im Bett des Kindes oder zum Vorbeugen gegen das Durchliegen bei einem Kranken, der lange liegen muß, verwendet werden. Das Schaffell kann man selber waschen. Am günstigsten ist dafür ein windiger Tag. In einer großen Wanne oder in der Badewanne eine leichte Seifenlauge aus Shampoo oder einem guten Wollwaschmittel bereiten. Genau so, wie man sich die Haare wäscht, auch das Fell waschen; gut ausspülen, ausschlagen und mit einem Handtuch trockenreiben. Dann das Fell aufhängen; vom Wind wird es gut durchlüftet und bald getrocknet.

Matratze aus gepreßtem Kokos mit Polyesterschicht. Um der Matratze mehr Festigkeit zu verleihen, legt man unter eine Polyesterschicht eine Schicht aus zusammengepreßten Kokosfasern. Diese Matratzen sind angenehmer als die aus reinem Polyester und leisten beim Eindrücken mehr Gegendruck. Sie haben alle Nachteile einer Polyester-Oberbeschichtung.

Polyestermatratze. Diese Matratze besteht aus einer Lage Polyester mit einem Überzug aus Baumwolle oder einem synthetischen Stoff. Die Matratzen haben ein geringes Gewicht und stauben nicht. Sie können jedoch Staub anziehen, was eine Eigenschaft von vielen synthetischen Materialien ist. Eine Polyestermatratze ist sehr kalt. Während das Kind schläft, wärmt es die Stelle, auf der es liegt, an. Dort wird die Luft in der Matratze warm. Bewegt sich das Kind, dann drückt es die warme Luft aus der Matratze. Das ist das gleiche Prinzip wie beim Schwamm: Kneift man hinein, dann verschwindet an dieser Stelle das Wasser. Bei der Matratze kommt anstelle der warmen Luft andere nach, die die Zimmertemperatur hat und erst wieder angewärmt werden muß.

Bettzeug

Baumwolle. Baumwolle fühlt sich noch trocken an, wenn sie 20% ihres Eigengewichtes an Feuchtigkeit aufgenommen hat. Das ist in einer Wiege, in der Feuchtigkeit reichlich vorhanden ist, sehr angenehm. Baumwolle ist luftig und bleibt unter den Decken gut auf Temperatur. Man sollte daher nur Baumwolle für das Bettzeug verwenden. In Babyfachgeschäften kann man leider fast keine Bettwäsche aus 100% Baumwolle mehr finden. Ist bei Baumwollbettwäsche angegeben, daß sie «bügelfrei» ist, dann bedeutet das, daß sie mit Kunstharz behandelt worden ist und deshalb nicht so schnell knittert. Sie nimmt allerdings auch weniger Feuchtigkeit auf und schließt mehr ab. Wenn man unbehandelte Baumwolle möchte, muß man entweder suchen oder das Bettzeug selber machen. Ist letzteres der Fall, dann braucht man nicht gleich neuen Baumwollstoff zu kaufen. Falls man noch alte Bettlaken oder -bezüge im Wäscheschrank hat, kann man die nehmen. Die Baumwolle ist durch den Gebrauch angenehm weich geworden und kann, wenn man möchte, genau so schön mit Spitze verziert werden wie ein neuer Stoff. Will man das Bettzeug besticken, sollte man neuen Stoff nehmen, davon hat man den meisten Nutzen. Neuen Baumwollstoff und neue Spitze vor dem Nähen oder Besticken waschen. Das verhindert, daß die verschiedenen Teile später unterschiedlich stark einlaufen. Die Maße sind abhängig von der Größe der Wiege; 100 x 80 cm oder 120 x 80 cm für die Laken. Die Kissenbezüge sind 35 x

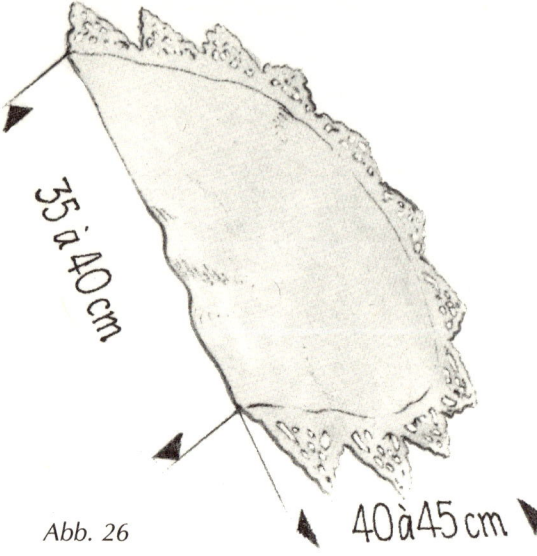

Abb. 26

45 cm oder 40 x 45 cm groß. Häufig sind die oberen Ecken abgerundet (Abb. 26). Zwischen die beiden Stoffhälften kann in der Rundung ein Streifen aus demselben Stoff oder aus Spitze gesetzt werden. Man kann auch ein 45 x 80 cm großes Stück Stoff nehmen und so wie einen Kissenbezug verzieren. So ein nachgemachter Kissenbezug bleibt länger glatt liegen, weil er um die Matratze geschlagen wird. Beim Verzieren die Stelle, auf der das Köpfchen liegt, freilassen, sonst kommt das Kind mit einem schönen Muster auf der Wange aus der Wiege. Um zu verhindern, daß der Bezug sehr bald zusammengeknüllt in einer Ecke liegt, kann man ihn mit einer gefalteten Windel füllen; das gibt etwas mehr Volumen.

Seide. Ein luxuriöseres Material für Babybettwäsche ist Bouretteseide. Wenn die Seide im Angebot ist oder in einem Handarbeitsgeschäft gekauft wird, kann das sogar preislich günstiger als eine fertige Wiegengarnitur aus 65% Polyester und 35% Baumwolle sein.

Baumwolle-Polyester-Gemisch. Bettlaken aus einem Baumwolle-Polyester-Gemisch bekommt man überall. Vor dem Kauf dieser Laken sollte man erst die Nachteile in Erwägung ziehen: Polyester nimmt nur 1% seines Eigengewichtes an Feuchtigkeit auf, ohne sich naß anzufühlen. Es schließt stark ab, was bedeutet, daß die Feuchtigkeit in der Wiege nicht abziehen kann und es unter dem Laken recht drückend wird. Außerdem entsteht zwischen Polyesterlaken statische Elektrizität, und das ist in einer Wiege sicherlich nicht erwünscht

Unterlaken

Meistens nimmt man als Unterlaken die Überlaken vom vorigen Tag. Dann braucht man keine speziellen Unterlaken. Ist einem das zu unpraktisch, dann kann man sie kaufen. Die Maße sind die gleichen wie bei den Überlaken.

Spannbettücher. Das Angenehme an diesen Laken ist, daß sie lange schön glatt bleiben. Lediglich bei einem Schaffell als Matratze sind Spannbettücher nicht so günstig, weil sie das Fell zusammenziehen. Wegen ihres eigentlichen Zweckes, nämlich das Loswühlen des Lakens zu verhindern, brauchen die Spannbettücher nicht gekauft zu werden. Bei einem Wiegenkind kommt es selten vor, daß das Bettlaken stark verrutscht.

Kissen

Um die Wirbelsäule so gleichmäßig wie möglich wachsen zu lassen, legt man das Kind vollkommen flach. Der Kissenbezug ist nur mit einer Windel gefüllt. Wenn das Kind unruhig ist und schlecht schläft, kann ein Hirsekissen gegeben werden. Früher nahm man dafür Hirsespreu, aber sie ist nur schwer erhältlich und verursacht reichlich Staub. Hirse ist eine Getreidesorte, die im Süden Afrikas und Asiens, wo es für Reis zu trocken ist, angebaut wird. Aber auch weiter nördlich ist der Ernteertrag noch gut. Hirse braucht 110 Sonnentage, bis sie reif ist. Genau wie Hafer und Reis wächst sie lose am Halm, dadurch können Sonne und Wind das Korn von allen Seiten erwärmen. Die Wurzeln stehen in lockerem Sandboden, aus dem die Hirse viel Kiesel aufnehmen kann. Die Wärme und der Kiesel in den Körnern können das Kind beruhigen. Für ein Wiegenkind ein 20 x 20 cm großes Säckchen nähen und mit 500 g Hirse füllen (die Hirse bekommt man in Bioläden). Für ein Kleinkind kann man dann schon ein 30 x 30 cm großes Säckchen, gefüllt mit 1000 g Hirse, nehmen. Noch zwei Kissenbezüge zum Wechseln nähen. Als Material für Bezüge ist Seide am heilsamsten; am gebräuchlichsten ist Baumwolle.

**Matratzen-
schutz**

Wenn man ein Schaffell in der Wiege hat, braucht man keinen Matratzenschutz. Die Feuchtigkeit wird von der Wolle aufgenommen. Falls das Fell doch naß wird, kann es mit einer Windel trocken gerieben werden. Wenn die Matratze immer trocken ist, kann man es auch ohne Matratzenschutz probieren. Ist man jedoch um die Matratze besorgt, dann kann man eine Wolldecke darüber legen; die fängt den nächstfolgenden nassen Fleck schon auf.

Gummituch. Bislang waren diese Gummiunterlagen immer aus Baumwolle, die an einer Seite mit einer Gummischicht überzogen ist. Ich konnte nicht herausfinden, ob diese Beschichtung auch heute noch aus Gummi besteht oder ob inzwischen auch hier Plastik verwendet wird. In großen Geschäften wird Gummituch als Meterware angeboten. Die Zusammensetzung sollte auf dem Schildchen an der Rolle angegeben sein, was jedoch nicht immer der Fall ist.

Doppelte Baumwolle mit einer dazwischenliegenden abschließenden Schicht. Dieser Matratzenschutz ist recht groß. Auf der Packung ist nicht angegeben, woraus diese Zwischenschicht besteht. Der Vorteil ist auch hier, wie beim Gummituch, daß man den Schutz so klein machen kann, wie man will (35 cm, auf Popo-Höhe gelegt, sind meistens genug). Wenn das Kind in ein größeres Bett umzieht, das Reststück wieder annähen (4 mm übereinander legen und im Zickzack-Stich zusammennähen).

Gummi oder Naturlatex. Indem man zwei Lagen Gummi karoförmig aufeinander preßt, bekommt man einen Matratzenschutz mit kleinen Luftkissen. Diese Schützer sind angenehm im Gebrauch, denn Gummi ist ein natürliches Material und schließt nicht ab.

Plastik. Die oben beschriebenen Matratzenschützer gibt es auch als Plastikausführungen. Plastik hat nicht die Vorteile des natürlichen Materials. Es ist mit dem bloßen Auge kaum von Gummi zu unterscheiden; man muß sich also auf der Verpackung informieren.
Alle Matratzenschützer kann man in Babyfachgeschäften bekommen.

Das feinste Material für Unterlagen und Umschlagtücher ist Baumwoll-
molton (s. S. 35). Die Größe für eine Unterlage beträgt 70 x 80 cm. Beim **Unterlagen**
Kauf sollte man gut auf die Zusammenstellung des Gewebes achten.
Manchmal haben die Unterlagen ein Baumwolle-Gütezeichen. Beim
Lesen des Etikettes stellt sich dann oft heraus, daß das lediglich für die
Schußfäden gilt und daß die Kettfäden aus einer synthetischen Faser
sind. Unterlagen bekommt man aus Baumwolle oder einem Misch-
gewebe in Babyfachgeschäften.

Die Decke hat die Aufgabe, die Wärme zu halten und die entstehende
Feuchtigkeit abziehen, «ventilieren» zu lassen. Eine Decke, die das nicht **Decken**
in dem erforderlichen Maße tut, fühlt sich klamm an, wobei sich an der
Oberseite kleine Kondenströpfchen bilden können. Nur Decken aus
reiner Wolle können auf Grund der Eigenschaften der Wolle obenge-
nannten Forderungen gerecht werden.

Wolldecken. Es gibt zwei Sorten Wolldecken: die aufgerauhte Decke
und die französische geschorene Decke. Bei der *aufgerauhten Decke*
ragen die Fäserchen 1 bis 1 1/2 cm aus dem Grundgewebe heraus. Diesen Effekt erhält man dadurch, daß man die Decke nach dem Weben
und Walken (s. das Kapitel über Wolle auf S. 184) aufbürstet, so daß die
Fasern sich aufrecht stellen. Die *französische geschorene Decke* wird
nach dem Weben und Walken geschoren und fühlt sich seidenartig und
glatt an. Aus dieser Deckensorte kann ein Baby keine Fäserchen herauszupfen, wie es manche Wiegenbewohner gern bei einer aufgerauhten
Decke tun. Die französische geschorene Decke ist unter Umständen
nicht so warm wie eine aufgerauhte Decke. Wolldecken findet man in
Babyfachgeschäften recht selten. Spezialgeschäfte führen gelegentlich
die Decken.
Decken lassen sich sehr gut selber machen: Man kann sie stricken,
häkeln oder weben. Als erste Decke über dem Laken eignet sich eine aus
Angorawolle oder aus einer anderen flauschigen Wolle recht gut; sie legt
sich schön mollig um das Baby und füllt alle kalten Zuglöcher. Angora-
stoff kann man als Meterware in Spezialgeschäften bekommen.
Für die zweite Decke verwendet man dann etwas dickere Wolle. Wenn
man die Decke auf einem kleinen Webstuhl oder in vier oder sechs
Teilen auf einem Webrahmen webt, kann man sie anschließend noch

mit einer Waschbürste aufrauhen, so daß eine feine wollige Decke entsteht.

Falls der kleine Erdenbürger die Neigung haben sollte, die Wollfussel in den Mund zu stecken, kann man die oberste Decke in einen schönen Bezug, beispielsweise aus demselben Stoff wie der Schleier, stecken.

Die Größe einer Wiegendecke beträgt 90–95 x 95–100 cm.

Acryldecken. Synthetische Fasern lassen sich nicht walken. Darum webt man noch nicht eingelaufene Garne, zum Beispiel aus Chlorfasern, mit, die sich bei der Nachbehandlung zusammenziehen. So entsteht ein Relief-Effekt; die Decke läßt sich dann gut aufrauhen und sieht anschließend schön voll aus.

Decken aus Acryl haben ihre Nachteile. Sie laden sich elektrostatisch auf und ziehen dadurch schnell Schmutz und Staub an. Acryl nimmt keine Feuchtigkeit auf und ist feuchtigkeitsundurchlässig; die Feuchtigkeit staut sich, was bei einer Decke recht unangenehm sein kann. Es gibt auch Kinder, die gegen synthetische Materialien allergisch sind. Acryldecken sind darum nur bei Kindern, die auf Wolle und Seide überempfindlich reagieren und die mit Baumwolldecken oder Federbetten nicht ausreichend warm gehalten werden können, anzuraten.

Steppdecken und Deckbetten. Diese Decken bestehen meistens aus zwei Lagen Stoff mit einer Füllung, durch die die Wärme gehalten werden kann. Durch das Steppen wird verhindert, daß sich das Füllmaterial verschiebt. Es gibt verschiedene Füllungen: Daunen, Wolle, Wolle mit synthetischen Materialien gemischt oder eine rein synthetische Füllung, meist Fiberfill.

Baby- und Kinderdeckbetten müssen unten festgebunden werden, sonst kann sich das Kind darin verheddern oder ganz und gar unter das Deckbett rutschen. Der Bettbezug muß mit einem Reißverschluß oder mit Knöpfen zu verschließen sein, damit das Kind sich nicht zwischen Bezug und Deckbett verheddert. Im Sommer staut sich die Hitze unter den Daunen- und Polyester-Fiberfilldecken recht schnell, was auch zu Wärmestauungen beim darunterliegenden Kind führen kann.

Mit einem Deckbett läßt sich das Kind nicht so einfach schön mollig einpacken. Es bietet dem Kind auch wenig Umhüllung und Schutz. Entsprechende Untersuchungen ergaben, daß die Kombination Strampelsack – Laken – Decke sicherer ist als ein Deckbett.

Die im folgenden beschriebenen Bettflaschen eignen sich zur Warm-
haltung der Wiege am besten. Sie sind aus glänzendem Metall und **Die**
haben ein schwarzes Gummiplättchen im Deckel. Man bekommt sie in **Bettflasche**
Babygeschäften und beim Drogisten. Beim Kauf darauf achten, daß der
Verschluß genügend Windungen hat und daß das Gummiplättchen
dabei ist. Direkt zu Hause den Verschluß testen: Die Bettflasche füllen,
schließen und ordentlich schütteln – es darf nicht der kleinste Wasser-
tropfen entweichen. Manchmal findet man noch zufällig irgendwo eine
alte Bettflasche aus Messing oder Kupfer. Kupfer ist ein sehr gutes Material für eine Bettflasche. Es leitet die Wärme am besten und hält sie auch
am besten. Kontrollieren, ob sie noch gut schließt.

Die Flasche über dem Waschbecken füllen. Ein feuchtes Tuch zwischen
Hand und Flasche verhindert das Weggleiten, wenn der Deckel zuge-
dreht wird. Die Flasche horizontal schütteln, um zu kontrollieren, ob sie
gut geschlossen ist. Mit einer gerade erst gefüllten Bettflasche ohne Hülle herumzulaufen, kann gefährlich sein. Niemand erwartet, daß die
Wärmflasche heiß ist, und besonders Kinder fassen die Flasche schnell
einfach so mal an. Unsere Hände können sogar etwas über 50°C heißes
Wasser vertragen, aber ein Kind hat, wenn es mit Wasser oder einer
Bettflasche von dieser Temperatur in Berührung kommt, innerhalb von
wenigen Minuten Brandwunden.

Die Bettflasche in die Wiege zwischen die erste und zweite Decke legen, mit dem Verschluß nach unten zum Fußende gerichtet. Sollte ganz
unerwartet doch mit dem Verschluß etwas nicht in Ordnung sein (das
kann passieren!), dann ist das Wasser nicht so nah am Körper des Kindes.
Unsere Omas legten einen warmen Stein in die Wiege. Jeder Stein ist
dafür brauchbar, zum Beispiel einer in Größe eines Backsteins, den man
in den Ferien in einer felsigen Gegend oder
an einem Fluß gefunden hat. Den
Stein anwärmen, in ein Wolltuch wickeln und ins Bett
legen. Er bleibt sehr
lange warm!
(Abb. 27)

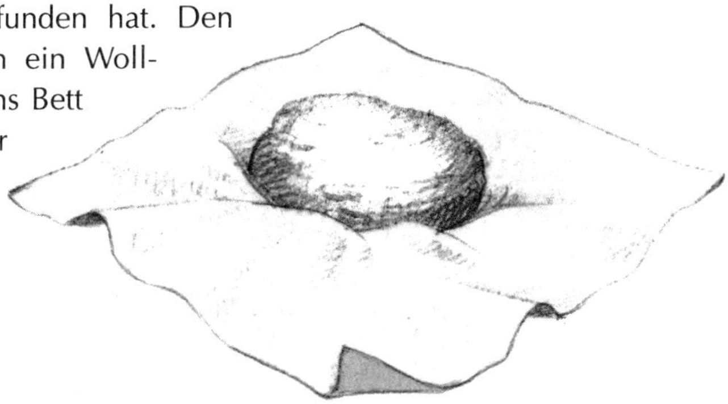

Abb. 27

Die Hülle für die Bettflasche

Diese Hüllen kann man in Babyfachgeschäften bekommen, aber sie sind nur selten aus Wolle oder Baumwolle. Eine Wollhülle isoliert besser und hält die Flasche länger warm; ein weißer Baumwollsack kann einfach mit den Windeln mitgewaschen werden; ein gehäkelter Überzug ist dicker als ein gestrickter und isoliert folglich besser. (Das Muster für eine solche Hülle ist auf S. 151 zu finden.) Sonst kann man auch einfach eine Windel oder einen Socken nehmen.

**Das Zurecht-
machen
der Wiege**

In die ausgeschlagene Wiege kommt zuerst die Matratze. Bei einem Schaffell als Matratze erst eine Windel oder etwas in der Art auf den Wiegenboden legen, damit die Feuchtigkeit aufgefangen wird. Dann folgt der Matratzenschutz, das Moltontuch als Unterlage und schließlich das Laken. Dazu kann noch ein Kissenbezug, der eventuell mit einer Windel gefüllt ist, kommen.

Das Bettchen mit der Wärmflasche vorwärmen und das Überlaken mit den Decken über die Wärmflasche legen (Abb. 28).

Ein Kind unter drei Monaten kann sich noch nicht selbst warmhalten. Es benötigt Wärme von außen. Es braucht eventuell sogar im Sommer eine Wärmflasche. An einem kühlen Sommertag oder im Winter dürfen es zwei sein. Es ist übrigens besser, die Wiege in einem kühlen Zimmer mit zwei Bettflaschen, als in einem geheizten Zimmer ohne Wärmflaschen stehen zu haben. Zuerst werden das Laken und die erste Decke über das Kind gelegt. Die Bettflaschen werden mit dem Verschluß nach unten an die linke und rechte Seite auf die Decke plaziert. Das untere Ende der Decke kann um die Füße geschlagen werden, so daß das Kind geradezu wie in einen Umschlag hineingeschoben liegt. Auf diese Weise wird auch der untere Teil der Wiege etwas verkürzt und braucht nicht angewärmt zu werden. Die zweite Decke, die an allen Seiten unter die Matratze gestopft wird, verankert alles (Abb. 29). Eine eventuelle dritte Decke wird lose darüber gelegt.

Das Kind darf ziemlich hoch in die Wiege gelegt werden. Wenn es nach oben rutscht, wie es viele Kinder tun, liegt es noch zum Teil unter den Decken. Überflüssige Wärme gibt es in der Wiege nicht so schnell. Trotzdem darauf achten und im Zweifelsfall nach einer halben Stunde noch einmal nachschauen. Es ist schnell zu sehen, ob dem Kind zu warm ist. Es erscheinen kleine Perlen auf der Nase, die Mütze (s. S. 37)

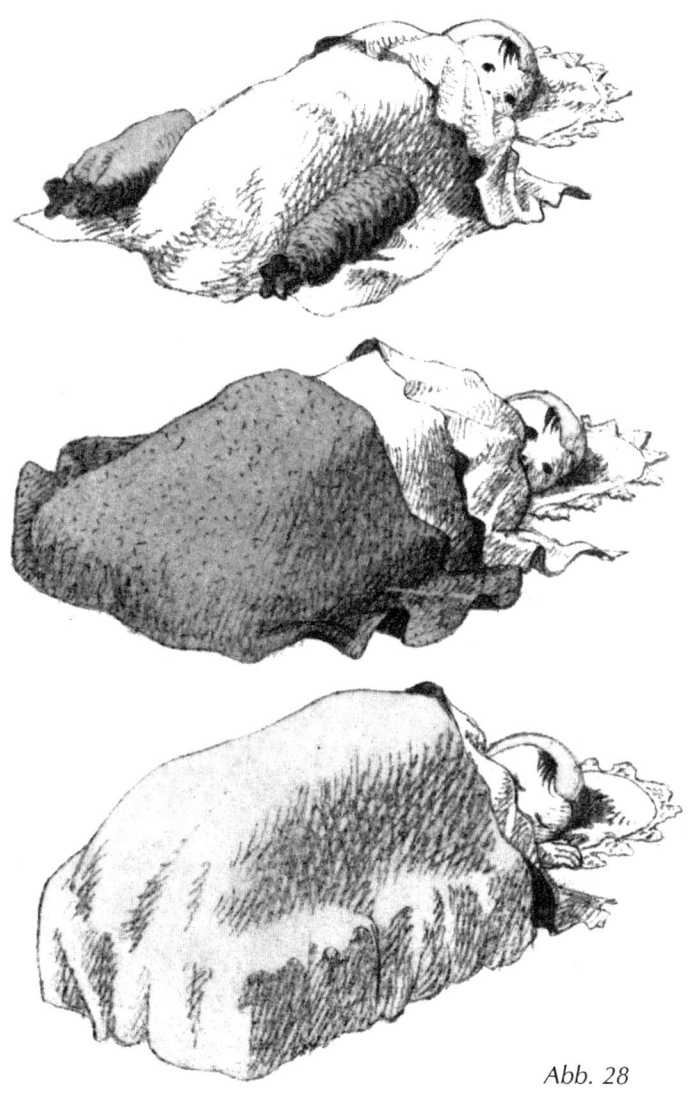

Abb. 28

Abb. 29

ist feucht, die Haare kleben an der Stirn, und es schwitzt im Nacken. Es kann auch ein nasser Fleck aufs Kopfkissen gekommen sein. Dann die Wärmflasche oder eine Decke wegnehmen oder nach einem kühleren Standort für die Wiege suchen. Eine Hand, vorsichtig beim Kind unter die Decke geschoben, kann am besten messen, ob es warm genug ist.

4 Das neugeborene Kind

Das Kind kann direkt nach der Geburt mit einem warmen Handtuch abgetupft werden. Es soll nicht gleich gebadet werden, damit die schützende «Käseschmiere» erhalten bleibt. Die Käseschmiere, die dafür gesorgt hat, daß das Kind leicht durch den Geburtskanal herausgleiten konnte, enthält viele wertvolle Stoffe, die das Baby gegen Infektionen und zu schnelle Abkühlung in der neuen Umgebung schützen. Früher empfahl man, das Kind erst nach dem Abfallen der Nabelschnur zu baden – die Nabelwunde kann am schnellsten heilen, wenn sie nicht naß wird. Das ist jedoch nicht der einzige Grund, die neugeborenen Babys nicht zu viel zu baden. In den ersten Wochen kann ein Kind herzzerreißend weinen, wenn es gebadet wird. Es hat Angst davor, ausgezogen zu werden und vollkommen nackt und unbedeckt in der Welt zu sein. Der Übergang von der beschützenden Hülle des Mutterleibes zur Außenwelt ist auch schwer. Es spricht nichts dagegen, das Kind bis zum Alter von 6 Wochen nicht zu baden. Man kann es mit einem guten Babyöl vorsichtig sauber reiben. Schwitzt das Kind, dann kann man es, sofern es nötig ist, auf andere Weise waschen: Erst die Haare waschen und, falls Seife verwendet worden ist, gut über der Waschschüssel auswaschen (Abb. 30). Dann das Gesicht waschen. Das Kind oben herum ausziehen, waschen und trockentupfen; eventuell mit etwas Babyöl einreiben. Das Baby wieder ankleiden und dieselbe Prozedur für die untere Körperhälfte durchführen. So wird das Kind sauber, hat keine Angst und kühlt nicht so stark ab. Für ein größeres Kind sind ein oder zwei Bäder in der Woche genug. Das schont die Haut, die eine tägliche Verteidigung gegen Wasser und Seife kaum aufbringen kann. (Übrigens: Ein gesundes Kind stinkt nicht. Bis zum Alter von neun Monaten riecht der Urin eines Kindes, das gestillt wird, noch aromatisch.) Das Kind wird in einem geheizten Zimmer gebadet. Das kann das Wohnzimmer sein, wenn man nicht extra zum Baden das Schlafzimmer heizen will. Man sollte dafür sorgen, daß die Tür geschlossen bleibt, damit es nicht zieht. Als Unterlage für die Badewanne ist der Wohnzimmertisch vielleicht ein bißchen niedrig. Längere Zeit vornüber gebeugt zu stehen ist – besonders so kurz nach der Geburt – recht anstrengend. Man darf sich daher ruhig setzen. Das geht bei einer kleinen Badeaktion sicher

**Baden
und Stillen**

gut, und es ist ganz gemütlich und kuschelig, das Kind auf diese Weise so nah bei sich zu haben.

Zuerst legt man alles bereit, was man zum Anziehen für das Kind braucht:

- ein Seiden- und/oder Wollhemd
- einen Seiden-, Woll- oder Baumwollpullover (je nach Jahreszeit mit Weste oder Jacke)
- die Windel, gefaltet
- die Umschlagwindeln, gefaltet
- eventuell eine saubere Mütze
- ein Handtuch oder zwei Windeln
- einen Waschlappen.

Abb. 30

Die Molton-Umschlagwindel braucht nur ein paarmal in der Woche gewechselt zu werden, es sei denn, daß sie naß ist. Das Kind trägt das Umschlagtuch aus Wolle recht häufig. Wenn es nötig ist, kann man es an einem warmen Tag waschen. Die Sachen werden am besten um die heiße Bettflasche (im Sack) gewickelt, dabei mit dem Hemdchen beginnen. Dann sind sie schön warm, wenn das Kind sie anbekommt. Auch die Handtücher anwärmen; das ist sogar bei einem dreijährigen Kind noch angebracht.
Des weiteren legt man bereit:

– die Wickelkommodenauflage, auf der das Kind gewaschen wird
– Babyöl, Babycreme und Babyseife (die Babyseife so wenig wie möglich verwenden, einmal ausprobieren, wie das Kind riecht, nachdem es eine Zeitlang ohne Seife gewaschen worden ist).
– eine Schüssel mit warmem Wasser – so warm, daß es sich am Ellbogen angenehm anfühlt (häufig werden zwei Schüsseln mit Wasser empfohlen, eine, um den Oberkörper, und eine um den Unterkörper zu waschen; weil man doch immer von oben beginnt und die Schüssel nach Gebrauch gut sauber macht, habe ich immer nur eine Schüssel genommen).

Babyöl und -salbe kurz in der Hand anwärmen, bevor man die Haut des Babys damit einreibt. Fläschchen und Tube einen Moment ins Badewasser stellen oder im Winter auf dem Kaminsims oder in der Nähe der Heizung aufbewahren. Wenn das Kind gebadet wird, kann etwas Babyöl ins Badewasser gegeben werden. Dafür ein bißchen Calendulaöl und Wasser in einen Becher oder ein Fläschchen geben, die gut verschließbar sind. Nach kräftigem Schütteln ist das Öl so fein verteilt, daß es sich mit dem Wasser vermischt. Dies nun ins Badewasser gießen. Das Calendulaöl legt sich in einer sehr dünnen Schicht um die Haut; einreiben ist nicht mehr nötig.
Wenn wir das Kind aus der Wiege holen, packen wir es warm in das Umschlagtuch ein. In der Zeit, in der die Wiege gelüftet oder frisch bezogen wird, kann es vielleicht eben auf «das große Bett» gelegt werden. In die frische Wiege eine Bettflasche geben, damit es schön warm ist, wenn das Kind nach dem Stillen wieder hineingelegt wird. Nach dem Waschen wird das Kind zum Stillen wieder warm in das Umschlagtuch eingewickelt. Die Mutter sollte dafür sorgen, daß sie auch für sich selbst eine Jacke oder ein Schultertuch bei der Hand hat. Wärme ist für

sie beim Stillen genau so wichtig wie für das Kind (Abb. 31). Die ganze Stillperiode hindurch sollten Arme, Beine und Brüste gut warm gehalten werden. Ein warmes Wolltuch unter der Kleidung auf der Brust getragen kann einer Brustentzündung vorbeugen.

Wickeln Die Windeln können in der Wiege gewechselt werden; zumindest, wenn diese nicht so niedrig ist, daß man Rückenschmerzen davon bekommt. Man vermeidet so, daß die Windel, die um die Bettflasche herumgewickelt in der Wiege liegt oder unter den Decken angewärmt worden ist, auf dem Weg zur Kommode abkühlt, und das Kind im Zug liegt. Beim Windelwechsel vor dem Stillen liegt das Kind nicht länger als nötig in einer nassen Windel, kann aber nach der Mahlzeit schon wieder naß sein. Wickelt man erst nach dem Stillen, sollte man das Kind in der

Abb. 31

Decke warmhalten, damit es während des Stillens nicht durch die nasse Windel abkühlt. Das Kind kann allerdings nach dem Stillen so schläfrig sein, daß es schade ist, es für eine saubere Windel wieder wach zu machen.

Der Windelwechsel in der «Bäuerchen»-Pause ist eine Zwischenlösung. Wenn das Kind schnell trinkt oder rasch müde wird, lenkt die frische Windel ab, und durch die Bewegung kann das Bäuerchen schneller kommen. In der Praxis merkt man schnell genug, was für einen selber und für das Kind am günstigsten ist.

Abb. 32: Knoten eines Tragetuchs

5 Das Wiegenkind

Die ersten vier bis sechs Wochen liegt das Kind sicher eingepackt in der Wiege. Wenn das Moltontuch zu häufig naß wird, dann bekommt es eine Windelhose aus Wolle an. Nicht beim Wickeln vor der roten Haut erschrecken, die es am ersten Tag, an dem das Höschen getragen wird, haben kann. Es ist doch wärmer und anders, als es die Haut gewöhnt ist. Etwas Babycreme auf die roten Flecken reiben. Am nächsten Tag ist es meistens wieder gut.

Im Freien Erst mit sechs Wochen sollte das Kind nach draußen. Vorbereitend kann man folgendes tun: Erst vorsichtig ans offene Fenster gehen – warm eingepackt, als ginge es tatsächlich nach draußen. Dann, nach ein paar Tagen, kann es auf dem Arm im Garten oder auf dem Balkon spazieren getragen werden. Und schließlich bricht die Zeit an, in der das Kind immer mehr mit nach draußen genommen wird. Man kann sich aussuchen, ob man es tragen oder fahren will. Für ein sechs Wochen altes Kind ist es herrlich, getragen zu werden. Es ist dicht bei seiner Mutter und fühlt den bekannten Rhythmus von der Zeit vor der Geburt. Die Mutter fängt beim Gehen alle Stöße auf, die der kleine Körper und das zarte Gehirn noch nicht vertragen können.
Das Schieben im Kinderwagen hat den Vorteil, daß die Kräfte der Mutter geschont werden. In den meisten Fällen werden beide Möglichkeiten miteinander kombiniert.

Selber tragen Wird das Kind im Freien getragen, dann ist eine Tragetasche sehr praktisch. Man kann sie kaufen, nur ist sie dann meistens aus Acryl oder aus Baumwolle mit einer synthetischen Wattierung. Die Alternative wäre, die Auskleidung selber zu machen oder jemand anderes darum zu bitten. Für diesen Zweck einen dicht gewebten Wollstoff oder Wollvelours für Vorhänge (ein Muster ist gerade groß genug) für die Außenseite und Bouretteseide, Baumwollflanell, Vyella oder Teddystoff aus Wolle als Futter nehmen. Das Kind paßt ohne Probleme hinein – mit dem ganzen Windelpaket, einer Jacke, einer Wollmütze über der Seidenmütze und

Abb. 33

gegebenenfalls noch einer Dek-ke, wenn es kalt ist. So bleibt es schön warm. Eine warme Decke oder ein Babykeep erweisen genauso gute Dienste.

Wenn das Tragen zu mühsam wird, kann man ein großes Tuch (z.B. einen indischen Schal) von beispielsweise 140 x 140 cm benutzen und es sich als Dreieckstuch umknoten (Abb. 32). Ein Zipfel wird nach innen gefaltet, in den anderen wird ein Knoten gemacht. So entsteht eine praktische «Tragewiege» für das Kind, in der es sicher liegt und frei herumschauen kann, wenn es das will. Das Kind besser nicht aufrecht tragen. Das ist schlecht für den Rücken, der dann das Gewicht des schweren Kopfes (ein Viertel des Körpergewichtes) tragen muß. Das Kind kann sich noch nicht aufrichten und den Rücken strecken. Es sollte erst in sitzender Haltung getragen werden, wenn es gut sitzen kann. Die «Känguruhbeutel» aus den Geschäften sind aus diesem Grund nicht so günstig. Auch hier ruht das ganze Gewicht des Kopfes auf der Wirbelsäule. Die Beine sind gespreizt, und der Körper hängt unkomfortabel in einem Beutel. Der Kopf ist zu dicht an der Mutter, so daß das Kind erst nach mühsamem Drehen des Köpfchens etwas herumschauen kann. Ein die Bewegung   so stark hemmender «Känguruhbeutel» widerspricht dem Bestreben, unseren Kindern so viel Bewegungsfreiheit wie möglich zu gönnen.

Wenn das Kind sitzen kann, fühlt es sich in einer Tragetasche nicht mehr wohl. Der Schal kann nun ganz doppelt gefaltet werden. Die beiden aufeinander gelegten Zipfel verknoten (Abb. 33). Die anderen beiden Enden mit einem flachen Knoten (der nicht gleiten kann) miteinander verbinden. Das Tuch umhängen, einen Arm hindurch stecken und das Kind in dieses Hüfttuch setzen. Das ist sehr praktisch für eine Reise oder einen Spaziergang, auf den der Wagen nicht mit kann.

Im Winter kann anstelle des Baumwoll-Schals ein Wolltuch genommen werden, um zu verhindern, daß das Kind zu sehr abkühlt.

Es ist nicht leicht, aus dem Angebot der Kinderwagen eine gute Wahl zu treffen. Untenstehend folgen einige Kriterien, denen ein Wagen gerecht werden sollte:

Im Wagen

– er darf nicht zu niedrig sein, sonst bekommt das Kind im Verkehr alle Abgase ab;

– er muß eine gute Federung haben und stabil sein. Kräftig auf verschiedene Punkte des Wagens drücken. Wenn die Federung den Druck auffangen kann, ist sie gut. Ein Korb unter dem Wagen erhöht die Stabilität;

– er muß eine gute Bremse haben: Sie sollte mit einem Fuß zu bedienen sein und auf zwei Rädern an derselben Achse klemmen. Die Bremse anziehen, wenn das Kind im Wagen draußen steht. Sonst kann der Wind unter die Haube fahren und den Wagen mitnehmen;

– er muß eine gute Verriegelung für das Klappsystem haben; sie sollte an beiden Seiten der Schiebestange angebracht sein, und zwar so, daß das Kind nicht daran kann;

– die Schiebestange sollte hoch genug sein; eine aufrechte Haltung hinter dem Kinderwagen schont den Rücken;

– die Verriegelung des Wagenoberteils auf dem Gestell darf nicht von selber aufgehen; niemals das Oberteil «eben kurz» lose auf das Gestell setzen. Man vergißt es, und beim nächsten Spaziergang purzelt einem das Wagenoberteil mitsamt dem Kind aus dem Gestell heraus.

– das Kinderwagenoberteil sollte ungefähr 25 cm tief sein; so liegt das Kind geschützt und kann nicht so leicht herausfallen; das Verdeck sollte mindestens 45 cm hoch sein; das Kind kann dann später nötigenfalls auch aufrecht darunter sitzen.

– eine Stoffverkleidung atmet besser als eine Verkleidung aus Plastik. Meistens wird die Verkleidung aus Kunststoff sein, Baumwolle ist beinahe nicht zu finden. Man sollte sich nicht zu einem Wagen mit Aussichtsfenster verleiten lassen. Es läßt den Verkehr viel zu nah an das Kind heran und reißt es aus seiner Traumwelt. Zur guten Wärme-Isolation sollte die Matratze 4 cm dick sein. Eine zusammengelegte Wolldeckce oder ein Schaffell können die dazugehörige Matratze (die meistens aus Polyester ist) ersetzen. Der Kinderwagen, für den man sich letztendlich entscheidet, wird in den meisten Fällen ein Kompromiß zwischen dem Ideal und den praktischen Möglichkeiten sein.

Eigentlich sollte man sich immer wieder fragen, ob es unbedingt nötig ist, das Neugeborene mit hinaus zu nehmen. Der Druck der Außenwelt, dies zu tun, ist groß. In manchen Büchern wird beschrieben, wie gut ein vier Wochen altes Kind schon mit zum Segeln kann. Man denkt: «Das arme Kind, wenn es bei schönem Wetter drinnen bleiben muß.» Es wird dabei vergessen, daß ein Kind dieses Alters gerade erst das Tageslicht erblickt hat. Wenn ein Erwachsener umzieht, braucht er manchmal ein ganzes Jahr, um sich an seine neue Umgebung zu gewöhnen. Ein Baby muß sich an so viel mehr als an eine neue Umgebung gewöhnen. Es muß sich auch an die Schwerkraft gewöhnen, denn im Mutterleib schwebte es schwerelos im Fruchtwasser. Es muß sich an das Selber-Atmen gewöhnen, an seinen Stoffwechsel, an das Umhülltsein von Kleidern, an das Licht, das viel greller ist als der rosa Schein, der manchmal durch die Bauchwand schien, wenn die Mutter sich entkleidete. Es muß sich an die Geräusche gewöhnen, die viel stärker sind als früher, wo sie durch das Fruchtwasser gedämpft wurden, an das Fehlen des beruhigenden Herzschlags der Mutter, an das Selber-Trinken-Lernen, an das Hochgenommen-Werden, an das Getragen-Werden und an das Wickeln. Wir müssen dem Kind Zeit lassen, all diese Dinge kennenzulernen. Diese Zeit geben wir ihm, indem wir es die ersten sechs Wochen sicher und geborgen in der Wiege lassen. Jeder Besuch und jeder Spaziergang stören den Schlaf, den es in dieser Periode so dringend braucht. Das Kind kann ohne weiteres in der Wiege allein bleiben, wenn die Mutter in der

Nähe ihre Einkäufe erledigt. Die Besorgungen, die mehr Zeit kosten, sollten aufgeschoben werden, bis der Partner oder jemand zum Aufpassen im Hause ist. Auch ein größeres Kind sollte bis zu seinem zweiten oder dritten Lebensjahr nicht regelmäßig in einen größeren Supermarkt, ein Einkaufszentrum oder auf einen vollen Markt mitkommen. Das Licht ist zu stark, die Geräusche sind zu laut, die Reklame schreit einen an, und die Menschenmassen überwältigen einen. So sehr man auch Lust darauf hat, am Samstagmorgen bummeln zu gehen – die Kinder sollten besser zu Hause bleiben; es sei denn, sie brauchen etwas Neues zum Anziehen.

Ein Spaziergang im Park oder an den Wiesen entlang, unter Bäumen, die das Sonnenlicht filtern und in unzähligen Lichtflecken über dem Kind spielen lassen, kann nur gut sein. Hat man einen Garten oder einen Balkon am Haus, dann kann die Wiege oder der Kinderwagen (oder auch nur das Oberteil) nach draußen gestellt werden. Das Kind kann schlafen oder nach den Bäumen, den Wolken oder dem blauen Himmel schauen. So kann es alle Gesundheit erwerben, die es braucht. Es wirkt schon, wenn wir die Wiege so dicht an das weit geöffnete Fenster schieben, daß das Sonnenlicht hineinfallen kann; dabei für Schatten im Gesicht sorgen und dem Kind eine Jacke und eine Mütze anziehen.

6 Das Kind im Laufstall

Das Ställchen
Das «Ställchen», in das unser Kind hineinkommt, braucht nicht das allgemein übliche Laufställchen zu sein. Das ganz kleine Kind, das für ein Stündchen im Wohnzimmer ist, kann ohne weiteres in der Tragetasche oder im Kinderwagenoberteil liegen. Von diesem geschützten Ort aus kann es dann herumschauen.

Wenn es etwas größer wird, kann ein großer runder oder viereckiger Korb (ca.1 Meter im Quadrat) ganz praktisch sein. Ein Kind, das noch nicht vom Fleck kommt, braucht keinen hohen Rand aus Gitterstäben, aber durchaus Schutz vor Kälte und Zug auf dem Boden. Falls man keinen großen Korb zur Verfügung hat, kann ein praktischer Vater oder eine praktische Mutter aus vier 1m langen Brettern (30 oder 40 cm breit)

Abb. 34

einen Rahmen machen (für die Verbindungen Schrauben verwenden), der ohne Boden auf dem Fußboden steht. Ein oder zwei doppelt genommene Decken hineinlegen und über das ganze ein Molton, ein großes Badetuch oder einen Baumwollstoff in einer zarten Farbe decken (Abb. 34). Der Rahmen kann gute Dienste tun, bis das Kind außerhalb des Ställchens die Welt entdecken will. So weit ist es erst, wenn es von selber heraus kommt. Das kann durchaus lange dauern, insofern das Kind nicht daran gewöhnt ist, «raus» genommen zu werden. Herausklettern oder -krabbeln ist dann nicht schwer, weil das Ställchen niedrig ist. Es ist ganz schön, das Ställchen noch für eine Weile im Zimmer als sicheren Hafen, in den sich das Kind zurückziehen kann, wenn ihm die weite Welt zu viel wird, stehen zu lassen.

Das Gitterställchen, das heutzutage gängig ist, hat häufig einen verstellbaren Boden. Das kleine Baby liegt auf diese Weise nicht so nah am zugigen Fußboden. Um ihm in diesem Ställchen etwas mehr Umhüllung

Abb. 35

zu geben, kann ein schöner Stoff an drei Seiten zwischen die Stäbe gewebt werden. Den Stoff am oberen Rand des Laufstalls mit Bändern befestigen. Der Stoff kann doppelt genommen werden, damit er auch weiterhin paßt, wenn der Boden nach unten gestellt wird (Abb. 35).

Die Auskleidung, die zu einem solchen Ställchen gehört, ist meistens aus Plastik mit einer Unterlage aus Polyester oder aus einem mit Fiberfill gefüllten Polyesterstoff. Die Nachteile dieser Materialien sind unter «Matratzen» auf S. 55 und unter «Kissen» auf S. 59 beschrieben.

Die Kleidung im Ställchen

Wenn das Kind in der ersten Zeit vom Kinderwagenoberteil oder etwas Ähnlichem aus im Zimmer herumschaut, trägt es noch die Sachen, die es in der Wiege anhat. Es liegt noch ganz still da, und wenn es draußen kalt ist, deckt man es zu. Wenn es warm ist, braucht das Kind keine Decken und kann drinnen und draußen im Strampelsack liegen.

Fängt es an, sich mehr zu bewegen, zu rollen und zu sitzen, dann hat die eigentliche Ställchenzeit begonnen. Am Kind merkt man nun, wie warm es von sich aus ist – ob es ein oder zwei Hemden braucht, ein Wollhemd im Sommer oder nicht; ob es an einem warmen Tag eine Bluse über dem Hemd braucht oder nicht (ein Hemd unter dem Blüschen verhindert, daß die Bluse feuchtkalt auf der Haut klebt, wenn das Kind schwitzt) oder ob es nur im Höschen spielen soll. Sollte das Kind im Winter immer mit kalten Händen aus dem Ställchen kommen und sollte eine Jacke nicht helfen, dann kann man ihm noch ein Paar Socken mehr und eine Wollmütze über die Seidenmütze anziehen. So schränkt man den Wärmeverlust so weit als möglich ein. Im allgemeinen braucht das Kind immer eine Schicht Kleider mehr als der Erwachsene.

Farben. Die Farben dürfen hell bleiben: rosa, hellblau, weiß. Später kann man sprechendere Farben wählen: Lavendelblau, Kornblumenblau, Hellrot, ein zartes Orange. Schwere und dunkle Erdfarben wie Braun, Schwarz, Marineblau und Grün sollte man vermeiden. Das Kind ist noch zu wenig «Erdenbewohner», um sich in diesen Farben wohl zu fühlen.

Motive. Die Illustrationen in den Büchern, die wir für das kleine Kind aussuchen, haben schöne zarte Farben, in die es hineinträumen und bei denen es mit seiner Phantasie noch etwas hinzufügen kann. Wir ver-

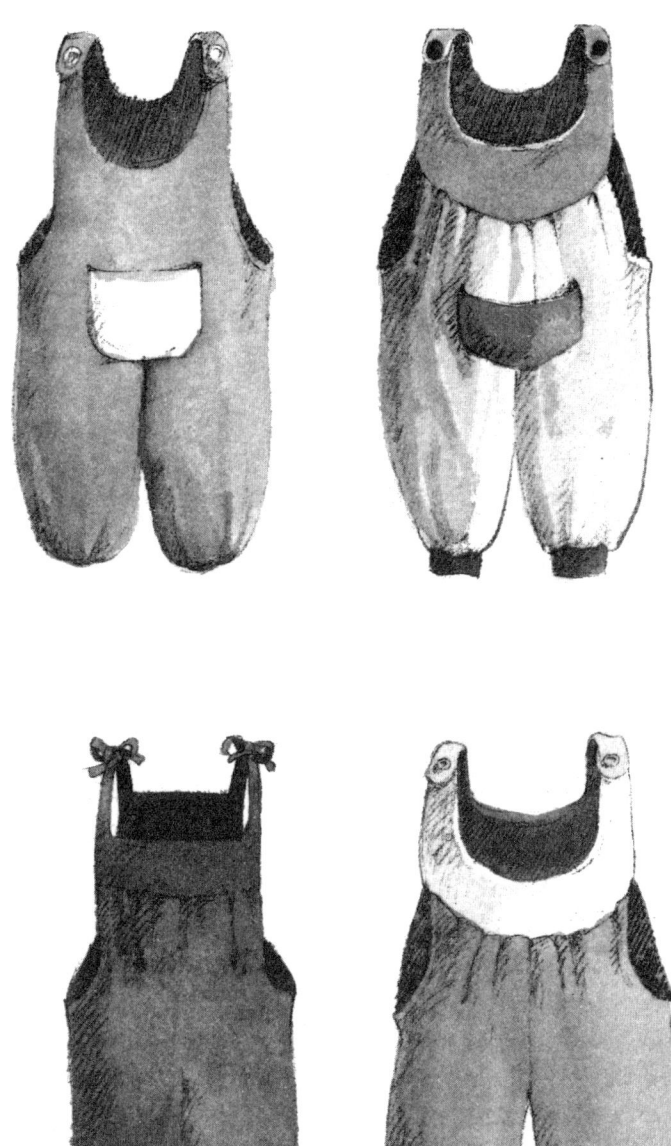

Abb. 36

meiden scharf umrissene Zeichnungen wie in Malbüchern und schematische Figuren in kräftigen Farben. Bei der Kleidung ist es eigentlich genau so. Scharf ausgeformte Motive rufen das Kind unnötig aus seiner Traumwelt. Unbedruckte Stoffe, Stoffe mit einer Struktur, feine Streifen, verträumte Designs, zarte Blumenmotive, gestickte Borten und schöne Spitzen hingegen verzieren die Kleidung und lassen das Kind in seiner eigenen Welt.

Modelle. Die Modelle, die das Kind trägt, sollten an seine runden Formen anschließen. Mit runden Passen und Krägen, bauschigen Ärmeln, blusigen Hosenbeinen, rundgeformten Lätzchen und wolligen Rändchen an der Mütze kann der schöne große runde Kopf umrahmt werden. Blüschen, Jäckchen und Kleidchen, die als Schürze hinten in der Mitte schließen. Trägerkleidchen mit einem Knopfverschluß auf den Schultern und kurze, weite Pumphöschen, die im Sommer darunter getragen werden können.

Lange und kurze Hosen, an einer runden Passe gekräuselt, auf den Schultern verschließbar, mit eingekräuselten Hosenbeinen (Abb. 36). Durch das Tragen dieser Hosen wird sich das Kind, ohne es zu merken, seiner Schultern bewußt und wird, wenn es so weit ist, schön aufrecht gehen.

Abb. 37

Abb. 38

Unterwäsche. Allmählich werden die Hemdchen zum Binden durch Hemdchen mit rundem Halsausschnitt oder Kreuzverschluß ersetzt. Auf genügend Platz für das Köpfchen achten. Den Umfang des Kopfes etwas über den Augen messen. 3 cm hinzu rechnen und im Geschäft den Halsausschnitt nachmessen. Man sollte darauf achten, daß Hemdchen und Pullis beim Anziehen erst über den Scheitel und beim Ausziehen erst über das Gesicht gezogen werden, dann ist es dem Kind am wenigsten hinderlich. Hemd und Armlöcher müssen weit genug sein, um die ungeschickten Ärmchen hindurchzulassen. Wird der Übergang auf einen anderen Hemdentypus nötig, erst eines ausprobieren.

Blusen und Hemdchen. Das Kind fühlt sich in weit geschnittenen Sachen, in denen es sich gut bewegen kann, am wohlsten. Baumwolle ist ein sehr geeignetes Material, sie läßt sich gut waschen. In der kalten Jahreszeit einen Wollpulli unterziehen. Für weite Halsausschnitte und Armlöcher sorgen (Abb. 37).

Pullover und Jäckchen. Baumwolle und Wolle können je nach Wetter im Sommer und im Winter verwendet werden. Verzieren lassen sie sich schön mit Reliefmustern, wie beispielsweise dem Perlmuster, oder mit Streumotiven (jeweils andersfarbigen Stichen in regelmäßigen Abständen). Runde Passen wie bei den Norweger-Pullovern schließen gut an die runden Formen des Kindes an (Abb. 38).

Hosen. Hosen ohne Träger oder Jeanshosen sind ungeeignet. Sie sitzen häufig zu eng und rutschen nichtsdestotrotz (oder gerade deshalb) vom dicken Babybauch. Dies führt dazu, daß ein Stück zwischen Pulli und Hose ganz nackt ist, was auf die Dauer zu Nierenbeschwerden führen kann. Für Winterhosen dünne Wollstoffe oder weichen Baumwollkord nehmen. Gestrickte Hosen sind angenehm im Tragen. Sie passen sich jeder Bewegung an und sind warm. Für den Sommer sind Hosen aus einem weichen Baumwollstoff zu empfehlen – lange Hosen, eventuell mit einer Strumpfhose darunter, für kühle und kurze Hosen für warme Tage. In Spezialgeschäften werden Strampelanzüge und Strumpfhosen aus reiner Wolle, Baumwolle und Seide und Socken aus Baumwolle und Wolle angeboten. In den Warenhäusern sind Blüschen, Polohemden, Hosen und manchmal auch Socken aus Baumwolle zu finden. Es bleibt notwendig, bei jedem Kauf auf dem Schildchen die Zusammensetzung des Stoffes zu kontrollieren (s. auch unter «Kleinkind» auf S. 103).

Schlafen und Wachen Wenn das Kind, nachdem es ein Weilchen im Ställchen gespielt hat, wieder in die Wiege gelegt wird, bekommt es mit der angewärmten frischen Windel auch das in der Wiege warmgehaltene Wickelpaket oder den Strampelsack wieder an. So beginnt für das Kind ein erstes Unterscheiden zwischen der Schlafenszeit und der Zeit, in der es wach ist. Das erfährt es nicht nur an der Umgebung, sondern auch an der Kleidung, die es trägt. Wird ein Kind bis zum Alter von neun bis zehn Monaten nachts gewickelt, dann bedeutet das, daß auch die zwei Ruhezeiten, die es tagsüber hält, im Wickelpaket verbracht werden. Das Kind hat nun Tages- und Nachtkleidung und wird nicht in den Sachen, die es tagsüber trägt, schlafen gelegt. Das Anziehen der Nachtkleidung kostet Zeit; das ist genau die Zeit, die das Kind braucht, um innerlich vom Wohnzimmer und den Spielsachen Abschied zu nehmen und sich darauf vorzubereiten, daß es schlafen geht.

Kinder können in einem Strampelsack schlafen, bis sie 2 1/2 – 3 Jahre alt sind. Es macht ihnen Spaß, gegen die Begrenzungen des Sackes zu strampeln und später damit die Treppe herauf und herunter zu krabbeln. Manche Kinder können sogar im Strampelsack auf den Kinderstuhl klettern und wieder herunter springen.

Der Strampelsack

Vor dem dritten Lebensjahr wird vor allem das Gehirn entwickelt. Nach dem dritten Jahr liegt der Akzent vor allem auf den Gliedmaßen. Man braucht also nicht zu befürchten, daß die Entwicklung des Kindes gehemmt wird, wenn es im Strampelsack schläft. Im Gegenteil, man hilft ihm, die Entwicklung in die richtige Richtung zu lenken.

Auch die Wärme, die ein Kind im Strampelsack um sich herum hat, ist wichtig. Ein Schlafanzug oder ein Nachthemd rutschen gerne hoch und lassen, selbst wenn sie nicht verrutschen, die Füße unbedeckt. In einem Schlafsack liegt das Kind schön umhüllt und kann seine Körperwärme besser halten.

Aus Baumwollflanell oder Bouretteseide kann der Strampelsack selbst genäht werden (siehe Anleitung auf S. 136).

Es gibt Modelle mit und ohne Ärmel. In die Strampelsäcke mit Ärmeln ans untere Ende Abnäher (den Stoff doppelt legen und feststeppen) machen, damit sie mitwachsen können. Strampelsäcke ohne Ärmel kann man mitwachsen lassen, indem man die Knöpfe oder die langen Bänder immer entsprechend versetzt.

Der Sack muß eigentlich immer ein bißchen zu klein sein. So kann das Kind, wenn es gegen den Boden des Sackes drückt, die Bänder auf den Schultern spüren. Es fühlt, wie groß es ist und wo es selber aufhört.

Im Winter trägt das Kind über dem Schlafanzugoberteil oder dem Nachthemdchen einen Wollpulli oder eine Jacke und einen Strampelsack aus Wolle (siehe Anleitung auf S. 138). Auf diese Weise kühlt es nicht so stark ab, falls es einmal auf statt unter den Decken eingeschlafen ist.

Die gesteppten Strampelsäcke oder Kinderschlafsäcke, die in Babyfachgeschäften angeboten werden, haben meistens eine Füllung aus synthetischer Watte. Sie sind daher nicht so geeignet. Wenn man einen wattierten Strampelsack selber machen will, ist es wichtig, beim Kauf des Stoffes auf die Zusammensetzung der Füllung zu achten. In manchen Spezialgeschäften verkauft man Baumwolle, gefüllt mit Wolle. Man kann den Stoff auch selber steppen: Wollpullis, Moltons oder eine dünne Schicht Wolle sind gute Füllmaterialien.

Schuhe   Über den Socken sollte das Kind, vor allem im Winter, etwas mit einer rauhen Sohle tragen. Das können leichte Lederschühchen oder Socken mit einer Ledersohle sein. Letztere sind im Winter schön warm. Wollsocken bekommen eine Ledersohle aus einem Stückchen Lederrest (Abb. 39). Zur zusätzlichen Wärmung kann zwischen Sohle und Socke eine Sohle aus Filz oder einem dicken Wollstoff gelegt werden.

Dann gibt es noch Schühchen aus Schaffell für den Winter. Viele der Anleitungen für hohe Schühchen, die bei den Schnittmustern stehen, können auch aus Fell gemacht werden. In Lederspezialgeschäften kann man recht günstig Lederreste kaufen. Dann sind die Schühchen um einiges günstiger. An warmen Tagen läuft das Kind barfuß: im Gras, auf dem Kies, im Sand, auf Brettern, wenn es gelingt. Es ist gut für die Füße und eine neue Erfahrung für das Kind.

In dieser Zeit werden auch die ersten Schuhe gekauft. Das ist oft eine große Aktion für die Mutter. Dem Kind ein Paar dicke Socken oder zwei Paar übereinander anziehen, bevor es losgeht. Um die Größe in der Breite festzustellen, sollten beide Füße gemessen werden (sie sind nie gleich groß). Wenn man im Geschäft kein Gerät hat, um die Füße auszumessen, dann muß man sorgfältig darauf achten, ob sich der Fuß nicht über die Steppnaht an der Sohle wölbt. In dem Falle sind die Schuhe zu eng. Die beiden Hälften des Schnürverschlusses müssen beim Zuziehen beinahe aneinanderstoßen.

Indem man die Schnürsenkel aus dem Schuh zieht und den Fuß bis in die Schuhspitze gleiten läßt, kann man sehen, wieviel Platz am hinteren Ende noch übrig ist. (So kann man später kontrollieren, ob die alten Schuhe noch passen.) Diese Methode ist nicht absolut sicher. Manche Kinder ziehen unbewußt die Zehen ein, wenn diese die Schuhspitze berühren. Das läßt sich durch die harten Schuhspitzen nicht sehen oder fühlen. Darauf achten, daß die Schuhe gut sitzen und nicht zu hoch oder zu niedrig um Ferse und Rist schließen. Man sollte darauf schauen, wie das Kind darin läuft und nicht blindlings dem Personal vertrauen. Auch durch ausgefeilte Meßapparaturen und medizinisch klingende Ausführungen über Schuhe braucht man sich nicht verunsichern lassen.

Am besten sind Schuhe mit Ledersohlen. Alle statische Elektrizität, die der Mensch produziert und aus seiner Umgebung aufnimmt, kann dann leichter abgegeben werden. Ist bei der Ledersohle jedoch übermäßig viel synthetischer Leim verwendet worden, so verhindert dieser ebenso wie eine synthetische Sohle die Ableitung der elektrischen Aufladung.

In diesem Fall kann man sich ebensogut für synthetische Sohlen entscheiden. Diese Sohlen haben den Vorteil, daß sie biegsam und nicht so glatt wie Ledersohlen sind.

Die Innensohle des Schuhs sollte schon aus Leder sein, damit sie den Schweiß aufnehmen kann. Diese Feuchtigkeit wird wieder abgestoßen, wenn der Schuh nicht getragen wird. Und daß der Schuh selber aus Leder ist, versteht sich fast von selbst. (Vorsicht bei Lackleder, hier ist manchmal eine Plastikschicht «Lack» aufgespritzt worden.) Die Schuhe haben an der Ferse und manchmal auch kurz vor den Zehen eine leichte Wölbung, damit der Fuß nicht zu weit nach vorn in den Schuh rutscht.

Kinderschuhe gibt es in fünf verschiedenen Breiten.

Der Schuh muß dem Fuß 1 – 1,8 cm Spielraum in der Spitze geben, damit er sich bewegen und ungehindert wachsen kann.

Schnürschuhe schließen besser um Fuß und Knöchel als Riemenschu-he oder Schuhe mit Klettverschluß. Der Klettne Funktion oft schneller, verschluß verliert sei-als das Kind aus den Schuhen gewachsen ist. Dem Kind draußen nur die Schuhe anziehen, wenn es für leichtere Lederschühchen zu naß und zu kalt ist.

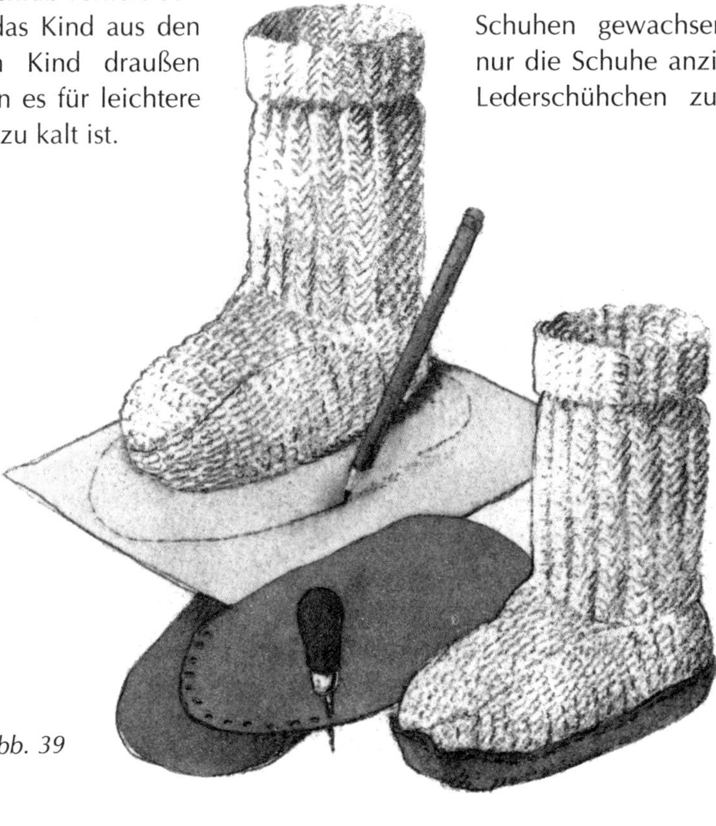

Abb. 39

Stiefel

Auf Stiefel kann man auf die Dauer nicht verzichten. Die Anziehungskraft von Regenpfützen ist so groß, daß es nur Kummer und Tränen gibt, wenn nicht hineingesprungen werden darf. Gummi hat gegenüber Plastik den Vorteil, daß es atmet und daher nicht so abschließt; doch sind echte Gummistiefel nur sehr schwer zu bekommen, so daß man häufig mit Plastikstiefeln Vorlieb nehmen muß. Wollsocken sorgen für die Aufnahme der durchs Schwitzen entstandenen Feuchtigkeit. Das Kind nur Gummistiefel tragen lassen, wenn es regnet oder so viele Pfützen da sind, daß klatschnasse Füße zu befürchten sind.

Bei Wind und Wetter

Wenn das Kind noch im Kinderwagen liegt, kann es bei jedem Wetter mit nach draußen. Der Kinderwagen kann fast völlig wasserdicht gemacht werden und nötigenfalls mit einer Wärmflasche auf Temperatur gehalten werden. Doch irgendwann ist das Kind für den Kinderwagen zu groß geworden, und es muß für einen Sportwagen und Kleider, in denen es auch in den Regen kann, gesorgt werden. Diesen Wechsel sollte man nicht zu schnell vollziehen. Es ist erst zu verantworten, ein Kind sitzend zu transportieren, wenn es selber gut sitzen kann. Auch die Jahreszeit spielt eine Rolle: Im Winter bietet der Kinderwagen viel mehr Schutz.

Der Sportwagen

Bei manchen Kinderwagen kann ein Sportwagensitz anstelle des Kinderwagenoberteils auf dem Gestell angebracht werden. Wenn das Gestell den Ansprüchen an Federung, Stabilität und Schiebehöhe gerecht wird, dann hat man auf diese Weise einen guten Sportwagen, in dem das Kind hoch genug über der Straße sitzt, um nicht zu viel Auspuffgase abzubekommen. Der Sitz kann so angebracht werden, daß das Gesicht des Kindes zur Mutter gerichtet ist. Sitzt es mit dem Rücken zur Mutter, dann erlebt es sehr stark den Verkehr, der keine 20 cm vom Bürgersteig entfernt vorbeirast. In einem Wagen, in dem das Kind die Mutter sehen, mit ihr lachen, spielen und erzählen kann und so ihre umhüllende Fürsorge erfährt, kann es sich sicher und geborgen fühlen. Andere Kriterien, auf die man beim Kauf achten sollte, sind:

– eine gute Stabilität; das heißt große Räder, gute Federung, ein Korb zwischen den Rädern;

– eine gute Bremse, an zwei Rädern an einer Achse angebracht und mit dem Fuß zu bedienen;

– genügend Platz zwischen Sitz und Rädern, damit das Kind nicht in die drehenden Räder greifen kann (55 cm oder mehr, der hochstehende Rand des Sitzes mit gemessen);

– verstärkter Sitz und Rückenlehne; eine Lehnenhöhe von 60 cm ist ausreichend für ein Kind bis 3 1/2 Jahre, die Breite kann 32 cm und die Länge mindestens 21 cm betragen;

– eine weiche Stoffauskleidung. Darin sitzt es sich angenehmer, und sie isoliert besser, wodurch das Kind nicht so schnell friert. Ein kahler Kunststoffsitz wird außerdem in der Sonne sehr schnell heiß.

– eine Spielstange und ein Gurt zwischen den Beinen. Diese verhindern, daß das Kind vornüber fällt oder daß es unter der Spielstange herausrutscht.

– Rücken- und Fußstützen müssen verstellbar sein, so daß das Kind auch liegend mit nach draußen kann. Das Kind im Sportwagen immer anschnallen, aber es dann niemals allein lassen – es kann sich in den Gurten verheddern.

Man sollte möglichst versuchen, den Gebrauch eines Buggies auf kurze Ausflüge oder das Fahren mit öffentlichen Verkehrsmitteln zu beschränken. Buggies haben keine Federung, so daß jeder Stoß vom ganzen Körper des Kindes aufgefangen werden muß. Bei den preiswerteren Modellen ist der Sitz aus einem Plastikgewebe, das kein bißchen wärmt und alle Körperwärme des Kindes an die Umgebung abgibt. Die Form des Sitzes ist so konstruiert, daß das Kind gezwungen ist, immer in der gleichen Haltung zu sitzen. Das Kind sitzt mit dem Gesicht gerade auf der Höhe des Auspuffs der Autos. Und hat ein Kind in einem Buggy auch nur ein bißchen von der so hoch gepriesenen «Bewegungsfreiheit»?

Der Sportwagen-Fußsack

Im Winter ist ein Fußsack für das Kleinkind sehr angenehm. Es sitzt darin warm und geborgen, und der Sack verrutscht nicht, wie es bei einer Decke leicht der Fall ist.

In den Geschäften gibt es nur Fußsäcke, die mit synthetischen Materialien gefüllt sind. Der Bezug ist manchmal aus Baumwolle. Wenn man so einen Sack lieber nicht möchte, dann kann man mit Hilfe der Anleitung auf S. 153 selber einen machen. Dafür einen Wollstoff oder Kord verwenden, der mit gewaschener, roher Schafwolle gefüllt wird.

Regencape An manche Sportwagen kann man einen Regenschirm klemmen; das Kind sitzt trocken und sieht es regnen und stürmen. Falls das nicht geht, kann man einen Fahrradponcho oder ein Plastikcape verwenden, um Kind und Wagensitz trocken zu halten. Das ist besser, als eine Plastikhülle über den ganzen Kinderwagen zu spannen.

In dem Cape spürt das Kind auf Gesicht und Händchen Regen und Wind und ist dennoch geschützt. In einer durchsichtigen Hülle wird es buchstäblich in einer Plastikschachtel herumgefahren, ohne daß es irgendwelchen Kontakt mit der Außenwelt hat. In einem Sportwagen, in dem es mit dem Rücken zur Mutter sitzt, ist nicht einmal der Blickkontakt zwischen Mutter und Kind möglich. Nur eine große graue Welt kommt dem Kind durch einen Nebel von Regentränen auf dem Plastik entgegen. Das muß eine äußerst traurige und einsame Erfahrung für das Kind sein, das so gerne alles mitmachen will, also auch Regen und Wind. Es braucht Schutz gegen die Kälte, aber das heißt nicht, daß jede Begegnung mit unserem Klima vermieden werden muß.

Die Jacke Die Sommerjacke ist aus Kord oder aus Baumwolle, die Winterjacke aus weicher Wolle. Erstere ist mit Baumwolle, die zweite mit Baumwolle oder Flanell gefüttert. Polyester ist nicht so geeignet. Das Modell der Jacke darf großzügig sein, damit das Kind sie ohne Probleme an- und ausziehen und auch eine Wolljacke darunter tragen kann (Abb. 40). Die Winterjacke kann länger sein als die Sommerjacke, aber beide sollten bis ungefähr an die Hüfte reichen. Das Angebot in den Geschäften ist je nach Saison verschieden. Es zeichnet sich eine Tendenz nach einem größeren Angebot an synthetischen Jacken ab. Aber vielleicht entdeckt ein Hersteller eine Marktlücke, wenn viel nach natürlichen Materialien gefragt wird.

Der Schnee-anzug Schneeanzüge sind ideal. Sie sind warm, und das Kind ist von Kopf bis Fuß eingepackt. Ein großer Nachteil ist, daß sie nur in synthetischem Material angeboten werden. Will man einen aus Wolle, dann muß man ihn selbst machen, zum Beispiel, indem man den Schnitt für den Overall etwas vergrößert (s. S. 159).

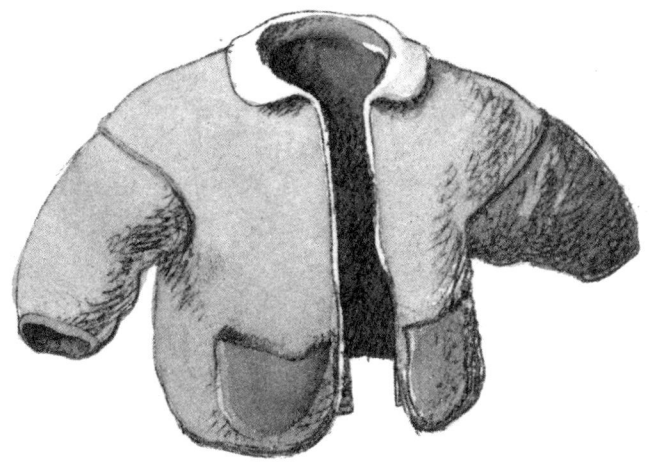

Abb. 40

Die Mütze

Immer häufiger wird festgestellt, daß Erkältungen und Stirn- und Kiefernhöhlen-Entzündungen, auch bei Erwachsenen, die Folge davon sind, daß der Kopf unbedeckt ist. Daß der Kopf eines kleinen Kindes zusätzlichen Schutz benötigt, ist begreiflich, wenn man daran denkt, daß die Fontanelle noch nicht geschlossen, das Gehirn noch in der Entwicklung begriffen ist und alle empfindlichen Höhlungen in Ohr und Stirn in offener Verbindung mit der Außenwelt stehen. Hinzu kommt, daß der Kopf bei einem Kleinkind ein Viertel des ganzen Körpers ausmacht, während es bei einem Erwachsenen nur ein Achtel ist.

Die Seidenmütze kann das Kind am Tage und in der Nacht tragen, bis die Fontanelle ganz geschlossen ist (zwischen 12 und 18 Monaten, siehe auch unter «Babymütze» auf S. 37). Anschließend bis zum dritten Lebensjahr nur nachts. An warmen Tagen kann die Mütze abgenommen werden, wenn das Kind im Schatten liegt und die Sonne nicht zu grell ist. Beim Spazierengehen kann es eine Mütze mit Schirm aufgesetzt bekommen, damit ihm die Sonne aus dem Gesicht gehalten wird.

Bei Regen, Wind und Kälte ist eine Wollmütze günstig. Man darf sie ruhig über die Seidenmütze drüberziehen. Ein Kind muß bereits eine Mütze auf bekommen, wenn man selbst noch keine trägt. Man sollte immer gut auf die Befindlichkeit des Kindes achten, auf die Gesichtsfarbe, darauf, ob es schwitzt oder nicht und ob es kalte Händchen hat. Daran kann man sehen, ob es eine Wollmütze braucht oder nicht.

Mützen aus Acryl schließen zu sehr ab und geben der Feuchtigkeit keine Chance zu entweichen.

Für eine zusätzliche Umhüllung der noch nicht geschlossenen Fontanelle kann man in die Sommer- und Wintermütze ein Futter aus Seidentrikot nähen.

Der Schal

Ein Schal aus Wolle ist nicht schwer zu stricken. Man kann auch einen Schal aus Indien-Seide nehmen. Er ist genauso warm und nicht so dick.

Die Handschuhe

Für die ganz Kleinen gibt es Handschuhe ohne Daumen. Aber manche Kinder werden ganz unglücklich, wenn sie nun ihr Spielzeug nicht mehr festhalten können.

Die Handschühchen schon jetzt an eine Kordel nähen. Auch aus dem Kinderwagen werden Handschuhe verloren.

7 Das Kinderbett

Einem Menschen, der nicht einschlafen kann, wird gelegentlich geraten, den Radiowecker, die Nachttischlampe und was weiterhin noch an elektrischen Geräten um das Bett herum ist, wegzustellen. Am besten wäre noch ein Holzbett ohne Metallverbindungen. Dadurch vermeidet man, daß zwischen der Elektrizität, die in den Leitungen und Kabeln ein Netz durch unser Haus spannt, und dem Metall in und um das Bett herum ein Spannungsfeld entsteht.

Die Schrauben an einem Holzbett sind meistens aus Metall. Für ein Bett mit Holzverbindung kann man vielleicht anhand beistehender Illustration Ideen entwickeln (Abb. 41). Die verwendete Farbe sollte giftfrei und gegen Kratzer und Speichel beständig sein; es kommt doch vor, daß die Kinder auf den Rändern sabbeln und beißen. Der Fabriklack ist meistens gut ausgehärtet und ist in dieser Hinsicht sicherer als eine einfache

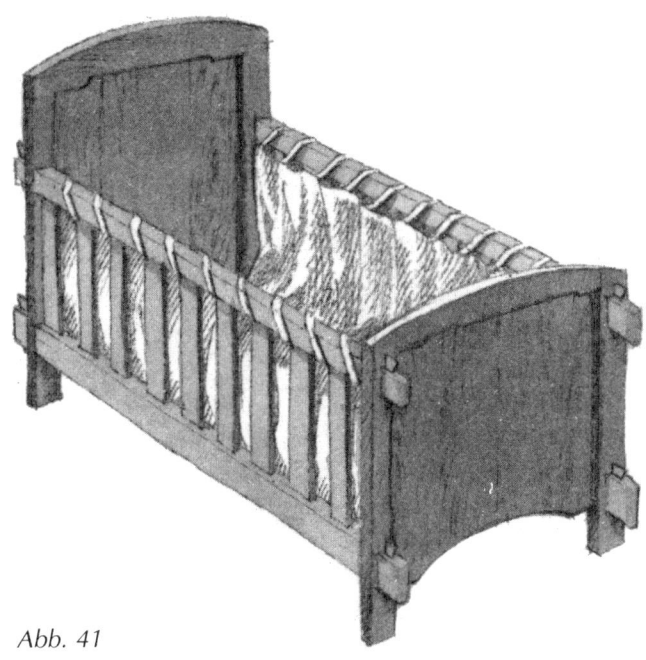

Abb. 41

Do-it-yourself-Behandlung. Wenn man eine gute Farbe auf natürlicher Basis verwendet, besteht keine Gefahr.

Ein Lattenrost ist einer perforierten Hartfaserplatte vorzuziehen. Die Luftzufuhr ist besser, und die Matratze kann schneller trocknen. Der Boden ist häufig in der Höhe verstellbar: Für ein Baby ist eine mindestens 30 cm hohe Seitenwand sicher, für ein Kleinkind 60 cm.

Die Seitenwände können geschlossen, halb offen (Gitterstäbe bis auf halbe Höhe) oder offen (Gitterstäbe) sein. Geschlossene Seitenwände geben viel Umhüllung; halboffene Seitenwände geben eine wunderbare Stufe zum Herausklettern ab; offene Seitenwände bieten keinen Schutz gegen Zug und lassen das Kind etwas verloren im Raum. Die ersten zwei Arten von Bett werden nicht mehr neu hergestellt. Wenn man auf ein Gitterbett angewiesen ist, kann man einen Stoff in einer schönen Farbe zwischen die Stäbe flechten, eventuell mit einem Guckloch darin. Den Stoff oben an der Stange festbinden, damit er nicht herunterrutscht.

Beim noch kleinen Kind können Betthimmel und Schleier der Wiege mit in das neue Bett umziehen. Es gibt im Handel halbe Ösen, mit denen der Himmelbügel einfach am Kopfende oder an der Seitenwand des Kinderbettchens festgeschraubt werden kann. Ein Kissen am Fußende macht das für das Kind sehr große Bett etwas kleiner, und es braucht weniger Bettfläche warm gehalten werden.

Die Decken und Laken aus der Wiege können für die erste Zeit mit in das neue Bett genommen werden, damit der Geruch vertraut bleibt. Dann ist der Übergang für das Kleine nicht so groß. Später kann man es nach und nach durch Bettzeug für Kleinkinder ersetzen. Das Kind ist aus dem Bett herausgewachsen, wenn der Unterschied zwischen der Größe des Kindes und der Länge des Bettes weniger als 20 cm beträgt.

Die Matratze Ein Kind bewegt sich viel im Schlaf. Man sollte daher keine Klemmen, Gurte oder ähnliches gebrauchen und für eine gut passende Matratze sorgen. Die Matratze sollte mindestens 8 cm dick und nicht mehr als 2 cm kürzer oder schmaler als die Innenmaße des Bettes sein. Das Risiko, daß sich das Kind zwischen Bett und Matratze einklemmt, ist dann am geringsten.

Die unter «Die Wiege» genannten Matratzen aus gepreßtem Kokos, Kapok oder Roßhaar werden auch für Kinderbetten gemacht. Das Schaffell kann auf die Matratze gelegt werden, solange es noch paßt. Es kann auch für den Kinderwagen oder das Reisebettchen verwendet werden.

Strohkernmatratze. Die Füllung für diese Matratze besteht hauptsächlich aus Roggenstroh. Dieses Stroh ist lang und stark. Es wurde lange Zeit neben dem Reet zum Dachdecken benützt, bis es durch die zunehmende Anwendung von Kunstdünger an Stärke einbüßte und nicht mehr verwendet wurde. Der biologisch-dynamisch angebaute Roggen liefert Stroh, das wieder genau so stark ist wie früher. Es wird zusammengepreßt und zwischen zwei Lagen Jute gelegt. Nach einer Steppung mit Sisalgarn wird diese Matte zusammengelegt und mit einem Baumwollbezug bezogen.

Strohkernmatratzen sind warm und beständig und geben einen guten Gegendruck.

Mit Baumwolle gefüllte Matratze. Wegen der Eigenschaften der Baumwolle ist dieses Material als Füllstoff für Matratzen nicht so geeignet. Baumwolle nimmt gut Feuchtigkeit auf. Eine Baumwollmatratze muß daher oft und sorgfältig gelüftet werden, um dem «Wetter», einem schimmelartigen Feuchtigkeitsausschlag, vorzubeugen. Aufgrund der korkenzieherförmigen Windungen der Baumwollfaser kann Baumwolle gut versponnen werden. Dieselben Windungen wirken bei der Verwendung von Baumwolle als Füllung nachteilig: Die Locken verschlingen sich ineinander, und es entstehen Klumpen, durch die die Matratze ihre Form verliert und sich hart anfühlt. Baumwolle ist ein guter Wärmeleiter. Die Matratze wird sich daher schneller kalt anfühlen und Wärme an die Umgebung abgeben.

Federkernmatratze. Diese Matratze besteht aus Metallfedern. An den Rändern wird sie mit Polyester, Wolle oder anderen Fasern, allein oder in Kombinationen, aufgefüllt und abgedeckt. Es gibt auch Federkernmatratzen, die gänzlich mit natürlichen Materialien aufgefüllt sind.

Auch bei der Federkernmatratze – siehe am Anfang dieses Kapitels – spielt das durch das Metall entstehende elektrische Spannungsfeld eine Rolle. Dieser Faktor kann bei der Auswahl einer Matratze mit von Belang sein.

Mit Polyester gefüllte Matratze. Das Angebot und die Vielfalt dieser Matratzensorte ist je nach Geschäft verschieden.

Als Abdeckung findet man: Kokos und Fiberfill; an einer Seite Wolle (die Winterseite); eine Füllung aus Polyester mit 4 cm Naturlatex (Gummi) darauf und einer Abdeckung aus Kapok.

In manchen Geschäften findet man Matratzenstücke ohne Bezug, so daß

zu sehen ist, woraus die Matratze besteht. Man sollte sich in den verschiedenen Geschäften gut umschauen, die Qualitäten vergleichen und
erst dann eine Entscheidung treffen.

Bei allen Matratzen ist es wichtig, die Unterseite regelmäßig auf Feuch-
tigkeitsflecken hin zu kontrollieren. Nach einiger Zeit weiß man dann
schon, wie häufig Trocknen oder Lüften bei diesem Kind, auf dieser
Matratze, in dieser Wiege oder in diesem Bettchen notwendig ist. Das
kann auch je nach Jahreszeit verschieden sein. Im Geschäft sollte ein
Schild an der Matratze hängen, auf dem die Zusammensetzung der
Matratze und des Bezugs angegeben ist. Fehlt das Schildchen, dann ist
der Kauf eine Sache des Vertrauens auf die Informationen des Ladenin-
habers. Eine Abdeckung oder ein Bezug aus «Luxus-Damast» wird in
vielen Fällen aus Rayon oder einer anderen synthetischen Faser sein.

Bettwäsche   Das Kinderbett wird genau so wie die Wiege ausgestattet. Eine Wärmflasche wird jedoch nur noch im Winter gegeben, wenn das Zimmer kalt
ist, das Kind friert oder wenn es krank ist. Das Molton aus der Wiege
kann, nun quer ins Bettchen gelegt, noch eine Weile in Gebrauch bleiben. Auch für dieses Bett können die Laken aus großen Bettlaken für eine
Person gemacht werden. Ein Laken durchgeschnitten und an der Schnitt-
stelle wieder gesäumt ergibt zwei Kinderbettlaken. Solange das Kind
noch kein Kissen hat, braucht es auch keinen Kissenbezug, es sei denn,
daß man gern einen als Verzierung möchte.

Decken   Für Kinderdecken gelten die gleichen Erwägungen wie für Babydecken
und Deckbetten (siehe S. 61). Eine Wolldecke für eine Person kann man
manchmal günstig im Ausverkauf bekommen – oder vielleicht ist noch
eine im Haus, die nicht gebraucht wird. Als Farbe ist rosa oder hellrot am
schönsten. Aus dieser Decke bekommt das Kind zwei schöne Decken.
Die Decke genau in der Mitte durchschneiden, die Ränder mit dem
Festonstich umketteln (Abb. 42) oder umhäkeln. Wenn das Kind aus
dem Bett herausgewachsen ist, können die Decken wieder aneinander
gesetzt werden und mit in das große Bett umziehen. Umhäkelte Vierecke, zugeschnitten aus alten Wollpullovern, können zu einer bunten
Patchwork-Decke zusammengefügt werden, die nötigenfalls immer größer gemacht werden kann, wenn das Kind mehr im Bett «herumwühlt».

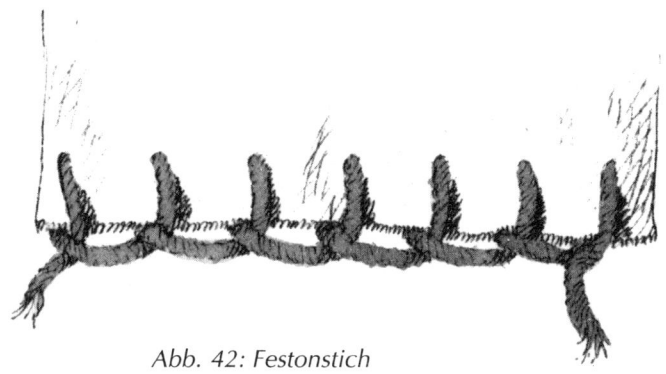

Abb. 42: Festonstich

Um das dritte oder vierte Lebensjahr herum wird das Kind selbst nach einem Kissen fragen. Ein gekauftes Kissen, das mit Kapok oder Federn **Kissen** gefüllt ist, ist dann zu groß und zu dick. Ein 30 x 40 cm großes Kissen reicht aus. Es braucht nur die Höhlung zwischen Kopf und Schulter zu füllen.

Später, um das fünfte, sechste Lebensjahr herum, habe ich 40 x 50 cm große Kissen gemacht, die mit gewaschener und vom Kind gezupfter Rohwolle gefüllt wurden.

Der Herzenswunsch eines Achtjährigen war «ein großes Kissen, das man aufschütteln kann und das dick bleibt, wenn der Kopf eine kleine Kuhle hineinmacht, so wie bei Oma!» Da gab es dann ein Federkissen.

Füllung aus Wolle. Rohe gewaschene und kardierte Schafwolle ist als Füllung weich, nimmt gut die Feuchtigkeit auf und ist warm an Kopf und Schultern. Die geschorene Wolle kann in einem zugebundenen Kissenbezug in der Waschmaschine gewaschen werden. Die Temperatur auf Null und das Programm für Wolle einstellen und 3 Eßlöffel Salz in den Waschmittelbehälter geben. Die Wolle kann einfach geschleudert und anschließend auf einem Handtuch ausgebreitet getrocknet werden. Sand und Strohreste herausschütteln.

Nach einigen Jahren kann die Wolle klumpen. Man kann sie dann noch einmal kardieren und das Kissen eventuell auffüllen.

Füllung aus Kapok. Kapok ist eine natürliche Pflanzenfaser, die der Baumwolle verwandt ist. Die Fäserchen sind jedoch zu kurz, um versponnen zu werden. Kapok hat eine große Füllkapazität, ist leicht an Gewicht und hält die Wärme gut fest. Das Material nimmt keine Feuchtigkeit auf. Wenn der Kapok nach einiger Zeit pulverig wird, kann das Kissen aufgefüllt werden.

Füllung aus Federn und Daunen. Als Material werden hierbei vor allem Gänse- und Entenfedern verwendet, welche bauschiger und elastischer als Federn von Landvögeln sind. Die Federn werden mit Daunen vermischt, um die Kissen leichter und voluminöser zu machen. Es gibt viele verschiedene Federsorten, und es ist schwierig, die Qualität zu beurteilen. Man sollte ein Kissen daher bei einer vertrauenswürdigen Firma kaufen.

Um zu verhindern, daß die Federn durch den Bezug herauskommen, wird ein spezieller Stoff verwendet. Man bekommt ihn als Meterware in Stoffgeschäften. Federn halten länger als Kapok; sie sind weich und warm, nehmen aber keine Feuchtigkeit auf.

Füllung aus Roßhaar. Siehe S. 55.

Füllung aus Polyester Fiberfill. Dieses Material wird auch in Deckbetten und Zugschützern für Kinderbetten, die als Wiege verwendet werden, verarbeitet. Zu diesem Zweck werden die Polyesterfasern mechanisch gekräuselt. Dadurch wird verhindert, daß sie sich ineinander schieben und daß das Kissen seine Elastizität verliert. Das Füllvermögen von Fiberfill ist sehr gut. Wenn das Kissen zu fest mit diesem Material gefüllt wird, drückt es eher den Kopf hoch, als daß es sich nach der Person, die das Kissen in Gebrauch hat, formt.

Fiberfill hat nicht die Fähigkeit, Feuchtigkeit aufzunehmen oder Wärme zu ventilieren, und verursacht statische Elektrizität.

8 Das Kleinkind

Farben. Die ganze Kinderzeit hindurch sind Rosa und ein warmes Rot –
beispielsweise für Decken, Vorhänge, die Auskleidung des Ställchens,
Spieltücher und ähnliches – gute Farben in der Umgebung des Kindes.
So wie auch bei dem roten Schleier (siehe S.50) ruft es das beruhigende
Grün in ihm hervor. Fast alle Stoffe, die wir kaufen, sind mit chemischen
Farben gefärbt. Vergleichen wir sie mit pflanzengefärbten Stoffen, so
sind letztere überraschend reich, durchlässiger und weniger hart in der
Farbe. Das kommt dadurch, daß in der Chemie eine «reine Farbe», das
heißt eine Farbe ohne Beifarben verwendet wird, die dann den Stoff grell
einfärbt. In Pflanzenfarben sind viel mehr Farbkomponenten zu finden
(drei verschieden vorbehandelte Wollstränge in einem Farbbad ergeben
drei verschiedene Farben, die wunderbar harmonieren). Das Kind bildet
seinen Leib und sein Gefühl für Qualität unter dem Einfluß seiner Umgebung und der Kleidung, die es trägt, aus. In der Babyzeit waren Rosa
und Hellblau vorherrschend; jetzt können Rot und Blau in vielen Schat-
tierungen und Farbzusammenstellungen als Grundfarben genommen
werden.

Motive. Nach dem dritten Lebensjahr wird das Kind wacher für seine
Umgebung. Es freut sich nun an aufgestickten Motiven und schönen
Applikationen, zum Beispiel an Borten mit watschelnden Küken oder
springenden Kindern darauf oder an Borten und Verzierungen aus einem
Folklorestoff in schönen Farben mit nicht so stark ausgeformten Figuren.
Große Blumen, unregelmäßige Farbflecken, von einer kontrastierenden
Farbe umrahmt oder auch nicht, große Karos und breite Streifen sind bis
zum vierzehnten Lebensjahr nicht so geeignet. Vor allem bis zum sieb-
ten Lebensjahr wird das Kind durch Nachahmung geformt. Manchmal
kann man als Erwachsener dieses Nachahmen selber erfahren, wenn
etwas einen starken Eindruck auf einen macht, z.B. die Kiefer in der
Morgensonne vor der Tür des Ferienhauses. Einen Moment lang ist man
dann geneigt, sich genau so kerzengerade hinzustellen und die Hände
dieselbe zum Himmel strebende Gebärde machen zu lassen wie die
Äste. Blitzartig wird uns dann bewußt, was wir unbewußt bei jeder
Wahrnehmung tun und wie formend das wirkt. Das Kind hat das in sehr
starkem Maße; jeder Eindruck ist neu für es, und es hat noch nicht die

Kraft, sich gegen einen Eindruck, der nicht willkommen ist, abzuschließen.

Wir helfen dem Kind, sich harmonisch zu entwickeln, indem wir die fließenden Linien der lebendigen Natur auch in der Verzierung der Kleidung verwenden.

Eine viel verwendete Verzierung der Kinderkleidung ist die Karikatur. Das Kind, das die Welt nicht kennt und noch entdecken muß, wie der Mensch, das Tier, die Pflanze ist, kann eine Karikatur von etwas Echtem nicht unterscheiden. Eine Karikatur gibt ein verkehrtes Bild der Wirklichkeit. Ein angezogenes Kaninchen ist ganz anders als das Tierchen bei Peter im Stall. Mickymaus ist ein unwirkliches menschenartiges Tier, in dem kein Kind eine Maus entdeckt. Das Kind sieht schon so viele Karikaturen, daß man versuchen sollte, sie auf der Kleidung zu vermeiden.

Modelle. Beim Kind ist noch alles rund. Blusige Ärmel, pumpige Hosenbeine, runde Passen am Hals bei Jacken, Blusen und Kleidern und runde Kragen und Manschetten passen gut zu den kindlich runden Formen und Bewegungen. Genau wie die Motive sollten die Modelle nicht zu ausgeformt sein, was bei Kinderkleidung, die eigentlich nicht mehr als Miniaturkleidung für Erwachsene ist, jedoch häufig der Fall ist; keine dicken, doppelt gesteppten Nähte, keine Knöpfe, Reißverschlüsse oder Taschen ohne Funktion, die nur zur Zierde angebracht sind, keine zu schweren oder zu harten Stoffe.

– Ein Röckchen, nur aus einer Bahn, an einem Bündchen, damit die Weite nicht beim Spielen hinderlich ist;

– eine weite Hose mit Schulterpasse aus einem Stück ohne Taillenlinie, mit Gummiband in oder Borten an pumpigen Hosenbeinen;

– weite Overalls aus einem Stück mit Gummiband in oder Borten an bauschigen Ärmeln und Hosenbeinen (siehe Abbildung und Schnittmuster auf S. 159).

Alles an der Kleidung sollte rund, fließend und weich sein.

Unterwäsche Die Unterwäsche für Kleinkinder, die in den Geschäften zu finden ist, hat oft ein Motiv oder ist farbig. Die Farbstoffe, die dafür verwendet werden, sind alle synthetischen Ursprungs und manchmal so aggressiv, daß sie allergische Reaktionen hervorrufen können. Zuerst merkt man das an der Taille, wo die Oberbekleidung enger als an anderen Stellen

anliegt. Um dem vorzubeugen, kann weiße Unterwäsche für alle Alters-
stufen genommen werden. Wegen der guten feuchtigkeitsabsorbierenden Eigenschaften und der guten Waschbarkeit ist reine Baumwolle als
Material am geeignetsten.

Seide bleibt, auch für Kleinkinder, ein ausgezeichnetes Material für
Hemden.

Die Windelhose aus Wolle erweist auch weiterhin gute Dienste, wenn
das Kind trocken wird – nicht nur als erste Hilfe bei einem kleinen
«Unglück», sondern vor allem, um den Bauch und alle darin liegenden
Organe warm zu halten.

Auch das Wollhemd gehört noch nicht der Vergangenheit an. Kinder
können so lange Wollunterwäsche tragen, bis sie es selber nicht mehr
wollen. Nach dem dritten Lebensjahr können manche Kinder das Wollhemd an warmen Tagen ohne weiteres einmal weglassen. Die Mutter
wird schon merken, daß das Hemd für das eine Kind nun wirklich zu viel
ist, während das andere Kind sich in seinem Wollhemdchen noch sehr
wohl fühlt. Im allgemeinen gilt, daß wir nach dem Kind schauen sollten
und danach, wie es auf die verschiedenen Wetterverhältnisse reagiert.
Das erfordert von den Erziehern Flexibilität, ist aber niemals langweilig.
Es verschafft die Befriedigung, daß das Kind sich bei jedem Wetter wohl
fühlt, und auch die Überraschung, daß es manchmal anders reagiert, als
man erwartet hatte.

Strampelsack

Mit 2 1/2 bis 3 Jahren kommt der Augenblick, von dem an der Strampelsack der Vergangenheit angehört. Bei einem Kind, das im April drei Jahre
alt wird, kann man warten, bis die Kälteperiode vorbei ist. Bei einem
Kind, das im Oktober drei wird, kann man schon im Sommer davor den
Strampelsack weglassen. Diese Dinge hängen vom Kind ab. Manche
Kinder wollen den Strampelsack irgendwann einfach nicht mehr anziehen, während andere Kinder nichts anderes wollen. Die Mutter entscheidet und findet einen Weg, um ihren Beschluß in die Tat umzuset-
zen, ohne daß das Kind spürt, daß die Mutter mehr Macht hat.

Nachthemd

Jungen können, genau wie Mädchen, nach dem Strampelsack Nachthemden tragen. Sie erfahren dann weiterhin nachts ihren Körper als ein
Ganzes. Das ist nicht der Fall beim Tragen eines Schlafanzugs, denn da

sind die Beine einzelne Teile in einzelnen Hosenbeinen. Nachthemden sind darum auch für Jugendliche, Väter und Großväter zu empfehlen, und sie stehen ihnen gut, vor allem, wenn sie wie ein Polohemd mit hochstehendem Kragen oder wie ein Hemd mit doppelter Brust, so wie Opas sie noch tragen, gemacht sind. Baumwolle, Bouretteseide, Flanell und Vyella sind gute Stoffe für ein Nachthemd. Große Herrenhemden aus Trikot mit Ärmeln oder T-Shirts können auch als Nachthemd dienen. Ein Gummiband oder eine Kordel durch die Bündchen an Hals und Ärmeln machen es maßgerecht (siehe Schnittmuster auf S.154). Für Mädchen können die Bündchen an Hals und Ärmeln mit dünner Baumwolle umhäkelt und mit einer Picotborte verziert werden. Eine Kordel, aus derselben Baumwolle gedreht, oder ein Bändchen, das anschließend hindurchgezogen wird, sorgt dafür, daß die kleine Dame mit Schleifchen auf den Ärmeln ins Bett gehen kann.

Bettjäckchen Im Winter sollte man dem Kind einen Wollpullover oder eine Jacke, eine Art Bettjacke, über das Nachthemd ziehen. Die halten es warm, wenn die Decken verrutschen. Manche Kinder weigern sich entschieden, so ein Bettjäckchen zu tragen. Wenn die Mutter selbst auch eine Bettjacke aus Wolle trägt, ist das Problem meistens aus der Welt. Sonst kann man dem Kind nachts ein zusätzliches Woll(nacht)hemd mit Ärmeln anziehen.

Hausmantel Wenn die Kinder noch ein bißchen im Nachthemd spielen oder wenn sie gewöhnt sind, im Nachtzeug zu essen, dann ist ein Hausmantel kein Luxus, schon gar nicht, wenn sie nach dem Auskleiden in der Badewanne gewesen sind. Ein Hausmantel kann aus Kord mit einem Futter aus Flanell oder Baumwolle, aus Baumwollfrottee (für den Sommer, er ist nicht so warm) oder aus einem sehr großen Pullover sein, der für diesen Zweck aufgeschnitten wird und dem die Ärmel kürzer gemacht werden. Eine Kordel oder ein Gummiband an Ärmeln und Halsausschnitt sowie ein Gürtel machen den Hausmantel perfekt. Nun kann man ihn noch mit einer bestickten runden Passe oder etwas Ähnlichem verzieren (Schnittmuster S. 154). Manchen Omas macht es viel Spaß, so eine Jacke fürs Haus zu stricken. Manchmal ist das Suchen nach einem Hausmantel aus natürlichen Materialien mehr Arbeit als das Selbermachen.

Wenn die Kinder im Sommer sogar draußen barfuß laufen, so kühlen nackte Füße im Winter schon im warmen Wohnzimmer zu sehr ab. Wollsocken mit einer Sohle, Wollpantoffeln oder Fellschühchen können dafür sorgen, daß das Kind warme Füße hat. Kalte Füße können ein so unbehagliches Gefühl vermitteln, daß das Kind nicht einschlafen kann. In dem Fall kann es im Bett Wollsocken anziehen oder eine Wärmflasche bekommen. Es ist auch möglich, das kalte Laken am Fußende zurückzuschlagen und die Wolldecke wie einen halben Strampelsack um die Füße zu wickeln und die letzte Decke über alles zu stopfen, so daß es gut hält, aber doch genug Bewegungsfreiheit unter den Decken bleibt. Auf diese Weise wühlen sie sich nicht so schnell frei. Darauf achten, daß die Füße viel Platz im Bett haben. Morgens die Füße mit Kupfersalbe einreiben, dann bleiben sie tagsüber schön warm. Dies jedoch nicht länger als zwei Wochen hintereinander machen.

Kalte Füße

In diesem Alter probieren die Kinder, sich selber anzuziehen. Dem können wir entgegenkommen, indem wir die Kleidung, soweit es möglich ist, mit großen deutlichen Verschlüssen ausstatten. Daran können die kleinen Fingerchen dann üben. Auch dafür sorgen, daß die Halsausschnitte groß genug sind, und zwar nicht nur jetzt, sondern die ganze Kinderzeit hindurch. Zu enge Halsausschnitte sind eine leidige Angelegenheit, der jedoch leicht abgeholfen werden kann: Eine der Schultern aufschneiden und einen Verschluß einsetzen (den Stoff nach innen einschlagen, den Schlitz umhäkeln, beim Zurückhäkeln Schlaufen machen, Knöpfe ansetzen oder einen Reißverschluß einsetzen).

Sich selber anziehen

Erst mit fünf oder sechs Jahren verschwindet das dicke Bäuchlein des Kleinkindes, und erst um das zwölfte Lebensjahr herum zeigen sich Hüftknochen oder eine Taille, wo eine Hose oder ein Rock drauf hängen bleiben kann. Im Kleinkindalter sind Hosen ohne Träger oder Latz für das Kind unbequem. Die Hose rutscht ständig über den runden Bauch nach unten und sitzt nie gut. Daher sollte man nach weiten «Clownshosen», Latzhosen oder noch anderen Sorten weiter Hosen aus einem geschmeidigen Stoff Ausschau halten. Baumwolle für den Sommer, Baumwollkord für die Übergangszeiten und Wolle für den Winter. Die Hosen können gekräuselt an eine runde Passe, mit Falten an eine vier-

Lange Hosen

eckige Passe gesetzt werden, ohne Passe in Schulterbänder übergehen oder mit einer fröhlichen Biese verziert werden. Auf den Bauch eine große Tasche setzen, damit darin alle Schätze gesammelt werden können! Besonders gut sind Hosen, die im Kreuz viel Platz lassen und die keine doppelt gesteppten Nähte haben, damit diese Stelle nicht irritiert wird und das Kind genügend Bewegungsfreiheit hat. Ist der Herzenswunsch, doch so eine Hose wie Papa zu haben, dann sollte man auf ausreichend Platz in der Taille achten. Ein Kind ist morgens beim Aufstehen viel schlanker als abends, wenn es schlafen geht. Die Hose nötigenfalls eine Größe zu groß nehmen und hinten ein Knopflochgummi durchs Bündchen ziehen. An einer Seite festnähen und an der anderen einen Knopf anbringen. So kann die Hose mit dem Bäuchlein mitwachsen. Dazu noch ein Paar fröhliche Hosenträger anziehen. Behelfshosenträger können aus einem Bindegürtel gemacht werden:
Hinten durch zwei Hosenschlaufen ziehen, auf dem Rücken kreuzen, vorne durch zwei Schlaufen ziehen und zubinden (Abb. 43).
Je nach Mode sind oben genannte Hosen häufig oder weniger häufig in den Geschäften zu finden. In Kord und Jeans wird auch Polyamid verarbeitet, deshalb auf das Etikett schauen. Wollhosen sind in größeren Größen schlecht zu bekommen. Unsere Kinder trugen im Winter Wollstrumpfhosen unter Kord. Hosen für Drei- bis Sechsjährige sind recht leicht selbst zu machen.

Kurze Hosen Kurze Hosen lassen sich natürlich genau so schlecht an einem runden Bauch aufhängen wie lange Hosen. Auch hier nach Höschen mit einem Verschluß auf der Schulter suchen. Sind die schwer zu finden, kann man einen Bindegürtel (siehe oben) oder Hosenträger verwenden.

Overalls Overalls sind sehr angenehm zu tragen. Das ganze Kind steckt darin, es kneift nirgends, und alles bewegt sich mit. In Geschäften für Arbeitskleidung gibt es «Gartenoveralls» aus reiner Baumwolle. Obgleich dieses Modell nicht für Kinder gemacht ist, fühlt es sich in dieser Kluft, je nach Stimmung, wie ein Fahrradschlosser, Bauer oder Automechaniker! In alternativen Kleiderläden findet man Phantasie-Overalls mit farbigen Biesen und fröhlichen Verzierungen. Man kann selber sehen, inwieweit man in dieser Richtung mitgehen will. Das Schnittmuster für einen Overall ist auf S.159 zu finden.

Abb. 43: Behelfshosenträger

Hemden brauchen keine Mini-Oberhemden zu sein. Es können auch weitfallende Blusen sein, die großzügig gemacht werden können, damit man lange etwas von ihnen hat. Baumwolle ist ein gut waschbares Material für alle Tage, Seide oder Viyella für festliche Gelegenheiten. Im Winter kann ein (Rollkragen-)Pullover aus Wolle darunter getragen werden. Dann braucht die Wolle nicht so oft gewaschen werden. Von der Mode ist abhängig, ob solche weiten Hemdblusen in den Geschäften angeboten werden oder nicht.

Hemden und Blusen

Weite Pullover aus reiner Wolle oder Baumwolle werden am besten den Ansprüchen gerecht. Baumwolle ist, je nach der Mode der Saison, schon noch in den Geschäften für Kinderkleidung zu finden. Wolle findet man nur in Spezialgeschäften. Selber stricken ist am billigsten.

Pullover

Kleider

Das Kleid ist ein besonderes Kleidungsstück. Es hatte in den verschiedenen Kulturepochen verschiedene Formen und umhüllte gewöhnlich den ganzen Leib. Mann und Frau trugen es über dem Hemd. Erst ca. 600 Jahre vor Christus trugen die Meder die ersten primitiven Lederhosen. Auch heute noch werden von Männern Kleider getragen. Man braucht nur an die Priesterkleidung, die Toga, den Schottenrock, die Djellabah zu denken. Das Kleid mit dem weit zur Erde hin fallenden Rock weist noch auf die Verbundenheit mit Mutter Erde hin, von der man besondere Kräfte empfängt.

Man sollte nach Kleidern aus reiner Baumwolle, Wolle oder einem Mischgewebe aus beiden, mit schönen runden Passen, weiten Röcken und Ärmeln, die an der Manchette gekräuselt sind, Ausschau halten. Wie sehr sich die Mode auch ändern mag, diese Hängekleider kommen immer wieder in die Geschäfte zurück; dabei am besten dicke Baumwolle, Kord oder Viskose nehmen. Mit einem warmen Pulli oder einer Jacke darüber ist es meistens auch warm genug. Die Erfahrung zeigt, daß zwei oder drei dünne Lagen übereinander getragen die Körperwärme besser festhalten als ein dicker Pullover: Die zwischen den Kleiderlagen stehende Luft isoliert besser. Näht man etwas selber, dann ist ein geschmeidiger Wollstoff oder Vyella ein angenehmes Material. Ein Unterrock oder Petticoat aus Baumwolle oder Bouretteseide gibt dem Mädchen um die Beine herum etwas mehr Wärme und Umhüllung. Für den Sommer gibt es fröhliche Baumwollkleider. Eine Schürze, aus einem zum Kleid passenden Stoff oder auch nicht, kann dafür sorgen, daß die Röcke nicht so leicht hochwehen.

Jacken

Eine Jacke sollte eigentlich immer zur Hand sein: Sie schützt bei vielen Gelegenheiten vor Abkühlung; auch zum Strand oder ins Schwimmbad immer eine Jacke mitnehmen. Eine zusätzliche Bluse und eine trockene Hose, eventuell aus Wolle, verhindern, daß das Kind zu sehr abkühlt, nachdem es sich im Wasser ausgetobt hat, und schützen gegen Sonnenbrand. Jacken kommen auch sehr gelegen, wenn das Kind mittags warm und rosig aus dem Bett kommt. Es fröstelt dann leicht. Dem Kind für ein halbes Stündchen eine Jacke anziehen, das läßt das frostige Gefühl gar nicht erst aufkommen und macht den Übergang zum «wach sein» etwas leichter. Jacken aus Baumwolle oder Wolle sind am angenehmsten. Hierfür gilt das gleiche wie für die Pullover.

Wenn es kalt ist, kann eine Strumpfhose unter dem Kleid oder der langen Hose getragen werden. Es gibt sie aus Seide, Wolle, Baumwolle, Acryl und vielen Mischgeweben. Man sollte pflanzliche oder tierische Materialien wählen, obgleich sie zu finden mehr Mühe kosten wird und sie auch teurer als Strumpfhosen aus synthetischen Materialien sind. Strumpfhosen aus natürlichen Materialien sind wärmer, vermitteln kein beklemmendes Gefühl und erzeugen weniger statische Elektrizität.

Anstelle von Strumpfhosen können auch lange Woll- oder Baumwollunterhosen (kein Ärger mit schnell verschleißenden Füßchen!) oder Schlafanzughosen verwendet werden.

Strumpf-hosen

Kindern wenn möglich Socken aus 100% Wolle geben. Damit sie nicht zu schnell verschleißen, kann man einen Baumwollfaden mit in Ferse, Sohle und Spitze der Socken stricken. Die Strümpfe werden so zwar etwas dicker, aber dafür auch viel strapazierfähiger. Gekaufte Socken oder Strumpfhosen können an den Stellen, die am schnellsten verschleißen, mit einem Baumwollfaden übergestopft werden. Oder über die Wollsocken noch Socken aus Baumwolle anziehen.

Wolle nimmt die Schweißfeuchtigkeit der Füße vollständig auf und hält sie warm. Wo etwas Synthetisches anstelle von Wolle ist, wird keine Feuchtigkeit aufgenommen und keine Wärme abgegeben. Im Sommer sind Socken aus 100% Baumwolle ideal.

Socken

An Tagen, an denen es eigentlich zu frisch ist, um draußen zu sitzen, wollen Kinder doch gern draußen spielen. Mit Wollmütze und -mantel halten wir sie warm, aber die Sitzfläche wird durch das unvermeidliche Sitzen in Kies, Gras oder Sand doch kalt. Eine gestrickte Wollhose über der Kleidung fängt die erste Kälte und die erste Feuchtigkeit ab. Außerdem schützt so eine Hose die Sachen vor Lehm und Sand, und der Sand rieselt nicht ins Zimmer, wenn die Hose in der Küche oder im Flur ausgezogen wird. Wollen die Kinder in den Pfützen sitzen und spielen, dann sollte man ihnen eine Plastik-Regenhose anziehen.

Draußen spielen

Was hierzu unter «Das Kind im Laufstallalter» steht (s.S. 92), gilt auch für dieses Alter. Der Verschluß des Anoraks oder des Mäntelchens sollte vielleicht schöne große Knöpfe haben, damit die Kinder ihn selber auf- und zumachen können.

Anorak, Schneeanzug, Mütze, Handschuhe

Festliche Kleidung

So wie ein Stuhl nur ein Stuhl sein kann, wenn er vier Beine und eine Lehne hat und eine Lampe nur eine Lampe ist, wenn sie Licht geben kann, so ist ein Fest erst ein Fest, wenn festliche Dinge geschehen. Die Eier zu Ostern und die Kerzen zu Weihnachten sind der äußere Ausdruck eines inneren Festes. An diese äußere Form versuchen wir anzuschließen, indem wir das Kind ein festliches Kleid oder einen festlichen Anzug tragen lassen. Wie gern spielen die Kinder «Hochzeit» mit all den Sachen aus der Verkleidungskiste, die sie schön finden; all das brauchen sie, um sich in das Fest einleben zu können.

Das Festkleid oder der -anzug verleihen dem großen Ereignis, das da kommt, den Glanz. Es hängt auf einem Bügel im Zimmer und wartet auf den Geburtstag. Zu Omas Geburtstag und zum Geburtstag aller lieben Menschen aus der Umgebung darf es angezogen werden. Aber zu Weihnachten hat Mama als Überraschung eine Hose oder einen langen Rock aus genau demselben Stoff gemacht, wie sie ihn selbst trägt, und das ist noch schöner.

Arbeits-kleidung

Es ist nicht schlimm, wenn die Kleidung der Kinder schmutzig wird. Aber es ist doch gut, wenn sie merken, daß man bei besonderen Arbeiten besondere Kleidung trägt, beispielsweise die Schürze von Vater und Mutter beim Kochen und der Overall oder die «Malsachen» bei Arbeiten im Haus. Das macht auch Anfang und Ende einer Tätigkeit für das Kind sichtbar: Schürze umbinden, Basteldecke auf den Tisch (bei uns ein kariertes Wachstischtuch) und dann erst Farbe oder Schuhcreme holen. Wenn die Schürze abgenommen wird, ist auch die Mal- und Putzzeit vorbei. Darum sollte man dem Kind eine Arbeitsschürze geben. Das kann ein Kittel aus einer Baumwollbluse oder einem Oberhemd sein. Den Kragen abnehmen, eine Kordel durch das Bündchen ziehen, Ärmel kürzen – eventuell ein Gummiband durchziehen, Verschluß nach hinten, und fertig ist die Koch-, Mal-, Knet- und Schuhputzschürze (Abb. 44).

Es kann aber auch eine Mini-Barbecueschürze, eine halbe Schürze oder eine Schürze mit einem herzförmigen Latz (Abb. 45) sein. Am liebsten trägt das Kind so eine Schürze wie die Mutter, damit es sie richtig nachahmen kann.

Abb. 44

Abb. 45

9 Im Kindergarten und in der Schule

Der erste Gang in den Kindergarten und später in die Schule bringt für Mutter und Kind große Veränderungen mit sich. Das Kind trifft in der Schule auf eine Welt, die ganz anders ist als die häusliche Umgebung. Die Mutter, die ihr Kind in den Kindergarten bringt, wird bald merken, ob die Kleidung ihres Kindes zu der in der Klasse herrschenden «Mode» paßt. Kinder können unglücklich sein und sich ausgeschlossen fühlen, weil sie «anders als die anderen» gekleidet sind. Aber es gibt auch Kinder, die sich nichts daraus machen oder es nicht einmal merken.

Die Temperatur im Klassenzimmer ist manchmal ganz anders als im Wohnzimmer daheim. Das können wir beim Ankleiden des Kindes mit berücksichtigen. Wenn es in der Klasse kälter als zu Hause ist, kann eine Wolljacke mitgenommen werden. Ist es wärmer, dann tut es gut, wenn der Pulli ausgezogen werden kann, damit die Hitze im «Feuereifer des Spiels» gelöscht werden kann. Jetzt spürt das Kind selber, wann es warm oder kalt ist. Diese «herumfliegenden» Kleidungsstücke sind lästig. Manche Kinder können gut auf ihre Sachen achten, andere hingegen verlieren sie ständig. Den Namen des Kindes hineinzunähen oder zu sticken macht das Suchen für die hilfsbereite Kindergärtnerin leichter, und das Kind kann an diesem Zeichen sein Kleidungsstück erkennen.

Es ist wichtig, daß die Kleider von Kindern gut waschbar sind. Die Wäschestapel sind manchmal recht ansehnlich, und jedes kleine Unglück, das dazu führt, daß an diesem Tag zwei Hosen gebraucht werden, erhöht den Stapel. Eine Mutter, die ihr Kind diese Jahre unbekümmert und sorglos erleben lassen will, wird es vermeiden, bei jeder Gelegenheit auf Möglichkeiten, schmutzig zu werden, hinzuweisen. Durch ein ständiges: «So wirst du schmutzig», «Guck dir das an, die ganze Jacke voller Dreck», oder ähnliches kann das Kind sich nicht so ausleben, wie es gerne möchte. Es muß ja darauf achten, daß es sich nicht schmutzig macht. Und eigentlich können die Sachen durch alles auf der Welt schmutzig werden! Das Kind bekommt so das Gefühl, daß man eigentlich nirgends dran kommen darf und daß Schmutzig-Sein verkehrt ist. Was soll es dann vom Klempner in seinem schmutzigen Overall und vom Fahrradmechaniker mit seinen kohlrabenschwarzen Händen denken?

Kleidung, die gut zu waschen ist, hilft der Mutter beim «Unkompliziert - Sein» in bezug auf Dreck. Ein Kleid oder ein Pulli mehr in der Wäsche machen dann auch nichts mehr aus. Kleidungsstücke aus Wolle sind hier von Vorteil – ein Fleck läßt sich schnell mit einem feuchten Waschlappen wegreiben, und für Wolle ist es besser, ein Mal mehr gelüftet als einmal öfter gewaschen zu werden. Baumwolle läßt sich gut waschen. In der Form von Trikot, Kord, Velours oder mit einer aufgerauhten Vorderseite ist Baumwolle – auch ohne vorherige Kunstharzbehandlung, durch die das Material weniger atmet und weniger Feuchtigkeit aufnimmt – bügelfrei. Das Kind, das in sauberen und heilen Sachen in die Schule geht, hat einen Vorsprung. Wenn alle Knöpfe an ihrem Platz, die Socken ganz, die Flicken auf den Knien wieder festgenäht sind und Hosenträger dafür sorgen, daß die Hose nicht rutscht, dann steckt das Kind gut und sicher in seinem «Kleider-Haus». Es hat die Sicherheit, daß dieses Haus nicht wackelt oder es beim Spiel und seinem Experimentierdrang hindert; so einfach wird es das nicht sagen können, aber dafür um so besser fühlen.

In den Geschäften ist nun deutlich eine Jungen- und eine Mädchenabteilung für Unterwäsche zu finden.

Der Schlitz in der Jungen-Unterhose ist nicht nötig, sie verwenden ihn nie. Eine Hose, die beinahe bis an die Taille reicht, schließt besser um die Hüften und hält die Bauchorgane warm. Das gilt auch bei Unterhöschen für Mädchen. Hemdchen mit einem runden Halsausschnitt haben offensichtlich eine bessere Paßform als Hemdchen mit Trägern. Aber schöne Spitzen und ein aufgesticktes Blümchen auf der Vorderseite machen das Aussuchen zu einem festlichen, spannenden Ereignis. Im Winter und in kalten Übergangszeiten braucht das Kind Wollhemd und -hose.

Unterwäsche

Die Blusen und Hemdchen aus der vorhergehenden Periode können weiterhin getragen werden. Eine Tasche, am liebsten vorne in der Mitte auf dem Bauch, wird dringend gewünscht. Nach dem dritten Lebensjahr können die Verzierungen deutliche Konturen bekommen. Eine Reihe Entchen oder etwas Ähnliches auf den Saum oder die Tasche gestickt ist immer ein Vergnügen.

Blusen und Hemden

Kleider

Hängekleider in jeder Form sind angenehm im Tragen. Nicht zu weit, nicht zu lang, damit das Spiel dadurch nicht behindert wird. Man muß auf das Kind schauen, darauf, wie es sich in den Kleidern bewegt und ob es sich wohl darin fühlt. Das eine Kind wird sich in einem weiten Kleid graziös bewegen und es nicht im geringsten als hinderlich empfinden, während das andere den lieben langen Tag über den Saum stolpert, sich in den Falten verheddert und alles Spielzeug damit umwirft. Man kann eine Weste, eine Jacke oder einen Pullover mit herauslegen, damit das Kind sein Bedürfnis an Wärme selbst regeln kann. Röcke ohne Träger haben den gleichen Nachteil wie Hosen ohne Hosenträger.

Hosen

Zwischen den Grenzen von Mode und Möglichkeiten muß man nach einer befriedigenden Lösung suchen, in der das Kind sich wohlfühlt und sich ungehindert bewegen kann. Ohne große Taschen, am liebsten mitten auf dem Bauch, kann es nicht auskommen.

Latzhosen, Bermudas oder lange Hosen mit Hosenträgern, von einem nicht zu eng sitzenden Gürtel gekräuselt, Clownshosen, schön weit und mit dem Verschluß auf den Schultern, Overalls – vielerlei Modelle bieten sich an. Sie alle haben gemeinsam, daß sie am einzigen Stützpunkt, den das Kind hat, aufgehängt werden: den Schultern. Bei anderen Hosen, außer vielleicht einer Baumwoll-Jogginghose, sind Hosenträger eine Notwendigkeit, wenn man verhindern will, daß das Kind ständig seine heruntergerutschte Hose wieder hochziehen muß.

Strumpf-hosen, Socken

Eine Wollstrumpfhose oder lange Unterhose unter der Kordhose und eventuell über der Wollunterhose ist weiterhin im Winter notwendig und ist in diesem Alter noch selten die Ursache von Protest. Nur Baumwollhosen sind für alle Kinder im Winter zu kalt. Socken aus Baumwolle oder Wolle sind noch am angenehmsten im Tragen. Man bekommt sie in Spezialgeschäften, manchmal auch in Kaufhäusern. Oder man strickt sie selbst.

Jacken, Anoraks

Für den Winter sollte man probieren, eine Jacke aus mehr als 80% Wolle zu finden, die bis über die Hüften reicht, so daß Bauch und Schamgegend warm bleiben. In die weiten Ärmel können Bündchen genäht

Abb. 46

werden (hierfür 5 cm lange Strickbündchen nehmen, gut recken und 6 cm vom Ärmelsaum festnähen). Jacken aus Baumwolle oder Polyamid mit einem synthetischen Futter sind zu beklemmend für die beweglichen Kinder. Feuchtigkeit und Körperwärme können nirgends hin, so daß die Jacke aufgemacht wird und es nicht unwahrscheinlich ist, daß das betreffende Kind sich eine Erkältung zuzieht.

Im Sommer gibt es ein recht breites Angebot an Baumwolljacken, die allerdings im Frühjahr und im Herbst zu kalt sind. Ein hineingenähtes Futter kann die Zeit, in der sie getragen werden können, verlängern. Manchmal findet man zwischen den Winterjacken Jacken aus zwei Lagen aufgerauhter Baumwolle, die in dieser Zeit gut getragen werden können.

Mützen und Schirmmützen

Zur großen Freude der Kinder gibt es für dieses Alter viele Arten von Mützen und Schirmmützen: Mützen mit fröhlichen Motiven aus südamerikanischen Ländern mit Ohrenklappen und einem Bändchen unter dem Kinn; patentgestrickte Mützen in vielen Farben, mit oder ohne Bommel (der häufig die kleinen Freunde zum Abreißen einlädt); die Biwakmütze, die den Hals schön warm hält und die bei kaltem Wetter über die Nase gezogen werden kann (Abb. 46, siehe Muster auf S.161), und die mit Wollteddy gefütterte Schirmmütze mit den Ohrenklappen. Und für den Sommer vielerlei Sorten Baumwollhüte. Wird ein Große-Leute-Hut ausgesucht, dann läßt sich dieser mit zwei kleinen Falten im Nacken passend machen. Für Mädchen gibt es manchmal schöne Sonnenhütchen.

Handschuhe   Meistens näht man die Handschuhe an einer Kordel fest, die durch die Ärmel und den Aufhänger gezogen wird. Wenn das Kind das als störend empfindet, können sie auch an ein Band genäht werden, das an der Innenseite des Ärmels befestigt wird. Dann ist die lange Kordel in den Ärmeln nicht im Weg. Je nach Mode werden Wollfäustlinge und Fingerhandschuhe in den Warenhäusern angeboten.

0 Von 7 bis 12 Jahren

Der Unterschied zwischen Jungen und Mädchen tritt nun stärker in den Vordergrund. Die Kinder werden sich ihres eigenen Geschlechts bewußt und wollen deutlich dazu gehören. Sie nehmen nun auch besser wahr, was andere Kinder tragen. Sachen, die zu sehr vom in der Klasse gängigen Stil abweichen, können sie unglücklicher machen, als wir denken. Man sollte versuchen, ihren Wünschen entgegenzukommen und akzeptable Lösungen zu finden.

Kinder in diesem Alter können manchmal sehr müde sein, wenn sie aus der Schule kommen. Wenn sie dann auch noch kalt und durchgefroren sind, kann es ihnen unter Umständen recht gut tun, die Schulkleider auszuziehen und schön warme Socken, Hausschuhe und die Hausjacke, eventuell über das Nachtzeug, anzuziehen. Und etwas leckeres Warmes trinken. Dann kommen sie wieder ganz zu sich. Kindern, die sehr müde oder erschöpft sind, kann man manchmal am besten helfen, indem man sie in ein großes Wolltuch oder eine kleine Decke wickelt und sie so ins Bett legt. Das Kind fühlt sich dann ganz umhüllt und kann durch einen gesunden Schlaf wieder zu Kräften kommen.

Farben, Motive und Modelle

Alle kleinen Kinder haben überwiegend ein sanguinisches Temperament, aber jedes Kind hat wiederum auch bei der Geburt sein eigenes Temperament mitgebracht. Dieses Temperament kommt meistens erst nach dem siebten Lebensjahr deutlich zum Vorschein. Die Temperamente sind jedoch keine Schubladen, in denen die Menschen der Einfachheit halber untergebracht werden. Das Kind fordert uns auf, sein Temperament zu erkennen und ihm zu helfen, damit umzugehen.

Eine der Möglichkeiten, dem Kind hierbei zu helfen, ist die Kleidung. In den Farben, den Modellen und den Motiven können Elemente enthalten sein, die die verschiedenen Temperamente ansprechen. Dabei wirken auf das Temperament besonders die Komplementärfarben, die innerlich gebildet werden, wenn die entsprechende äußere Farbe auftritt.

Ein leicht reizbares, hitzköpfiges, cholerisches Kind wird von Rot beruhigt; die Modelle dürfen durchaus ein bißchen geformter und das Motiv deutlicher ausgeprägt sein.

Das mollige, ruhige, phlegmatische Kind kann Grün tragen, Modelle mit fließenden Linien aus leicht fließenden Stoffen.

Das zurückgezogene melancholische Kind fühlt sich wohl in Blau, in Modellen mit langen, geschlossenen Linien und ruhigen Motiven.

Das vom Hölzchen aufs Stöckchen springende sanguinische Kind trägt gern Gelb und Orange mit Streifen, Schleifen und Rüschen. Verträumte Motive für das Kleidungsstück nehmen.

Es gibt jedoch kein einziges Kind, das nur ein Temperament hat. Ein Temperament gibt zwar den Ton an, aber auch die anderen sind mehr oder weniger offensichtlich vorhanden.

Man muß ganz sicher wissen, welches Temperament das Kind hat, bevor ein «Temperamenten»-Kleidungsstück gegeben wird. Und selbst dann noch läßt sich nicht erklären, warum ein typisch phlegmatisches Kind am liebsten Rot und Blau trägt und auf den Vorschlag, wenigstens grüne Socken zu kaufen, verärgert reagiert und erwidert, daß das nun wirklich nicht zu ihm passe.

Das Kind zeigt uns durch sein Temperament hindurch auch sein Rätsel, das gelöst werden kann, indem wir ihm offen, ehrfürchtig und mit Liebe gegenübertreten.

Unterwäsche   Das **Wollhemd** ist noch immer wichtig, denn solange die Kinder wachsen (und auch noch danach), brauchen sie die Wärme. Nach dem Schwimmen sorgen Wollhemd und -socken dafür, daß sie schneller wieder warm werden.

Es kann nicht oft genug gesagt werden, wie wichtig ein **Unterhemd** ist. Es hält die Nieren warm und schützt den Rücken und die Bauchorgane. Und wenn alle Organe ungestört arbeiten, bleibt das Kind besser warm – was «besser gesund» bedeuten kann. Und nicht nur, solange es klein ist, sondern auch für später. Wir haben doch allmählich von der Schuhreklame akzeptiert, daß gutes Schuhwerk die Kinder vor Fußbeschwerden bewahrt, wenn sie 30 oder 40 Jahre alt sind. Warum können wir dann noch immer nicht glauben, daß zu viel Kälte in der Jugend zu rheumatischen Beschwerden und zu Nieren- und Rückenproblemen in der Lebensmitte oder noch früher führen kann? Ein 17jähriges Mädchen sagte: «Ich habe eigentlich immer ein bißchen Blasenentzündung.» Sie erzählte danach, daß sie im Winter nur Nylon-Unterwäsche und eine Jeanshose trage und nachts ohne Nachtzeug schlafe, das habe sie immer so gemacht. Nun will ich sicher keine Lanze dafür brechen, die Kinder mit Wärme zu verwöhnen (obgleich das nicht so schnell passieren wird). Sie dürfen ruhig einmal frieren, wenn sie draußen spielen oder einen langen Winterspaziergang machen. Das trainiert ihre Ausdauer und wird auch wieder gut, wenn sie sich drinnen aufwärmen und etwas Heißes trinken. Aber, Kälte darf keine Regel sein.

Mädchen sollten weiterhin eine *Wollhose* tragen. Besonders nach dem zehnten oder elften Lebensjahr ist Wärme an dieser Stelle wieder wichtig, weil sich der erste Ansatz zum Wachstum der Geschlechtsorgane bildet. Wir begreifen nicht genügend, daß ein Mädchen oder eine Frau durch ihre Geschlechtsorgane in einer völlig offenen Verbindung mit der Außenwelt stehen und daß sie gerade darum zusätzliche Wärme und Umhüllung benötigen. Eine Wollstrumpfhose im Herbst, Winter und Frühling ist kein Luxus, sondern bittere Notwendigkeit, um alle die zarten Organe zu beschirmen, damit sie sich gut entwickeln können.

In den niedrigeren Klassen ist es meistens noch kein Problem, wenn die Kinder andere Unterwäsche tragen. Erst wenn sie zum Schwimmen und zum Turnen gehen, wird es für manche Kinder schwieriger. Andere läßt es wiederum völlig kalt, wenn sie merken, daß ihre Unterwäsche anders ist als die sonst übliche.

Ist man jedoch davon überzeugt, daß eine Baumwollunterhose und eine Kordhose im Winter zu kalt sind, und trägt man selber auch Wollhemd, -hose und -strumpfhose, dann ist es für die Kinder meistens ein nicht so großes Problem. Durch die eigene Kleidung beweist man die Berechtigung von dem, was man fordert.

Nacht-wäsche

In dieser Periode kann auch die Zeit kommen, in der Jungen einen Pyjama im Bett anzuhaben ganz komisch finden und sie lieber nackt schlafen wollen. Man kann es dann noch einmal mit einem Nachthemd probieren, so wie auf S.101 für Kindergartenkinder beschrieben.

Blusen, Hemden, T-Shirts, Polohemden, Rollkragenpullis

Für diese Kleidungsstücke gibt es, auch aus reiner Baumwolle, ein reiches Angebot. Schwieriger wird es, sie ohne Karikaturen, Firmennamen und andere Aufschriften zu bekommen. Weil Menschen nun einmal keine Karikaturen sind, weil Fragen und Feststellungen in unserer Vorstellung und nicht auf unserem T-Shirt leben und weil der Hersteller uns eigentlich bezahlen müßte, wenn wir mit Reklame für seine Produkte herumlaufen – anstatt wir ihn -, können wir gerne auf solche Kleidungsstücke verzichten.

Pullover und Jacken

Pullover aus 100% Baumwolle oder Wolle sind schwer zu bekommen. Je nach Mode und Jahreszeit kann man Baumwollsweatshirts mit aufgerauhter Innenseite bekommen. Velours-Sweater haben fast immer eine Beimischung aus Viskose oder Polyamid.

Um das zwölfte Lebensjahr herum passen die Kinder manchmal schon in kleine Herren- oder Damengrößen. Darin ist die Auswahl größer, und außerdem gibt es ab und zu Sonderangebote, weil kleine Größen weniger häufig verkauft werden.

Am Strand oder im Schwimmbad für trockene Hemden oder dünne Jacken sorgen, damit die Kinder nicht zu lange nackt in der Sonne liegen und Gefahr laufen zu verbrennen. Das kann im schlimmsten Fall zu Hautkrebs führen. Außerdem ist es nicht dumm, mit der weißen Haut schonend umzugehen. Solange die Haut noch nicht durch und durch braun ist, kann sie unter dem Einfluß des Sonnenlichtes Vitamin D produzieren. Je brauner die Haut wird, desto weniger Vitamin D kann sie noch bilden.

Es ist gut, eine zweite trockene Badehose oder Badeanzug oder auch einen Strandanzug (eventuell auch aus Hemd + Hose oder etwas Ähnlichem improvisiert) zu haben. Dann braucht der nasse Badeanzug nicht am Körper zu trocknen, und dieser kühlt nicht noch zusätzlich ab.

Kleider und Trägerkleider

Erst mit ungefähr zwölf Jahren bekommen die Mädchen Hüften. Bis dahin bleibt es dabei, daß Röcke ohne Träger herunterrutschen. Die Hängekleider erweisen bis zu diesem Alter noch gute Dienste. Die Stelle, an der der Rock angesetzt wird, kann immer tiefer nach unten rutschen, bis er um das zwölfte Lebensjahr herum auf seinem Platz in der Taille, die sich dann gebildet hat, sitzt.

Trägerkleider können schwungvolle Röcke mit Leibchen und Trägern oder schürzenartige Modelle mit dem Verschluß hinten sein. Zu Sommerkleidern kann eine Schürze in derselben oder in einer dazu passenden Farbe gekauft oder genäht werden. Die gibt ein bißchen mehr Umhüllung um die Beine herum. Ein Petticoat aus Baumwolle oder Bouretteseide mit Spitzenvolants und Rüschen ist für den Sommer heiter und fröhlich und im Winter warm.

Bei Jungen werden ebenfalls um das zwölfte Lebensjahr herum die Hüftknochen etwas ausgeprägter. Die Hose bleibt nun sitzen und braucht endlich keine Hilfsmittel mehr. Bis zu dieser Zeit bleiben Latzhosen eine gut sitzende Tracht und Hosenträger ein nützliches Attribut. **Hosen und Latzhosen**

Wollmützen bleiben im Winter notwendig. Schirmmützen schützen gegen grelle Sonnenstrahlen. Jungen und Mädchen können sie tragen. Mädchen wollen manchmal an einem strahlenden Tag einen Sonnenhut aufsetzen. Auch für sich selbst kann man einmal probieren, wie man sich nach einem Sommertag draußen mit und nach so einem Tag ohne Sonnenhut fühlt. **Mützen, Schirmmützen, Hüte**

Kinder, die lange Zeit Handschuhe aus synthetischem Material getragen haben und nun zum ersten Mal wieder Wollhandschuhe anziehen, klagen manchmal darüber, daß sie zu kalt seien! Das kommt daher, daß Nylonhandschuhe so luftdicht abschließen, daß der Körper selber die Hände nicht mehr warm zu halten braucht. Durch Wollhandschuhe weht der Wind auch mal hindurch. Die meisten Kinder können jedoch ihre Hände in Wollhandschuhen ausgezeichnet warm halten. Gelingt das nicht, dann können zwei Paar Handschuhe übereinander getragen werden, oder in die Wollhandschuhe kann ein weites Futter aus dünnem Wollstoff gemacht werden. Die Hand bis an den Puls großzügig auf ein Stück Papier zeichnen, das Muster zweimal aus doppeltem Stoff ausschneiden (Abb. 47), rundherum feststeppen, in den Handschuh schieben und am Puls mit kleinen Stichen festnähen, das Bündchen dabei dehnen. Ein Baumwollfutter ist hier nicht so gut geeignet. Bei Regen und Schnee wird die Feuchtigkeit aus dem Handschuh in die Baumwolle **Handschuhe** gedrückt. Der wollene Außenhandschuh ist dann noch trocken, während das Futter naß ist.

An das Schnittmuster ein Bündchen setzen, dann kann man mittels dieses Schnitts – zweimal aus dickem Stoff (zum Beispiel Mantelstoff) und zweimal aus dünnerem Wollstoff als Futter geschnitten – Handschuhe machen.

Eine 1 cm breite Naht nehmen. Handschuhe und Futterhandschuhe jeweils zusammennähen. Wenden, schauen, wo die innere Naht spannt und an diesen Stellen bis kurz vor der Naht einschneiden. Die Naht auffalten. Einen nicht gewendeten Futterhandschuh in den gewendeten Handschuh schieben. Nun stoßen die Nähte zwischen den beiden Stoffen gegeneinander; probieren, sie so glatt wie möglich zu bekommen.

Die Fransen nach innen schieben und Futter und Handschuh aneinanderheften. Den Saum steppen.

Eventuell am Puls einen Schlitz machen und ein Gummiband oder eine Kordel hindurchziehen. An den Handschuh kann auch eine gestrickte Manchette gesetzt werden (zum Beispiel von einem Pullover).

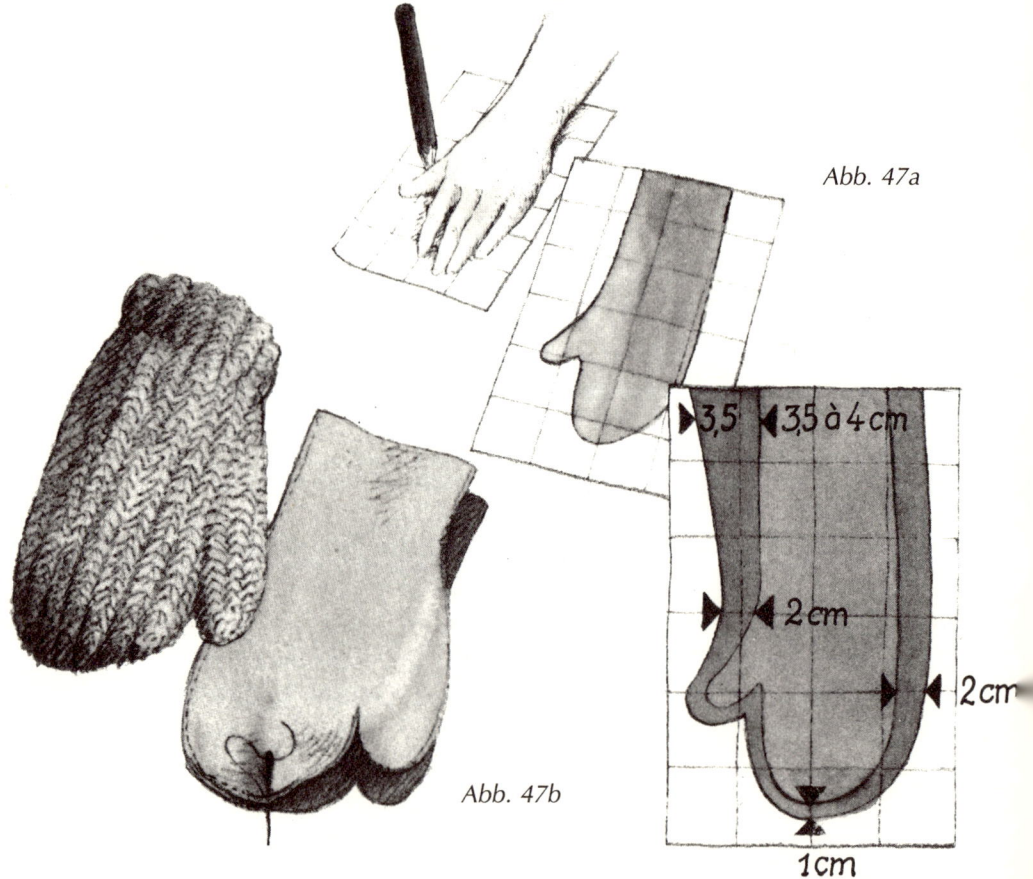

Abb. 47a

Abb. 47b

1 Die Pubertät

Nun fängt der junge Mensch an, selber seine Kleidung auszusuchen, zu kaufen, vielleicht zu nähen oder zu stricken. Durften und konnten wir das vor dieser Zeit noch etwas lenken, so ist das nun so gut wie vorbei. Nun dürfen wir beratend zur Seite stehen und dem Jugendlichen in Freude die Freiheit lassen, mit seiner Kleidung zu experimentieren und von Fehlern zu lernen. In jeder Familie sollte eine Form gefunden werden, wie Kleidung gekauft wird. Das Kind kann zum Beispiel Kleidergeld bekommen und die Sachen allein oder mit einem Elternteil zusammen kaufen gehen. Oder der Teenager sucht aus, was er schön findet oder braucht, und zeigt es dann dem Elternteil, der mit ihm einkaufen geht. Manchmal werden die Jugendlichen Sachen anziehen wollen, die wir ganz komisch finden, und, unserer Meinung nach, viel zu wenig anhaben. Aber im Hintergrund lebt noch das Gefühl für Qualität, das wir in den vergangenen Jahren versucht haben zu vermitteln. Zusammen mit dem jungen Menschen werden wir auch diese Periode durchmachen, und bald, mit achtzehn bis einundzwanzig Jahren, tritt ein erwachsener Mensch ins Leben, der selbstbewußt seine Kleidung auswählen kann.

Teil 2
Anleitungen und Schnittmuster

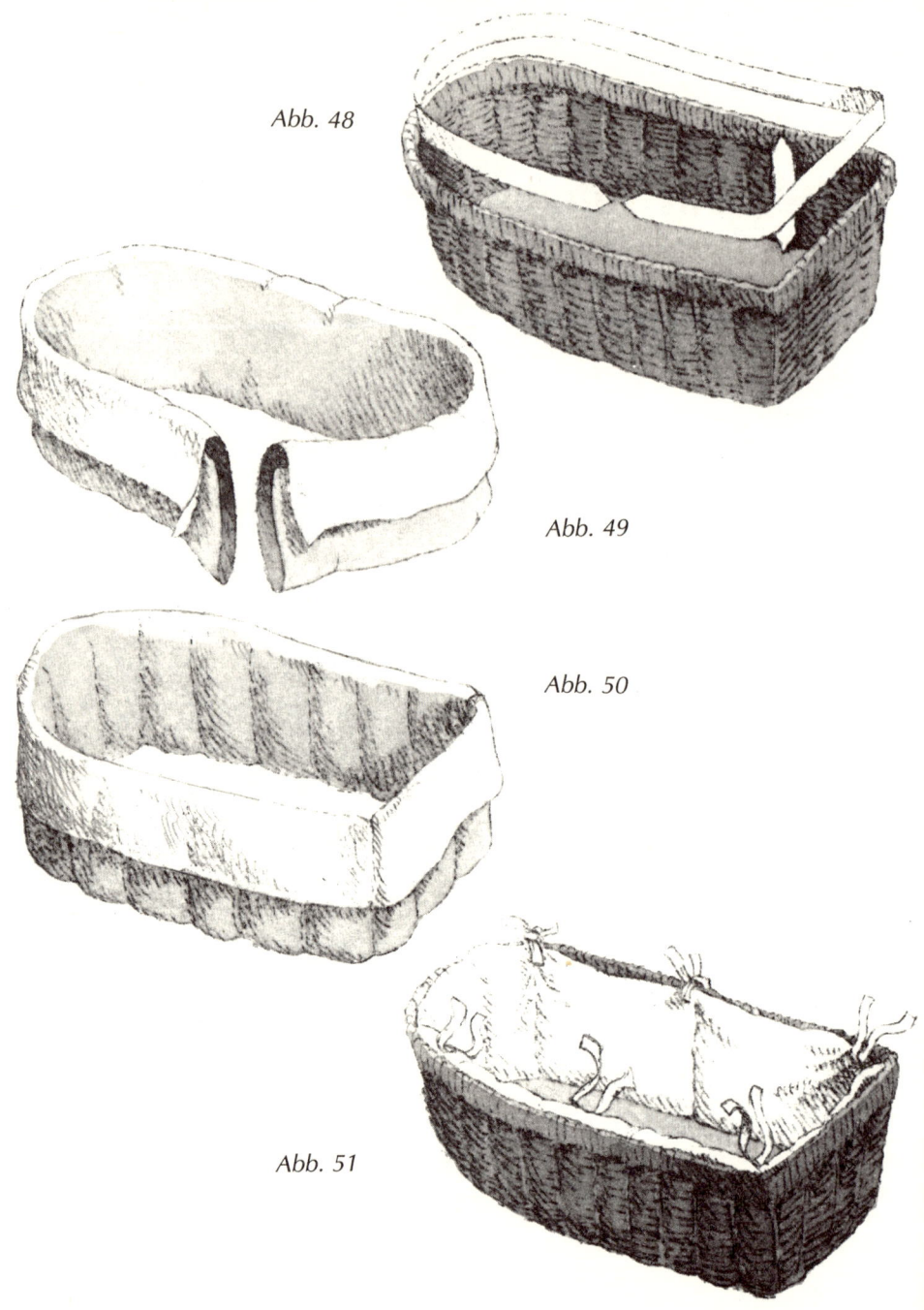

Abb. 48

Abb. 49

Abb. 50

Abb. 51

Das *Polster* bildet einen Teil der Wiegenausstattung. Es wird mit Bändern oben, eventuell auch unten, an der Wiege befestigt (siehe Beschreibung auf S.50).

Mit Wolle gefülltes Polster zum Ausschlagen der Wiege

Material:

Weiße Baumwolle (ungebleichte Baumwolle erst waschen) oder ein Laken für den Innenbezug
gewaschene und kardierte Schafwolle
gefärbte Seide, Wolle oder Baumwolle für den Bezug

Arbeitsanleitung:

An der Innenseite der Wiege den Umfang und die Höhe vom Boden aus messen (Abb. 48).
Durch das Füllen des Bezugs wird die Wiege 3 bis 5 cm kleiner. Das Polster deshalb im Umfang 5 cm größer machen. Wenn das Polster genau bis an den oberen Rand der Wiege reichen soll, sollte man auch in der Höhe 2 cm dazu geben.
Einen Baumwollstreifen mit den Maßen 1 x Wiegenumfang + Naht und 2 x die Höhe der Wiege + 10 cm Aufschlag zuschneiden. Die beiden langen Seiten im Zickzackstich abketteln und die kurzen Seiten aneinander nähen. Den Stoffstreifen zu einem runden Bezug mit einem Aufschlag von 20 cm falten (Abb. 49). Nun mit der Maschine Taschen in den Bezug nähen. Darauf achten, daß in jede Ecke der Wiege eine Naht kommt, dann paßt das Polster besser. Den übrigen Stoff in regelmäßige Fächer in einem Abstand von 15 bis 20 cm einteilen. Die Fächer mit gezupfter Schafwolle füllen, bis sie die gewünschte Dicke erreicht haben. Die Taschen schön rund ausstopfen, wenn man mit diesem Polster die Wiege verkleinern will, und flacher lassen, wenn man damit für Weichheit und Wärme sorgen will. Indem der Aufschlag umgeschlagen wird, werden die Taschen geschlossen. Das Polster in die Wiege tun, die Matratze hineinlegen und, falls zu wenig Platz ist, die Wolle etwas nach oben schieben oder Wolle aus den Täschchen nehmen. Darauf achten, daß der Bezug nicht zu hoch, zu eng oder zu weit ist, und eventuell verändern. Den Aufschlag in den Ecken festnähen (Abb. 50).
Den farbigen Stoff für den Bezug so groß wie 1 x Wiegenumfang + Naht und 1 x die Höhe mit einem Aufschlag von 20 cm oben und unten zuschneiden. Den Stoff an den geschnittenen Seiten im Zickzackstich abketteln. Die Seitennaht schließen.

Den Bezug über das Polster ziehen und an der Rückseite oben und unten in den Ecken und in der Mitte der langen Seiten auf den Steppnähten des Innenbezugs festnähen.

Für eine Wiege mit Gitterstäben den farbigen Bezug in der Größe von 2 x Wiegenhöhe + 4 cm Naht zuschneiden. Die Seitennaht schließen, den Bezug über den Innenbezug ziehen und in regelmäßigen Abständen festnähen.

Je nach Größe der Wiege 4, 6 oder 8 Bänder aus demselben Stoff wie der Bezug machen. Durch den farbigen Bezug hindurch die Bänder schön fest an der oberen Seite des Baumwoll-Innenbezugs festnähen. Je nach Wunsch kann man das gleiche auch an der unteren Seite tun. Das Polster an der Wiege festbinden (Abb. 51).

Umschlagwindel mit Bändern

Material: 65 cm Molton, 140 cm breit, eventuell ein Rest Baumwolle zum Umhäkeln

Arbeitsanleitung : Den Stoff wie folgt zuschneiden: 65 x 103 cm für die Windel; 18 x 40 cm für das Bündchen, je 9 x 65 cm für zwei Bindebänder (Abb. 52). Eine lange und die zwei kurzen Seiten der Windel mit 1/2 cm Saum umnähen. Die Bänder der Länge nach zusammensteppen, wenden und flachsteppen. Wenn man möchte, kann man das Bündchen besticken. Das Bündchen der Länge nach zusammenlegen, die Bindebänder dazwischen stecken (Abb. 53) und feststeppen.

Die Windeln mit Hilfe von vier Falten auf die Größe des Bündchens bringen. Dieses an der linken Seite der Windel feststeppen und anschließend von rechts noch einmal übersteppen. Die Säume der Windel und die Vorderseite des Bündchens können auch mit einer Picotspitze umhäkelt werden. Das Bündchen wird dann schon angesteppt, aber mit der Hand gegengesäumt.

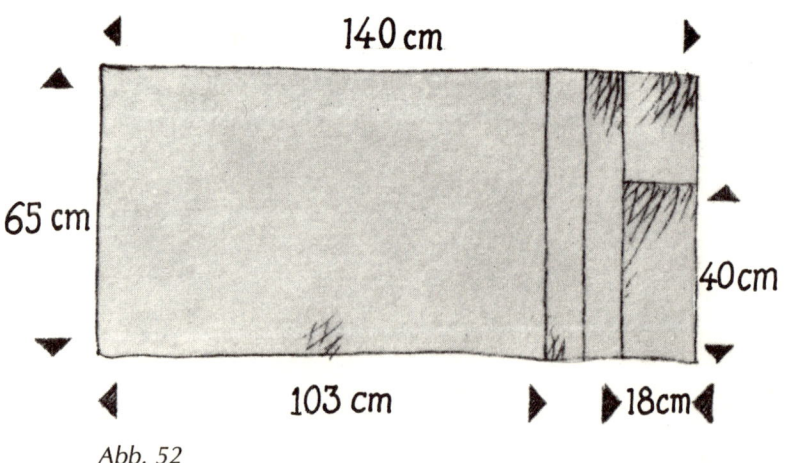

Abb. 52

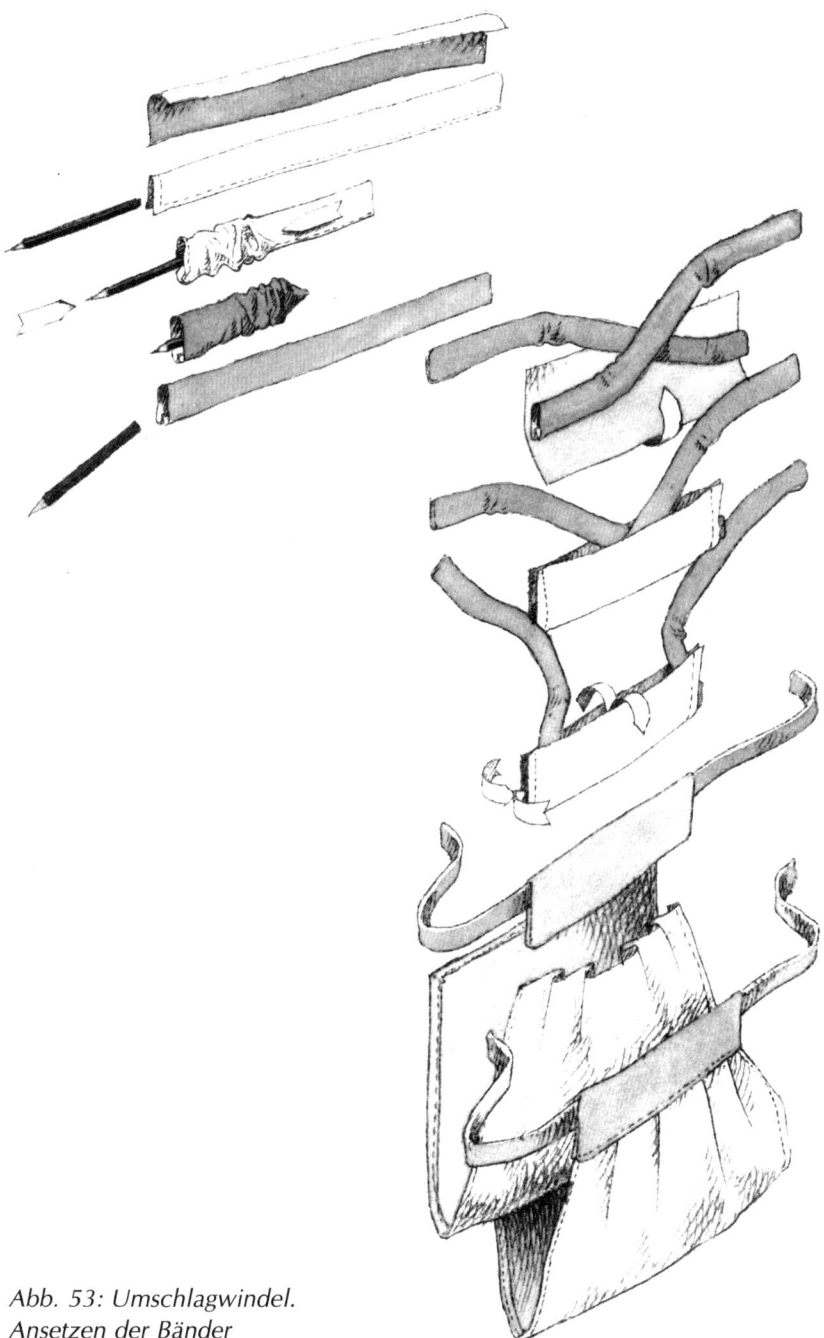

Abb. 53: Umschlagwindel.
Ansetzen der Bänder

Das Nähen von Trikot (allgemein)

Den Stoff so zuschneiden, daß man bei den geraden Teilen in einer Reihe bleibt. Der Länge nach geht es an der Außenseite, der Breite nach an der Innenseite des Stoffes am besten. Schief zugeschnittener Trikot verzieht sich beim Tragen.

Für das Nähen von Trikot auf der Maschine eine dünne, spitze Nadel verwenden. Eine Nadel Stärke 60 näht am besten, Stärke 70 geht auch. Den Stich klein halten und darauf achten, daß die Fadenspannung nicht zu stramm eingestellt ist.

Steppen ohne Zickzackstich: Den Stoff vor der Nadel ein bißchen strecken, damit die Naht elastisch wird.

Steppen mit Zickzackstich: Beim Zickzackstich die kleinste Stichbreite (Abb. 54) einstellen und einfach gerade nähen. Diese Naht ist elastisch.

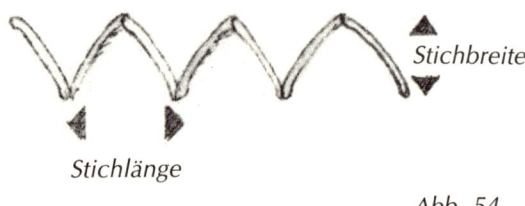

Stichbreite

Stichlänge

Abb. 54

Versäubern ohne Zickzackstich: Zwei- oder dreimal nebeneinander steppen. Nicht aufeinandersteppen, sonst reißt der Stoff.

Versäubern mit Zickzackstich: Trikot kann einfach mit dem Zickzackstich versäubert werden.

Auf manchen Maschinen läßt sich eine Trikotnaht einstellen, bei der Steppen und Versäubern eine Bewegung ist.

Ein Pullover kann auf die gleiche Art und Weise wie Trikot genäht werden. Da der Stoff dicker ist, darf der Stich etwas größer sein. Trikot kann auch umhäkelt werden. Dazu den Stoff 1/2 cm nach innen schlagen und, je nach Dicke des Stoffes, alle 3 – 5 mm einstechen. Der Stoff ist dann, auch im Gebrauch, laufmaschenfest (falsch oder unsauber bearbeiteter Trikot kann, wie ein Strumpf, Laufmaschen bekommen).

Ein Wollpullover ist meistens mit einem Kettenstich zusammengenäht. Nachschauen, an welcher Seite mit dem Nähen begonnen wurde. An diesem Ende der Naht einen Faden herausnesteln oder zu diesem Zweck einen Stich aufschneiden. Die Naht kann dann einfach aufgetrennt werden, indem der Kettenstich herausgezogen wird.

Material:

Seidentrikot oder Bouretteseide. Wegen Einlaufgefahr vor dem Zuschneiden waschen.

Arbeitsanleitung:

Nach dem Schnittmuster (Abb. 55) ein Dreieck zuschneiden. Jedes Feld mißt 4 cm. Einen einfachen 3 bis 5 cm breiten Saum umschlagen und die Windel im Zickzackstich umnähen.

**Windel-
einlage
aus Seide**

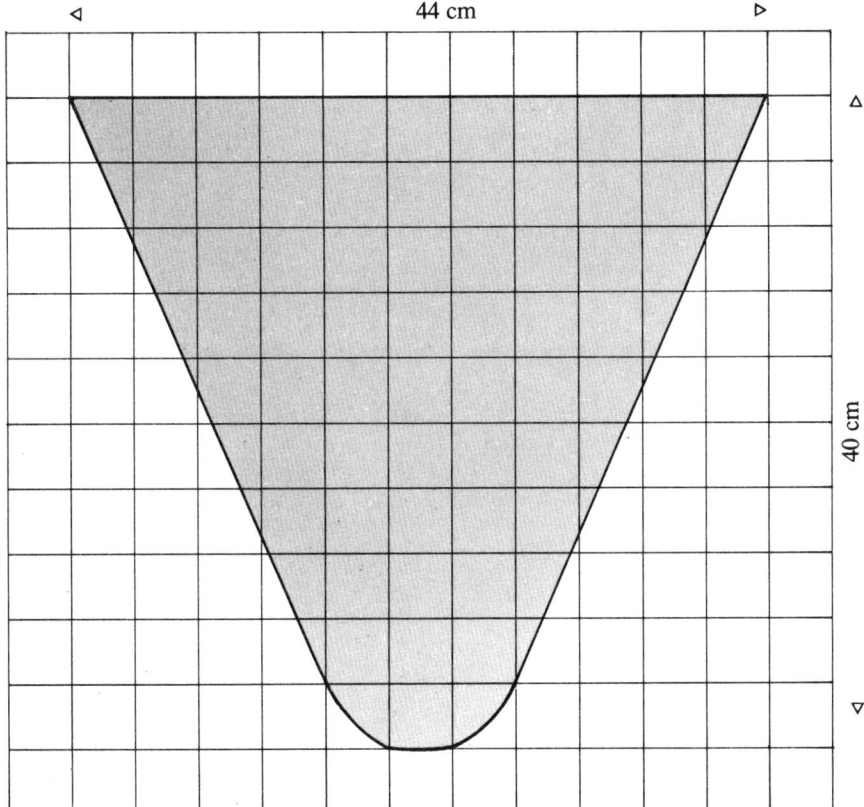

Abb. 55   *Schnitt Windeleinlage aus Seide.*   *Jedes Feld entspricht 4 cm*

Babymütze

Material: Seidentrikot
Nähseide, dünnes Garn, ein doppelter Faden Nähseide oder Häkelseide
zum Umhäkeln
feine Häkelnadel

Arbeitsanleitung: (Abb. 56). Einen 13 x 30 cm großen Streifen Seiden-
trikot zuschneiden und mit dem Zickzackstich versäubern (siehe auch
«Das Nähen von Trikot», S. 128).
Die kurzen Seiten aneinandersteppen, so entsteht ein 13 cm langes
Röhrchen.
An der Ober- und Unterseite 1/2 cm des Stoffes nach innen schlagen und
mit einer Festonborte oder einer Picotspitze umhäkeln. Den Stoff an der
Unterseite ein bißchen dehnen (die Mütze weitet sich im Gebrauch –
wenn zu stramm gehäkelt worden ist, reißt der Faden). Umstepp oder
mit dem Zickzackstich umnähen geht auch, ist aber nicht so schön.
Einen doppelten Faden zwei- oder dreimal durch die Häkelmaschen an
der Oberseite ziehen und anziehen. Den Faden gut vernähen.

Abb.56

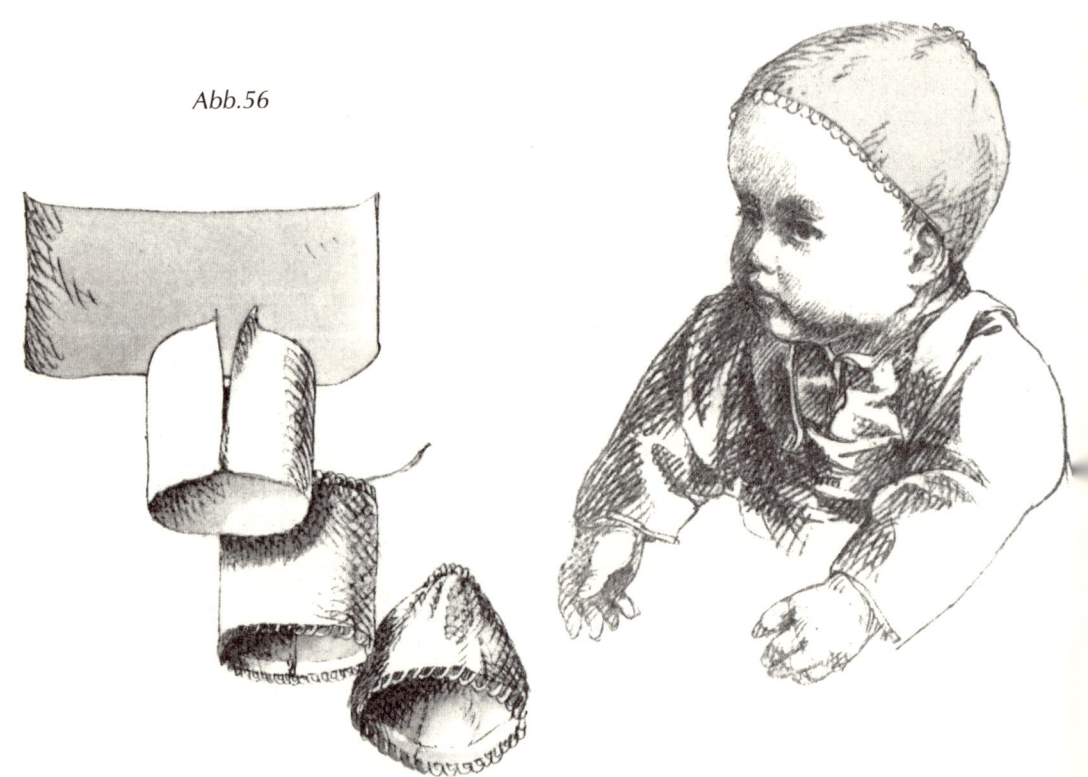

Material: Seidentrikot, eventuell zwei Baumwollbändchen

Arbeitsanleitung: Den Stoff nach dem Schnittmuster (Abb. 57) mit 1 cm Nahtzugabe zuschneiden. Die Armlöcher schneiden, das Hemd mit dem Zickzackstich versäubern (siehe S. 128 und Abbildung 58). Den Zickzackstich am Wendepunkt der Armlöcher 2 cm auf Knopflochstich stellen, um diese Stelle zu verstärken. Die Schultern so aneinander legen, daß an der Hinterseite 1/2 cm Stoff übersteht, und zusammensteppen. Den überschüssigen Stoff flach über die Steppnaht legen und nochmals steppen.
Die Armlöcher 1/2 cm nach innen falten und umsteppen. Die Seiten-

Baby-hemdchen mit und ohne Ärmel, 1-8 Wochen und ca. 2-5 Monate

Abb. 57: Schnitt Babyhemd.   *Jedes Feld entspricht 4 cm*

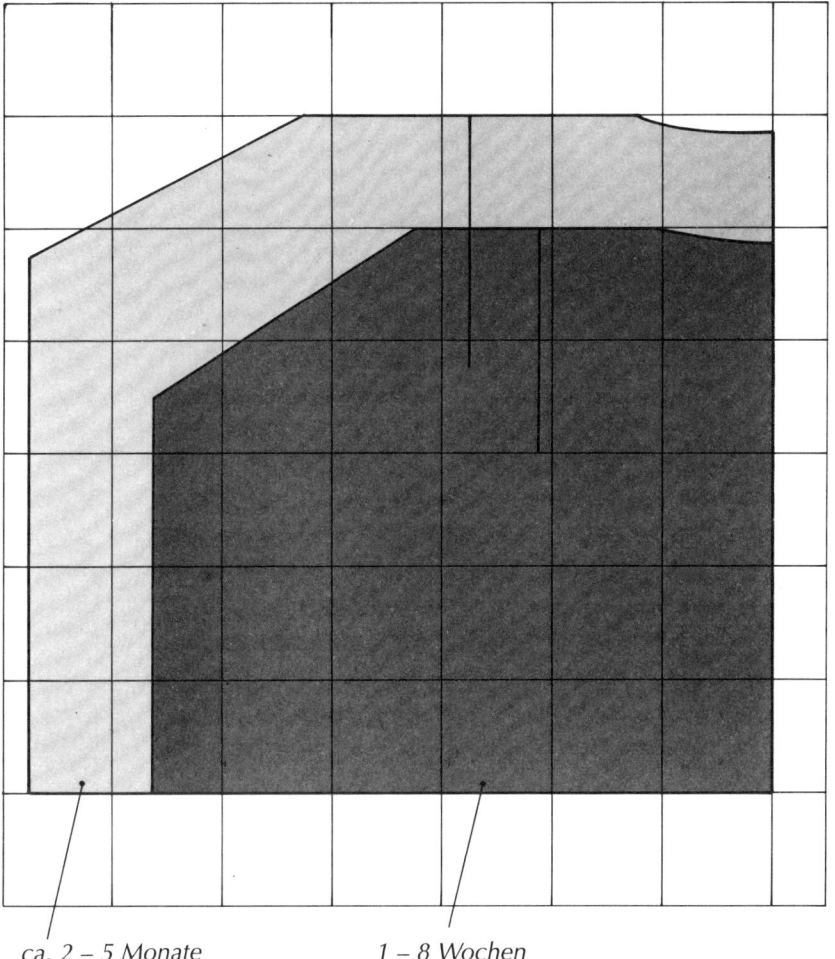

ca. 2 – 5 Monate   *1 – 8 Wochen*

kanten des ganzen Hemdes 1/2 cm nach innen schlagen und umsteppen. An ein Vorderteil und an ein Armloch ein Bändchen (am besten aus Baumwolle) setzen, damit das Hemdchen zugebunden werden kann (Abb. 59).
Anstatt das Hemd zu umsteppen, kann man es auch mit einer Häkelnadel Stärke 0,75 und Näh- oder Stickseide mit einer Festonborte oder einer Picotspitze umhäkeln.

Abb. 58

Abb. 59

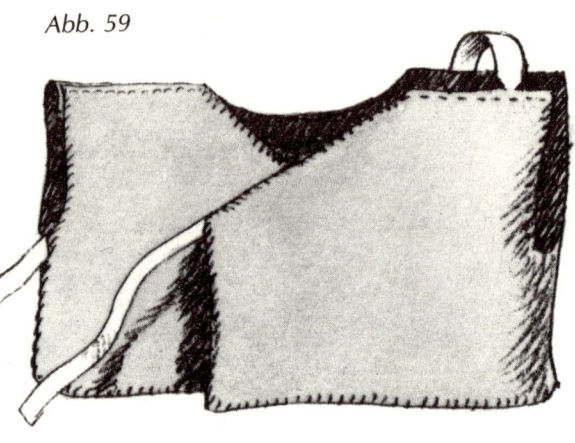

Wenn man ein **Babyhemdchen mit Ärmeln** machen will (Abb. 60), geht man wie folgt zu Werke: obenstehender Beschreibung folgen, aber die Armlöcher nicht einschlagen.
Nach der Beschreibung (Abb. 61) aus Seidentrikot zwei Ärmel – nach Wahl kurz (4 cm) oder lang (12 cm) – mit Nahtzugabe zuschneiden. Die Ärmel mit dem Zickzackstich versäubern. Die Nähte schließen und sie auf die Größe der Armlöcher dehnen. Mit Knopflochstich einsetzen. Den Ärmel 1/2 cm nach innen schlagen und den Saum mit einem weiten Knopflochstich festnähen.
Im weiteren der Beschreibung des Babyhemdchens ohne Ärmel folgen.

Abb. 60

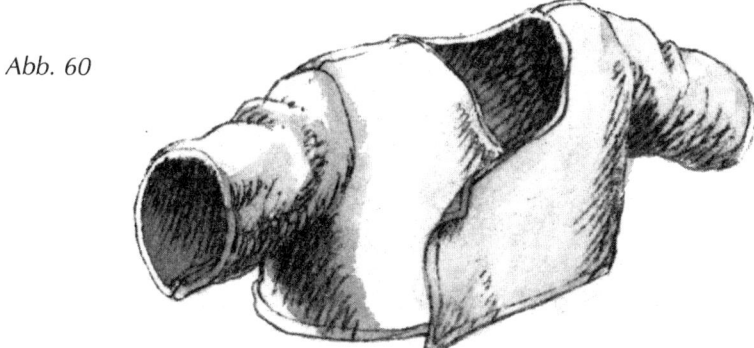

Abb. 61: Schnitt Ärmel für Babyhemd. Jedes Feld entspricht 4 cm

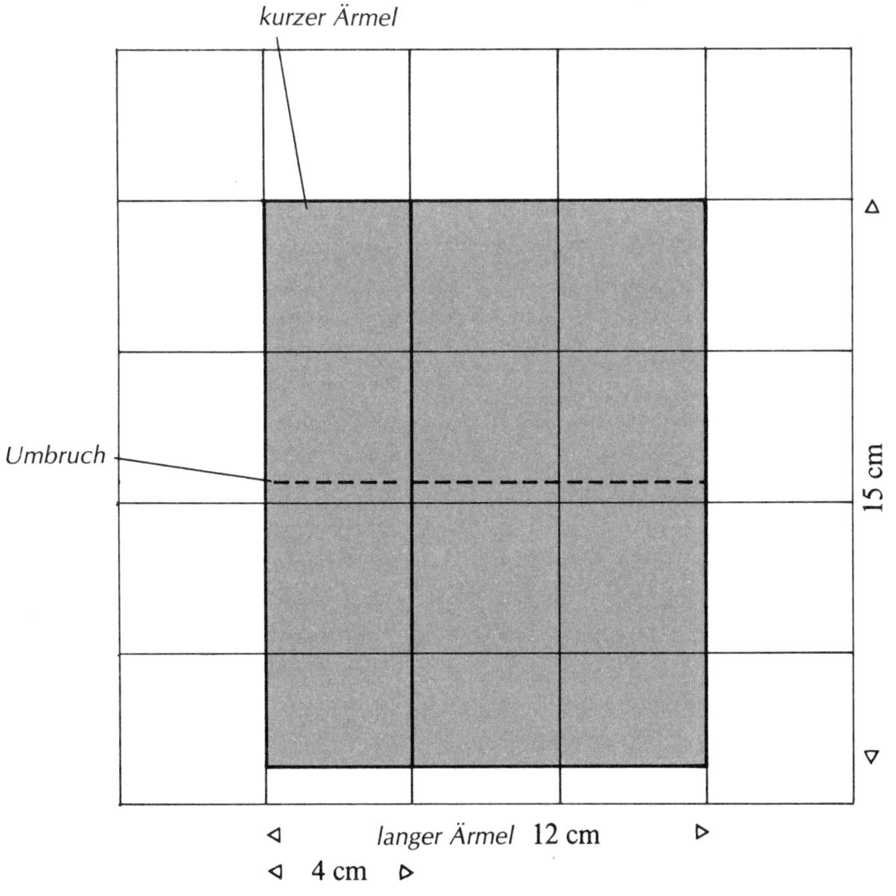

kurzer Ärmel

Umbruch

15 cm

◁   *langer Ärmel* 12 cm   ▷

◁   4 cm   ▷

Hemdchen aus Seidentrikot, 1-2 Jahre

Material:
Seidentrikot
eventuell eine schmale Spitzenborte aus Baumwolle

Arbeitsanleitung:
Den Stoff nach dem Schnittmuster (Abb. 62) mit 1 cm Nahtzugabe zuschneiden. Es braucht nur eine Seitennaht genäht zu werden; in die Naht, die mit einer punktierten Linie angegeben ist, wird ein Armloch geschnitten.

Das ganze Hemd mit dem Zickzackstich versäubern.

Die Seitennaht bis zum Armloch zusteppen. Die Armlöcher 1/2 cm nach innen schlagen und umsteppen. Zur Verstärkung des Wendepunkts die Nähmaschine an dieser Stelle 2 cm auf Knopflochstich stellen.

Vordere und rückwärtige Schulter so aneinander legen, daß 1/2 cm Nahtzugabe übersteht. Die Schultern zusteppen. Den überschüssigen Stoff über die Naht legen und flachsteppen. Die Halsausschnittskante 1/2 cm einschlagen und umsteppen. Wenn man möchte, kann man die Spitze mit ansteppen oder Halsausschnitt und Armlöcher mit einem Festonstich oder einer Picotspitze umhäkeln.

Diese Hemdchen können auch aus dünnem weißem Wolltrikot gemacht werden. Für Ärmel einen Stoffstreifen der gewünschten Länge und 2 cm weiter als die Weite der Armlöcher mit Nahtzugabe zuschneiden. Zu einem Röhrchen zusammennähen und dieses in das Armloch setzen. Einschlagen und säumen.

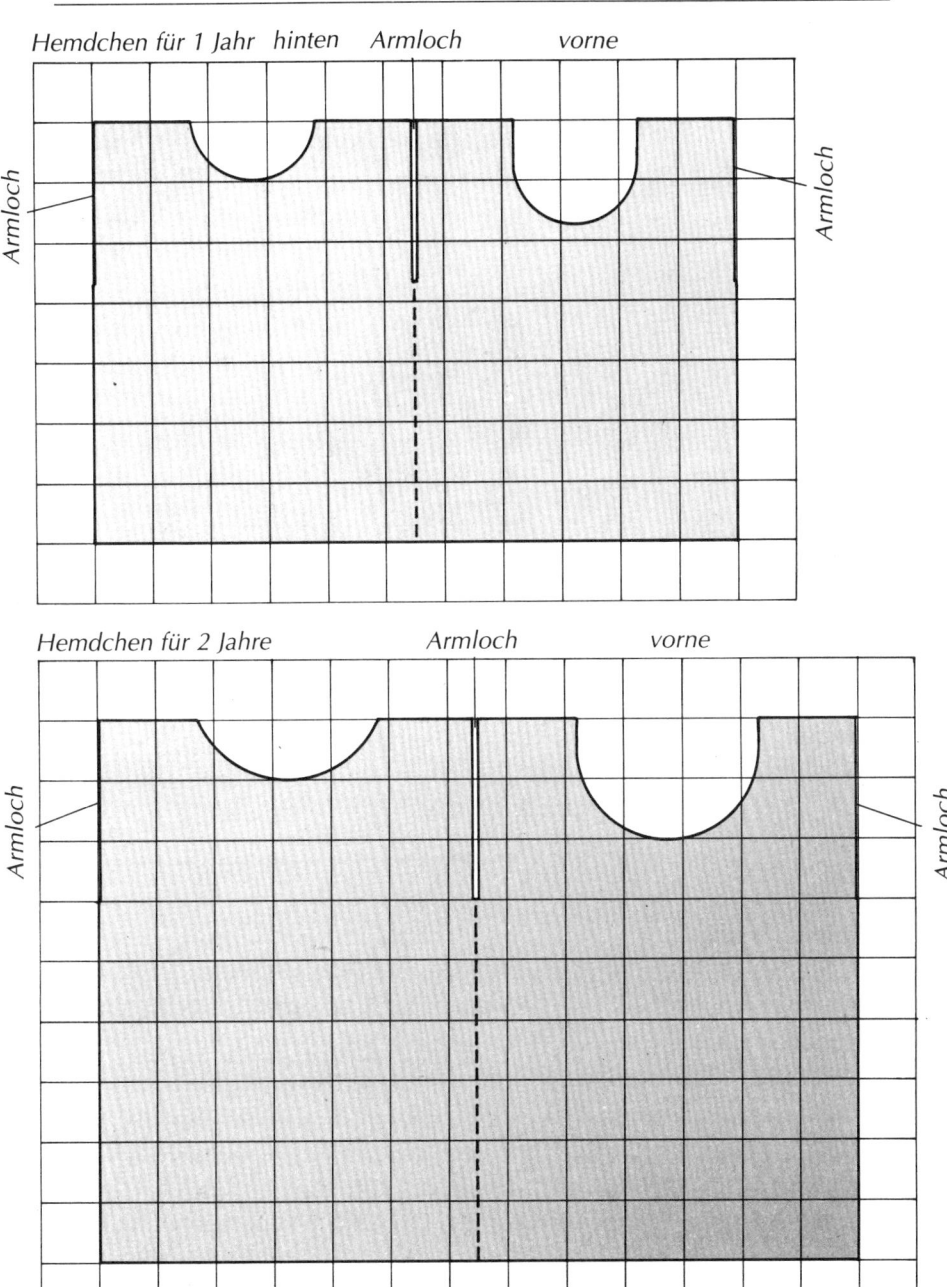

Abb. 62: Schnitt Hemdchen aus Seidentrikot.   Jedes Feld entspricht 4 cm.

Abb. 63

Strampelsack für ca. 3 Monate (Abb. 63)

Material:

Bouretteseide oder Köperflanell, 90 cm breit: 120 cm für 2 Strampelsäcke; 70 cm für 1 Strampelsack

ca. 40 cm weiches Gummiband

2 Knöpfe

Arbeitsanleitung:

Den Stoff nach dem Schnittmuster (Abb. 64) zuschneiden. Aus dem Stoff, der überbleibt, kann ein Mützchen genäht werden (siehe Beschreibung auf S. 130).

Die Bänder zusammenlegen und aneinandersteppen. Wenden und durchsteppen.

Den Sack zusteppen und die Naht mit dem Zickzackstich versäubern. Den Latz wie angegeben falten. Die Ecken abrunden und den Latz doppelt absteppen. Ihn eventuell mit einem Festonstich verzieren, umhäkeln oder mit einer Borte besticken. Einen ca. 1 1/2 cm breiten Saum stecken und genau in der vorderen Mitte den Latz mit der rechten Seite nach oben zwischen den Saum schieben. Die Bänder 1 1/2 cm abschrägen und an der rückwärtigen Mitte ca. 5 cm voneinander entfernt zwischen

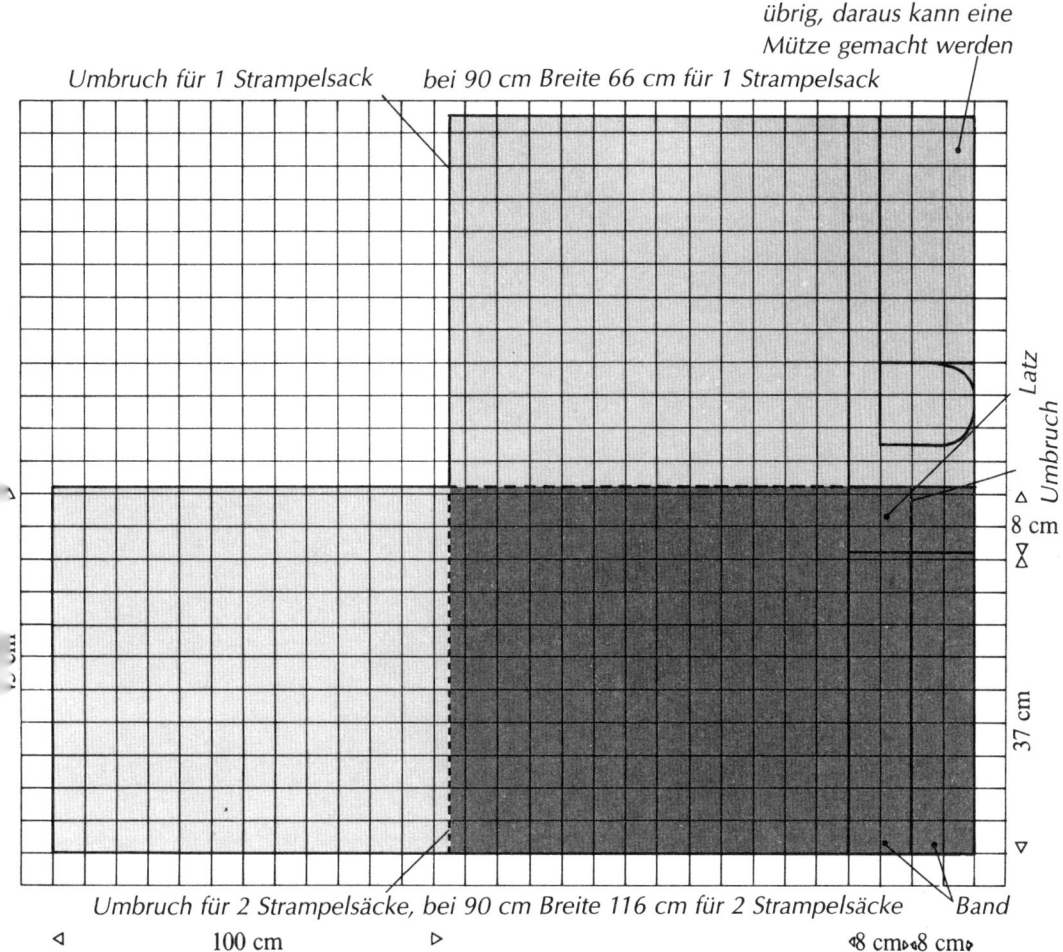

Abb. 64 : Schnitt Strampelsack

den Saum schieben. Mit dem Saum Latz und Bänder feststeppen, aber an beiden Seiten des Latzes 1 cm Saum offen lassen, damit das Gummiband hindurchgezogen werden kann. Bänder und Latz nach außen schlagen und an der ganzen Oberseite des Saums entlangsteppen.

Das Gummiband durch den Saum ziehen und an beiden Seiten des Latzes annähen. Auf ungefähr 25 cm Höhe der Bänder die Knöpfe ansetzen und 2 Knopflöcher in den Latz machen.

Strampelsack aus einer selbst-gestrickten Babydecke für 7 Monate und älter

Material:

eine Babydecke, 90 x 90 cm
ein Rest Wolle
passende Häkelnadel

Die Decke der Zeichnung entsprechend (Abb. 65) falten. Die untere Seite zuhäkeln. Die vordere Mitte bis auf 15 cm vor dem Saum zuhäkeln. An die Rückseite an beiden Seiten von der Mitte 2 Knöpfe im Abstand von 9 cm annähen.

An der Vorderseite 2 Schlaufen an die Enden machen.

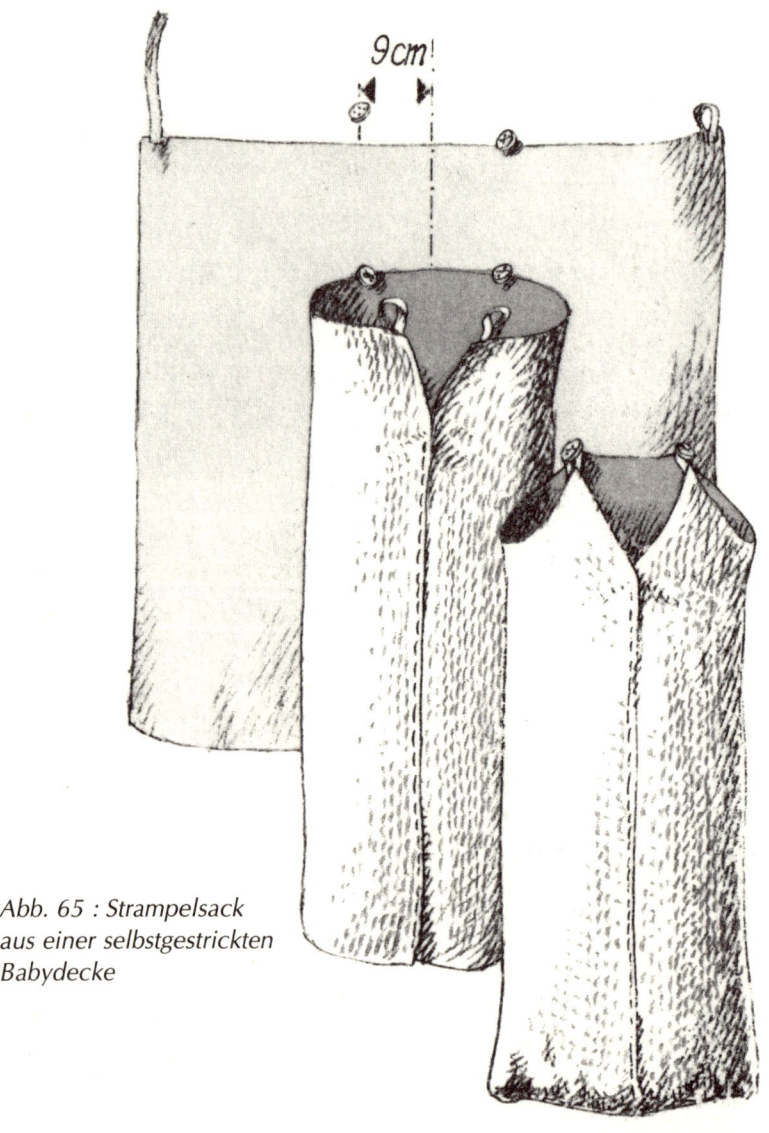

*Abb. 65 : Strampelsack
aus einer selbstgestrickten
Babydecke*

Für ein Mädchen bis ca. 3 Jahre, je nach Größe des Kindes und des Pullovers.

Material:
1 Pullover
ein Rest Wolle in einer passenden Farbe
passende Häkelnadel
eventuell ein Stück Gummiband

Arbeitsanleitung:
Erst Maß nehmen:
1. die Länge des Kleides
2. die Ärmellänge (für einen langen Ärmel vom Hals an über einen gebeugten Arm bis zum Puls messen)
3. die Weite des Armloches (großzügig messen, vom Hals an unter dem Arm hindurch und zurück).
Aus dem Pullover die Länge des Kleides, vom Bündchen an gemessen, + 2 cm Saum zuschneiden. Aus den Ärmeln die Ärmellänge des Kleidchens, vom Bündchen an gemessen, + 1/2 cm zuschneiden (Abb. 66).
Die Nähte von Pullover-Innenteil und Ärmeln jeweils so weit auftrennen, daß es der Hälfte der Armlochweite entspricht. Die Ärmel an das Kleidchen steppen. Das Bündchen am Hals mit einer Picotspitze umhäkeln und eine Kordel hindurchziehen, die vorne zu einem Schleifchen gebunden wird.
Die Ärmel 1/2 cm einschlagen und mit einer Picotspitze umhäkeln. Eine Kordel oder ein Stück Gummiband hindurchziehen. Den Saum 2 cm einschlagen. Den Saum steppen, mit dem Zickzackstich versäubern und umsäumen oder umhäkeln.
Die Passe eventuell besticken.

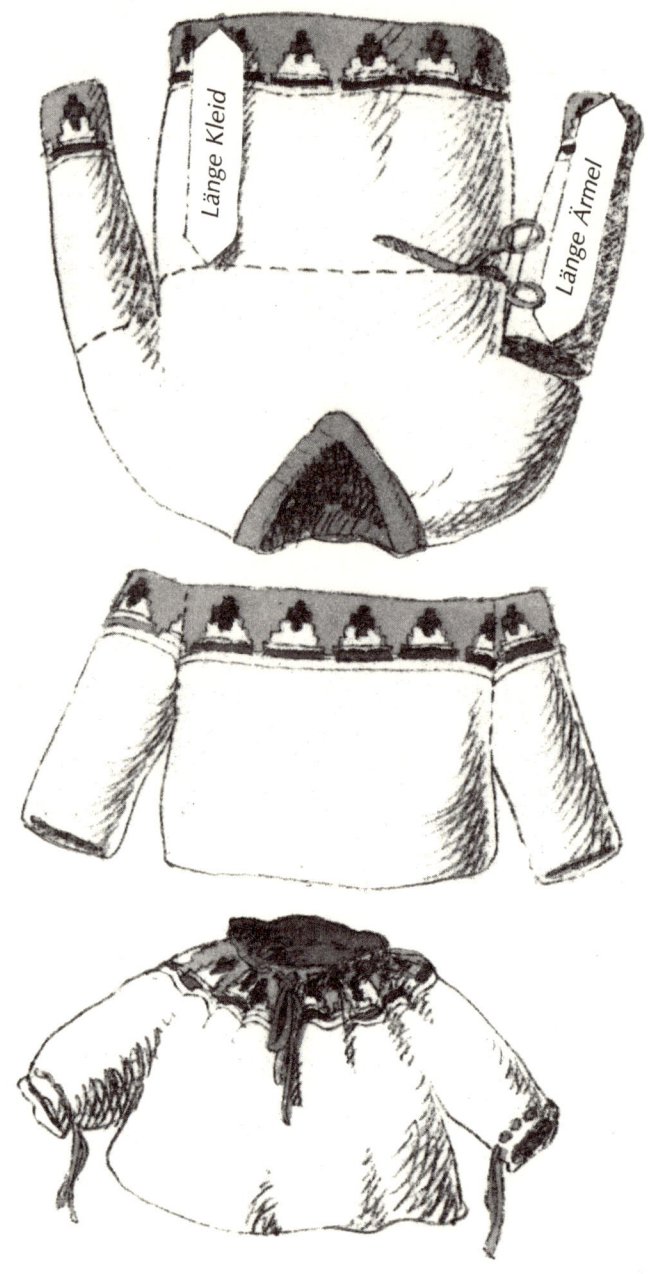

Länge Kleid

Länge Ärmel

Abb. 66 : Kleidchen aus einem Pullover

Material:
Für ein *Windelkind*: ein großer, am besten etwas verfilzter Pullover; für ein *Kind bis ca. 5 Jahre:* 60 cm Wolltrikot.
Das Schnittmuster abwechselnd mit der breiten Seite nach oben auf den Stoff legen, dann können aus einer Stofflänge 3 bis 4 Höschen gemacht werden.

Nähen einer Wollhose

Arbeitsanleitung Windelhose:
Den Pullover aufschneiden.
Den Schnitt (Abb. 67) mit der breiten Seite an das Taillenbündchen legen. Meistens reicht die schmale Seite gerade bis an das Halsbündchen. Ist das nicht der Fall, dann für den Saum an dieser Seite 2 cm extra zuschneiden oder den Stoff mit einem Stück Bündchen auf die gewünschte Länge bringen.
Den Schnitt mit 1 cm Nahtzugabe zuschneiden.
Die Hose durch das Aufeinanderlegen der Punkte A schließen und die Nähte zusteppen. Kontrollieren, ob die Beinlöcher weit genug sind – 1 cm oder mehr einschlagen, die Fältchen herauszupfen und einfach oder mit dem Zickzackstich auf 1 mm Stichlänge umnähen.***
Eventuell einen Saum in die Oberseite der Hose nähen.
Für ein Kind, das stehen kann, eine Kordel oder ein Gummiband durch den Saum ziehen oder das Gummiband von rechts mit einer Heftnadel alle 2 bis 4 Maschen unter eine Masche des Bündchens schieben, damit das Gummiband auf der Haut nicht kneift.

Arbeitsanleitung Wollhose:
Den Schnitt ohne Nahtzugabe an Ober- und Unterseite zuschneiden.
Nun der Arbeitsanleitung für die Windelhose bis *** folgen.
Bündchen mit dem Zickzackstich versäubern, das Bündchen 2 cm einschlagen und mit einem weiten Knopflochstich zunähen.
1cm Zickzackstich als Schlitz für das Gummiband offenlassen und Gummiband hindurchziehen.
Durch zu weit gewordene Beinlöcher kann ein weiches Gummiband gezogen werden.
Bei sehr zarten oder molligen Kindern mit dem Schnittmuster experimentieren und eventuell verändern.

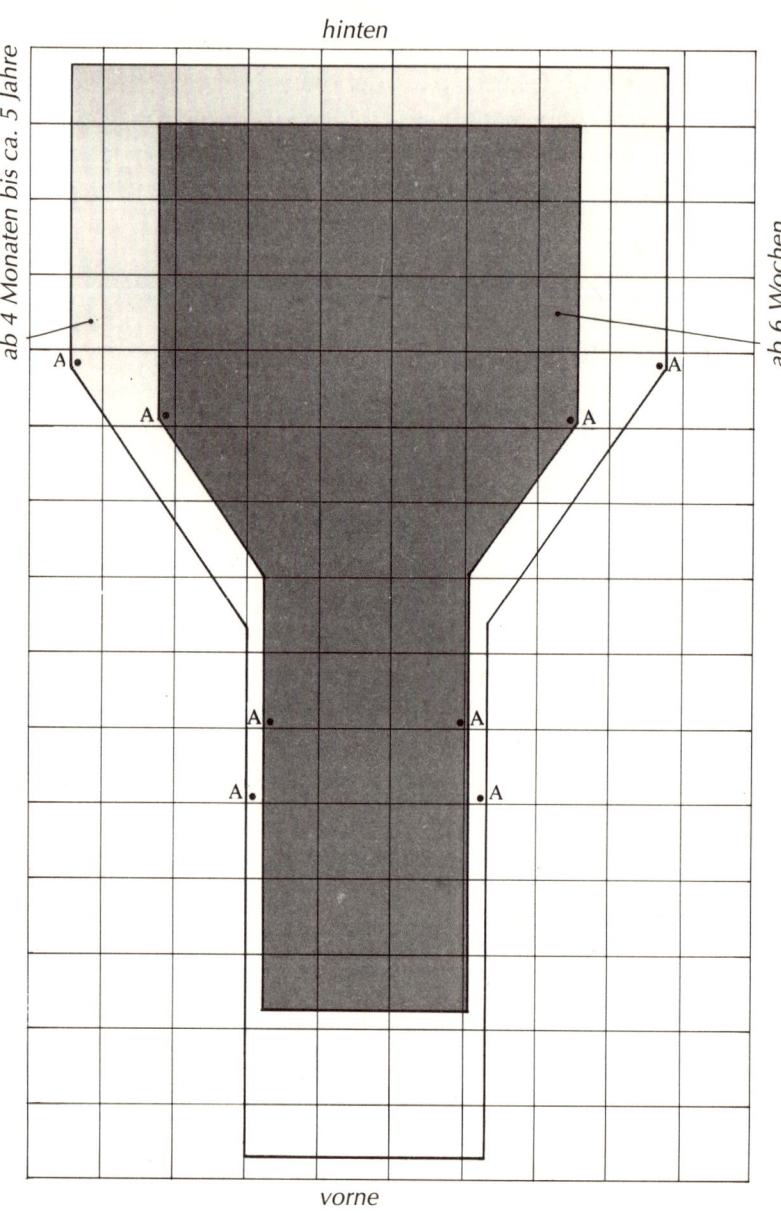

Abb. 67 : Schnitt Windelhose.   *Jedes Feld entspricht 4 cm.*

Um aus einem großen Pullover einen Kinderpullover zu machen, kann man von einem T-Modell ausgehen (Abb. 68). Diesen Schnitt erhält man, indem man einen Pullover, der dem Kind paßt, auf Zeitungspapier (eventuell größer) nachzeichnet. Dieses Schnittmuster kann, den Verschleißstellen des Pullovers Rechnung tragend, variiert werden.

Kleine Pullis aus einem großen Pullover

Abb. 68

Das Halsbündchen vom Pullover trennen. Erst die Vorderseite und dann die Rückseite des Pullis zuschneiden (zwei Teile übereinander verrutschen unweigerlich), die Ärmel schneidet man im Kreis mit den Maschen mit.

Die Teile werden den Zeichnungen entsprechend aneinandergesetzt (Abb. 69). Die punktierte Linie ist der rückwärtige Halsausschnitt.

Das abgetrennte Bündchen mit der Hand an den Halsausschnitt setzen. Den Verschluß einsäumen. An eine Seite Schlaufen machen und die Knöpfe an die gegenüberliegende Seite setzen (Schulterverschluß: Knöpfe auf das Vorderteil. Verschluß vorne: bei Mädchen Knöpfe auf das linke, bei Jungen auf das rechte Vorderteil setzen).

Falls Ärmel oder Halsausschnitt zu weit geworden sind, ein weiches Stück Gummiband hindurchziehen.

Abb. 69: Pullis aus einem großen Pullover

Der Kampf gegen das Verfilzen von schönen gestrickten Wollsachen beginnt eigentlich schon vor dem Stricken. Glatt gesponnene Wolle zieht sich weniger stark zusammen als faserige Wolle. Eng gestrickte Pullover laufen schneller ein als Pullis mit Platz zwischen den Maschen. Für Hemdchen und Pullover darum glatte Wolle nehmen. Jacken und Mützen, die nicht so oft gewaschen werden, können aus faserigerem Material gemacht werden. Nicht veredelte Wolle, die keiner Behandlung gegen Einlaufen und Motten unterzogen worden ist, ist natürlich empfindlicher, was Eingehen beim Waschen sowie Motten betrifft.

Für Socken kann man in guten Handarbeitsgeschäften 100% Wollkammgarn bekommen. Auch nach robuster Wolle mit Haar Ausschau halten – manchmal hat man Glück und findet in den Handarbeitsgeschäften norwegische Wolle mit Kuhhaar. Haar macht die Wolle stärker, so daß sie nicht so schnell verfilzt.

Beim Stricken von Ferse und Sohle einen Baumwollfaden mitlaufen lassen. Kindern gefällt solch eine melierte Sohle, und sie ist stabiler. Den Baumwollfaden am Beginn der Reihe an der Unterseite des Fußes neben den Wollfaden legen und mitstricken, bis man zur Oberseite des Fußes kommt. Mit dem Wollfaden allein die Oberseite stricken. Den Baumwollfaden wieder aufnehmen und mitlaufen lassen, wenn man wieder am Beginn der Sohle angelangt ist. Innen im Socken hat man dann die Baumwollfäden. Durchschneiden, wenn die Sohle fertig ist. Die losen Fäden können einfach hängen bleiben.

Socken nicht zu lose stricken, sie verschleißen dann nicht so schnell.

Um eine schöne Randmasche zu bekommen, die letzte Masche der Reihe im Muster stricken und die erste Masche der nächsten Reihe rechts abnehmen.

Anstatt eine Strickarbeit zusammenzunähen, kann man sie auch zusammenhäkeln. Der Faden liegt dann unter der Arbeit und wird durch die Randmasche hindurch aufgenommen. Dann wird der Faden durch die gegenüberliegende Randmasche auf das andere Teil geholt. Man häkelt eigentlich ein Bändchen, und zwar indem man abwechselnd die Randmaschen des einen und des anderen Teils mithäkelt. Die Naht wird auf diese Weise genau so elastisch wie die Strickarbeit, was seine Vorteile hat.

Eine Reihe hin und wieder zurück stricken ergibt, wenn man nur rechts strickt, eine Rippe. Strickt man an der Vorderseite der Arbeit rechts und an der Rückseite links, dann erhält man, wenn man einmal hin und wieder zurück strickt, zwei V-Maschen übereinander an der Vorderseite und 2 Rippen an der Rückseite (Abb.70).

Die niedrigste Maschenzahl und Zentimeterangabe bei den Strickmustern sind für die kleinste Größe. Die folgenden Zahlen sind für die zunehmend größeren Größen.

Abb. 70

Umschlagtuch aus Wolle

Material:

200 – 250 g weiße Wolle für Stricknadeln Nr. 4 oder 5

Arbeitsanleitung:

In einem nicht zu losen Ziermuster ein 90 x 80 – 90 cm großes Viereck stricken.

Findet man das Viereck zu groß und unhandlich, dann kann man 4 kleinere Vierecke stricken, die später aneinander gehäkelt werden. Das Tuch mit einem Muschelrand oder einem anderen Ziermuster umhäkeln. Das Tuch kann eventuell mit Bouretteseide gefüttert werden, dann ist es noch wärmer.

Die Wolle dehnen, wenn man die Seide dagegen näht, und nicht zu straff nähen, sonst reißt der Faden im Gebrauch.

Um zu verhindern, daß das Futter «schwebt», kann man es noch an einzelnen Punkten an das Tuch annähen.

Wenn das Tuch fertig ist, an der längsten Seite 15 cm umschlagen und seitlich annähen. So entsteht eine Art Mütze, wodurch sich das Tuch besser um den Kopf des Kindes fügt (Abb. 71).

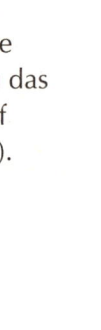

Abb. 71

Da der Rumpf des Kindes im ersten halben Jahr sehr schnell wächst, kann das Hemdchen ruhig etwas länger gestrickt werden. Wenn man 55 Maschen aufnimmt, paßt das Hemd bis ca. 3 Monate. Bei 75 Maschen paßt es länger als ein halbes Jahr.

Babyhemd aus Wolle mit oder ohne Ärmel, für 0 bis 6 Monate

Material:
35 bis 50 Gramm Wolle für Nadeln 2 - 2 1/2
2 Stricknadeln Nr.2 1/2
eine dazu passende Häkelnadel

Arbeitsanleitung:
Das Hemdchen wird von Vorderteil (rechts) zu Vorderteil (links) gestrickt.
55 bis 75 Maschen anschlagen.
36 Reihen rechts stricken; das ist ein Vorderteil.
20 Maschen für das Armloch abketten oder, für ein Hemdchen mit Ärmeln, auf eine Hilfsnadel tun.
36 Maschen aufnehmen. 15 Reihen für die Schulter stricken.
19 Maschen für den Halsausschnitt abketten.
31 Reihen stricken.
19 Maschen für die Schulter aufnehmen. 15 Reihen stricken.
36 Maschen abketten oder für den Ärmel auf eine Hilfsnadel tun.
20 Maschen aufnehmen. 36 Reihen stricken und abketten.
Das Hemdchen sieht nun aus wie auf Abbildung 72.

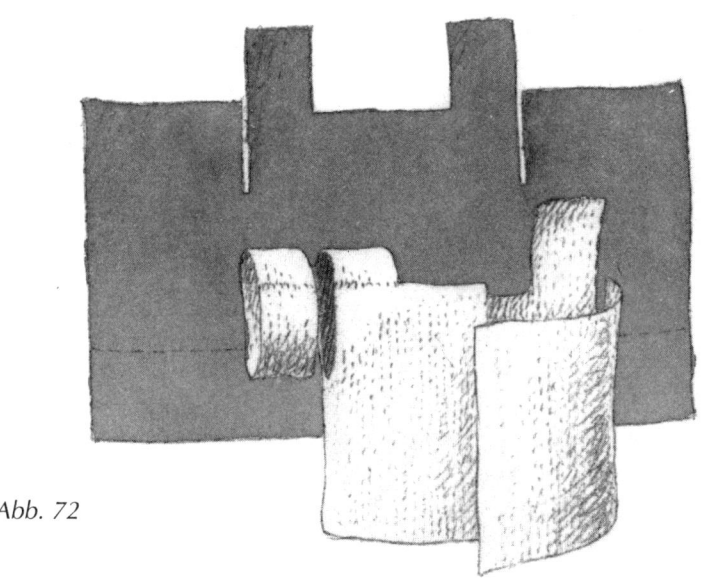

Abb. 72

Für ein Hemdchen ohne Ärmel die Vorderteile und Schulterteile nach vorn klappen und am Vorderteil festnähen oder -häkeln.
Für ein Hemdchen mit Ärmeln die Maschen des Armloches auf die Stricknadel setzen und die zugenommenen Maschen aufnehmen. Diese 56 Maschen 18 Reihen 1 rechts, 1 links stricken und abketten. Die Ärmel können auch etwas länger gestrickt werden. Schultern und Ärmel auf dieselbe Weise wie beim Hemdchen ohne Ärmel schließen. Den Halsausschnitt mit einer Picotborte umhäkeln. Locker häkeln. Durch die Borte ein Bändchen ziehen (Abb. 73).

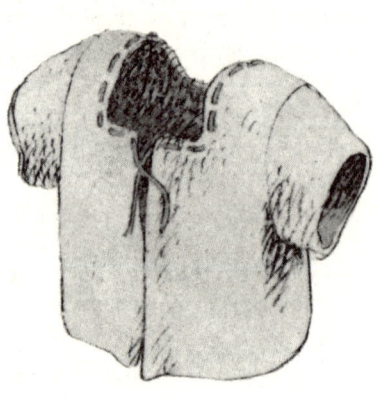

Abb. 73

Gestrickte Windelhose für Kinder im Alter von 6 Wochen und ca. 4 Monaten
(Abb. 74)

Die Hose sieht, bevor sie zusammengenäht wird, genauso aus wie das Schnittmuster für die genähte Windelhose (Abb. 67).

Material:

50 bis 80 Gramm Wolle für Stricknadeln Nr. 4
2 Stricknadeln Nr. 3 1/2
passende Häkelnadel

Arbeitsanleitung:

58 – 66 Maschen anschlagen.
36 bis 48 Reihen 2 rechts, 2 links stricken (Bündchen).
10 Reihen rechts stricken.
26 bis 32 Reihen lang alle 2 Reihen 2 Maschen abnehmen (2 Maschen stricken, 1 Masche abheben, 1 Masche stricken und die abgehobene Masche über die gestrickte Masche ziehen; die Reihe bis auf 4 Maschen zu Ende stricken, 2 Maschen zusammenstricken, 2 Maschen rechts abstricken, 1 Reihe zurückstricken).
Nun sind noch 28 – 30 Maschen übrig.
32 – 44 Reihen rechts stricken.

36 – 48 Reihen 2 rechts, 2 links stricken, abketten.
Das schmale Teil der Hose auf das breite klappen.
Die 36 – 48 Reihen 2 rechts, 2 links
und die 10 Reihen rechts aneinander-
häkeln. Die Fäden vernähen.
Erst wenn das Kind die Hose verliert
wird eine Kordel oder ein Gummiband notwendig. Dieses ca. 1 1/2 cm
vom Abkettrand durch die Maschen
ziehen. Alle 3 bis 4 Maschen eine
halbe Masche aufnehmen, dann
kneift es nicht auf der Haut.
Für ein älteres Kind mehr Maschen
anschlagen und das Bündchen länger
stricken; die Beinlöcher nicht so weit
zunähen.

Abb. 74

Material:
ca. 65 Gramm Wolle für Stricknadeln Nr. 3
2 Stricknadeln Nr. 3 1/2

**Ärmelweste,
ca. 3 Monate**
(Abb. 75)

Arbeitsanleitung:
25 Maschen anschlagen;
12 Reihen 1 rechts, 1 links
stricken; in der nächsten
Reihe alle 2 Maschen
1 Masche aufnehmen.
Diese 40 Maschen 160 Reihen
rechts stricken.

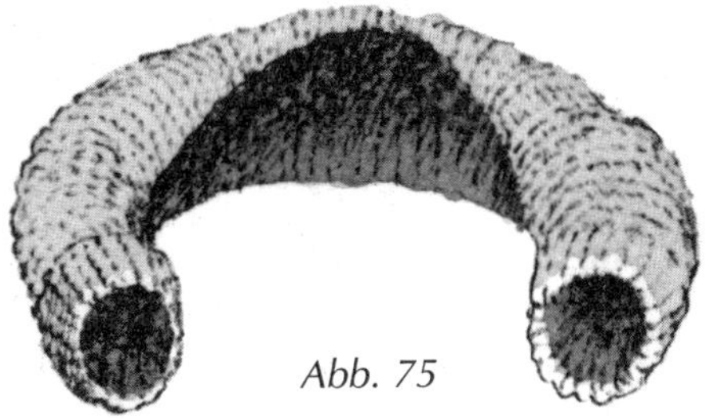

Abb. 75

In der nächsten Reihe nach jeder 2. Masche 1 Masche abnehmen, so
daß wieder 25 Maschen übrigbleiben.
12 Reihen 1 rechts, 1 links stricken und abketten.
Die Ärmel der Länge nach zusammenlegen. An beiden Seiten die Man-
chetten und 22 Reihen aneinandernähen.
Die Halsöffnung kann eventuell mit einer Picotborte umhäkelt werden.
Locker häkeln, sonst verliert die Weste die Fähigkeit, sich beim Anziehen mit zu dehnen.

Kinderhemdchen mit Ärmeln für 1, 2 und 3 Jahre
(Abb. 76)

Material:
50-75 Gramm Wolle für Stricknadeln Nr. 2 – 2 1/2
4 Stricknadeln Nr. 2 – 2 1/2
4 Stricknadeln Nr. 2 1/2 – 3 ohne Knopf oder eine Rundstricknadel. So dicke Stricknadeln nehmen, daß die Strickarbeit locker und geschmeidig wird. Die Hemdchen schmiegen sich dann besser an.

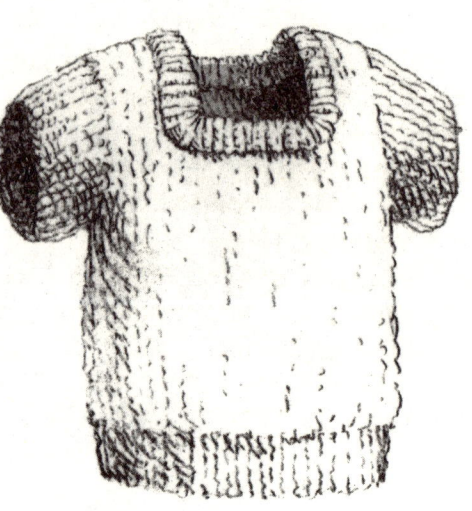

Abb. 76

Arbeitsanleitung:

130 – 150 – 180 Maschen auf 3 Nadeln Nr. 2 – 2 1/2 anschlagen. 4 cm 1 rechts, 1 links für das Bündchen stricken. Für das Leibchen 18 – 23 – 28 cm rechts auf Nadeln 2 1/2 – 3 stricken.

Für Vorder- und Rückenteil die Maschen auf 2 Nadeln verteilen. Vorderseite: 3 – 5 – 7 cm rechts stricken; in der Mitte 23 – 25 – 28 Maschen für den Halsausschnitt auf eine Sicherheitsnadel nehmen; an beiden Seiten 3 – 4 1/2 – 6 cm für die Schultern stricken, abketten.

Rückseite: 5 – 7 – 9 cm stricken; in der Mitte 23 – 25 – 28 Maschen für den Halsausschnitt auf eine Sicherheitsnadel nehmen; an beiden Seiten 2 – 3 – 4 cm für die Schultern stricken, abketten.

Halsausschnitt: Die Maschen von den Seitenkanten und Vorder- und Rückseite auf 3 Nadeln nehmen. Mit 4 Nadeln Nr. 2 oder 2 1/2 2 cm 1 rechts, 1 links stricken, locker abketten.

Ärmel: Die Maschen vom Armloch auf 3 Nadeln nehmen und 4 – 5 – 6 cm 1 rechts, 1 links stricken, abketten. Ein zu klein gewordenes Hemdchen kann nachgestrickt werden: Für die Weite mehr Maschen aufnehmen, das Hemdchen länger stricken und Armlöcher und Halsausschnitt vergrößern.

Wenn der Halsausschnitt zu weit ausfällt, das Halsbündchen etwas länger stricken.

Material für ein gehäkeltes Säckchen:
Wolle oder Baumwolle
dazu passende Häkelnadel

Bettflaschenhülle

Arbeitsanleitung:
Ein Häkelmuster ohne Löcher wählen. Durch die Löcher könnte sich das
Kind verbrennen.
Einen flachen Kreis, der ein bißchen größer als der Boden der Bettflasche
ist, häkeln. Darauf einen Zylinder, der 3 cm länger ist als die Bettflasche,
häkeln. Diesen zum Schluß mit einer Borte im Lochmuster umhäkeln,
durch die dann eine Kordel gezogen wird.

Material für ein gestricktes Säckchen:
Wolle oder Baumwolle
2 oder 4 dazu passende Stricknadeln

Arbeitsanleitung: Der Sack kann auf 2 oder 4 Nadeln gestrickt werden.
So viele Maschen wie für den Umfang der Bettflasche nötig anschlagen.
1 cm 1 rechts, 1 links stricken.
2 Reihen im Lochmuster stricken,
*oberhalb der rechten Masche
umschlagen, 2 Maschen
zusammenstricken, ab *
wiederholen.
Den Umschlag als linke
Masche in den näch-
sten 2 Reihen 1 rechts,
1 links stricken.
Das Bündchen 2 cm lang
machen.
Ein Röhrchen oder ein Rechteck
stricken, das 5 cm länger als die Bettflasche ist.
Alle Maschen 2 an 2 zusammenstricken.
Das Röhrchen wird geschlossen, indem ein
doppelter Faden durch alle Maschen gezogen wird.
Den Faden anziehen und gut vernähen (Abb. 77).

Abb. 77: Bettflaschenhülle

(für 2 – 8 Jahre; für 6 – 14 Jahre)

Gestrickte Biwakmütze

Material (**für beide Größen**):
200 gr Wolle für Stricknadeln Nr. 3
2 oder 3 Stricknadeln Nr. 3
2 Nadeln Nr. 4
2 Nadeln Nr. 5

Arbeitsanleitung: (siehe Abbildung 46 auf S. 113)
Die Mütze wird 1 rechts, 1 links gestrickt.
Für beide Größen: 30 Maschen auf Nadeln Nr. 3 anschlagen. 40 Reihen
1 rechts, 1 links stricken.
* An einer Seite der Arbeit 42 Maschen aufnehmen. Wenden und 1
rechts, 1 links so zurückstricken, daß das Muster der Oberseite durch-
läuft. Ab * an der anderen Seite wiederholen (wenn «um die Ecke strik-
ken» schwierig ist, einfach eine dritte Stricknadel dazunehmen).
44 Reihen 1 rechts, 1 links stricken.
Für eine kleine Mütze an beiden Seiten 2 Maschen zunehmen.
Für eine große Mütze an beiden Seiten 10 Maschen zunehmen.
11 Reihen stricken, bei der nächsten Reihe die Maschen auf Nadeln
Nr. 4 nehmen.
11 Reihen stricken, bei der nächsten Reihe die Maschen auf Nadeln
Nr. 5 nehmen.
11 Reihen stricken und locker abketten.
Durch die Verwendung von immer dickeren Nadeln formt sich das
Schulterstück. Für eine kleine Mütze mit Nadeln Nr. 3 an den Unterseiten 2 Maschen, an den Seiten 22 Maschen, an der Oberseite 28 Maschen, insgesamt 76 Maschen aufnehmen.
Für eine große Mütze mit Nadeln Nr. 3 an den Unterseiten 10 Maschen,
an den Seiten 22 Maschen, an der Oberseite 28 Maschen, insgesamt
92 Maschen aufnehmen.
Für das Bündchen 5 Reihen 1 rechts, 1 links stricken, abketten. Die
Mütze an der Vorderseite zuhäkeln oder -nähen und die Fäden ver-
wahren.

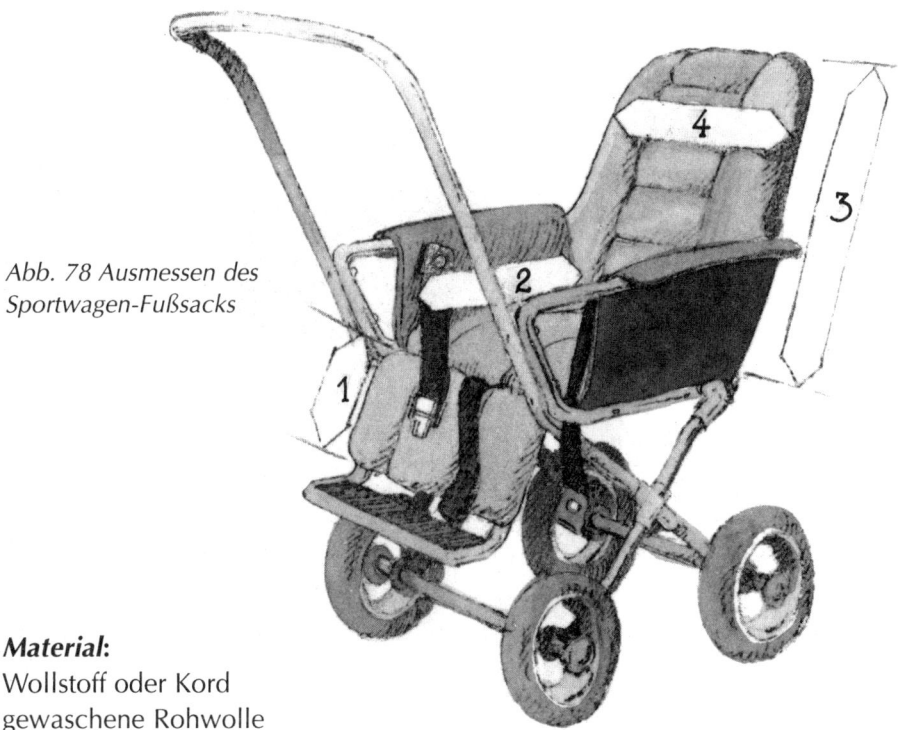

Abb. 78 Ausmessen des Sportwagen-Fußsacks

Material:
Wollstoff oder Kord
gewaschene Rohwolle

Arbeitsanleitung:
Die richtige Länge (1+2+3) und Breite (4) ausmessen wie auf der Zeichnung angegeben (Abb. 78). Wegen des Aufbauschens durch die Füllung für die Breite 2 cm hinzurechnen.

Sportwagen-Fußsack

Auch an die Länge 3 cm hinzufügen, des weiteren 4 cm Fußraum, 2+3 für Sitz und Lehne und 20 cm für den Umschlag über die Rückenlehne. Mit diesen Maßen ein Papierschnittmuster machen, in den Wagen setzen und schauen ob es paßt. Falls der Gurt, der beim Anschnallen zwischen die Beine kommt, im Weg ist, kann er abgemacht werden, denn in dem Sack kann das Kind nicht weggleiten. Nach dem Schnittmuster + Nahtzugabe einen geraden, doppelten Streifen zuschneiden. Ober- und Seitennähte schließen; den Sack wenden. Vom oberen Ende an 20 cm für den Umschlag, der über die Rückenlehne geschlagen wird, absteppen. Den Umschlag an der Seite des Sackes festnähen (Abb. 79). Das Rückenteil mit Wolle füllen und zusteppen. Den Sitz füllen und

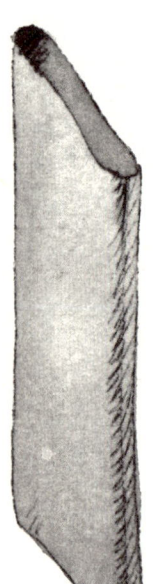
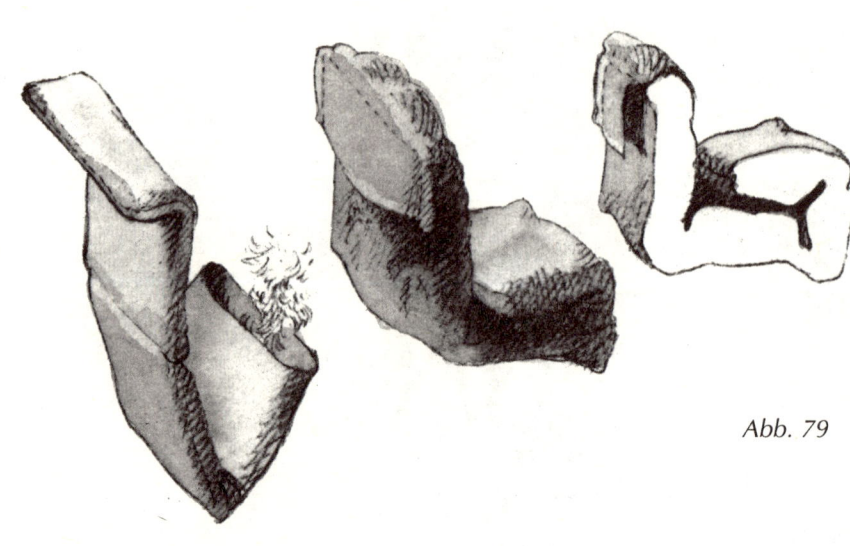

Abb. 79

zusteppen. Bei der Falte ca. 4 cm für den Fußraum nach innen schlagen und festnähen. Den untersten Teil des Sackes füllen und zusteppen. Dies wird die Oberseite des Sackes; dieses Teil am Sitzteil festnähen, und der Fußsack ist fertig.

Nachthemd/ Hausmantel für ca. 3 Jahre

Dieser Schnitt kann vergrößert werden, indem man ihn weiter und länger macht. Mit einem Verschluß an der vorderen Mitte kann aus demselben Schnitt ein Hausmantel gemacht werden. Zur Verzierung kann mit dem Bündchen eine Borte oder Rüsche mitgesteppt, an die Unterseite eine gekräuselte Blende gesetzt oder eine runde Passe mit einem fröhlichen Band gemacht werden. Halsausschnitt, Ärmel und Saum können mit einem Besatz aus einem passenden Stoff oder mit einer Stickerei verziert werden.

Material Nachthemd:
Baumwolle oder Flanell, 120 cm lang und 120 cm breit, oder 240 cm lang und 90 cm breit
2 Knöpfe
Gummiband

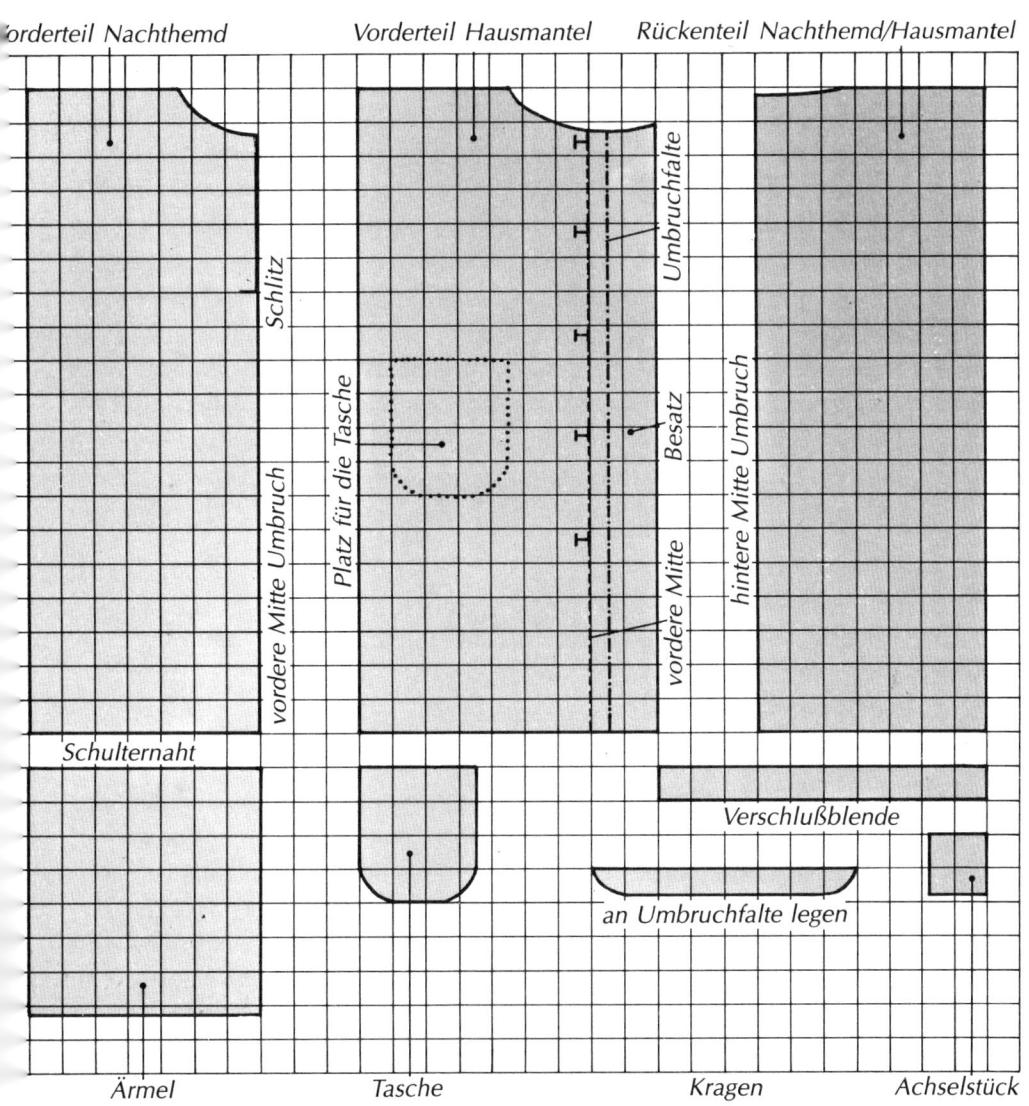

Vorderteil Nachthemd   Vorderteil Hausmantel   Rückenteil Nachthemd/Hausmantel

Schlitz

Umbruchfalte

Besatz

hintere Mitte Umbruch

vordere Mitte Umbruch

Platz für die Tasche

vordere Mitte

Schulternaht

Verschlußblende

an Umbruchfalte legen

Ärmel   Tasche   Kragen   Achselstück

Abb. 80 : Schnitt Nachthemd/Hausmantel für ca. 3 Jahre.
Jedes Feld entspricht 4 cm .

Arbeitsanleitung Nachthemd:

Die Schnitteile (Abb. 80) mit 1 cm Nahtzugabe, Ärmel und Saum mit 2 cm Nahtzugabe zuschneiden.

Den Schlitz wie angegeben einschneiden, die Verschlußblende von links ansteppen und von rechts übersteppen. Den überflüssigen Stoff an der Innenseite des Schlitzes schräg nach hinten wegsteppen. Die Schulternähte schließen und mit dem Zickzackstich versäubern. Die Ärmel mit der Mitte an die Schulternaht legen. Kontrollieren, ob sie an der Seitennaht richtig liegen. Stecken, steppen und mit dem Zickzackstich versäubern. In einem Arbeitsgang Ärmel und Seitennähte schließen und versäubern.

Den Halsausschnitt auf die Größe des Kragens zusammenkräuseln. Den Kragen von links ansteppen und von rechts übersteppen. Einen 1 1/2 cm breiten Saum in die Ärmel machen, in der Naht 1 1/2 cm offen lassen und ein Gummiband hindurchziehen. Auch die Unterseite 1 1/2 cm umsäumen. An den Schlitz zwei Schlaufen machen und 2 Knöpfe ansetzen.

Material Hausmantel (Abb. 81):

Frottee-, Kord- oder Wollstoff, 130 cm lang und 140 cm breit
5 Knöpfe
Gummiband

Arbeitsanleitung Hausmantel:

Die Schnitteile zuschneiden (Abb. 80, eventuell auf den Fadenlauf des Stoffes achten). Die vordere Kante ohne Nahtzugabe, Saum und Ärmelsäume mit 2 cm Nahtzugabe und den Rest mit 1 cm Nahtzugabe zuschneiden. Mit einem Heftfaden angeben, wo die vordere Mitte ist.

Den Besatz auf der Umbruchfalte nach rechts umlegen, feststecken. An der Halsausschnittkante vom Umbruch bis zur vordereren Mitte (2 cm) steppen.

Die Halsnaht vorsichtig auf der vorderen Mitte einschneiden und den Besatz nach innen wenden. Die Schulternähte zusteppen und mit dem Zickzackstich versäubern. Den Kragen zusteppen und wenden. Die Halsnaht soweit kräuseln, bis sie der Größe des Kragens entspricht. Den Besatz feststecken. Den Kragen auf die linke Seite, auch über den Besatz, steppen und von rechts übersteppen.

Das Achselstück an der Schulterseite des Ärmels an die Seitennaht steppen. Die Naht versäubern. Die Mitte des Ärmels an die Seitennaht

Abb. 81 Hausmantel

stecken. Kontrollieren, ob die Seitennähte des Ärmels gleich liegen. Das Achselstück gibt an einer Seite 7 cm dazu. Das Achselstück in einem Dreieck 7 cm an die Ärmelnaht und 7 cm an die Seitennaht legen. Die Ärmel- und Seitennähte in einem Arbeitsgang schließen. Mit dem Zickzackstich versäubern.

Untere Ärmelkante 1 1/2 cm (1/2 cm Besatz) umsäumen, eine Öffnung von 1 1/2 cm in der Naht lassen, durch die ein Gummiband eingezogen wird. Untere Hemdkante mit 1 1/2 cm breitem Saum umnähen.

5 Knopflöcher im Abstand von 12 cm machen. Die Knöpfe ansetzen. Den Hausmantel eventuell bügeln.

Abb. 82 Overall und Clownanzug

Material:

für 3 Jahre: 115 cm Stoff, 140 cm breit; 1 Reißverschluß (38 cm)
für 5 Jahre: 145 cm Stoff, 140 cm breit, 1 Reißverschluß (42 cm)
Band oder etwas Ähnliches zur Verzierung

Overall (Clownanzug oder Tieranzug) für 3 und 5 Jahre

Arbeitsanleitung:

Die Schnitteile mit 1 cm Nahtzugabe, die Ärmel- und Hosenbeinsäume mit 3 cm Nahtzugabe (Abb. 83 und 84) zuschneiden. Die Taschen vor dem Aufsteppen mit einem Band oder dergleichen verzieren. Die Taschen säumen und mit doppelter Steppnaht aufsetzen. Wenn die Reißverschlußnaht mit einem Band versäubert werden muß, das Band vor dem Einsetzen des Reißverschlusses aufsteppen.

Den Overall, außer dem Ärmelloch, mit dem Zickzackstich versäubern. Die vordere Mittelnaht 38/42 cm mit einem großen Heftstich zunähen; den Rest der Naht mit dem gewohnten Stich schließen.

Den Reißverschluß genau hinter die Naht stecken und einsteppen. Den Heftfaden an der Stelle, wo er vernäht worden ist, durchschneiden und herausziehen.

Die hintere Mittelnaht zwischen Bein- und Schulternaht schließen. Das

Abb. 84: Schnitt Tasche, Kragen und Ärmel des Overall.
Jedes Feld entspricht 4 cm

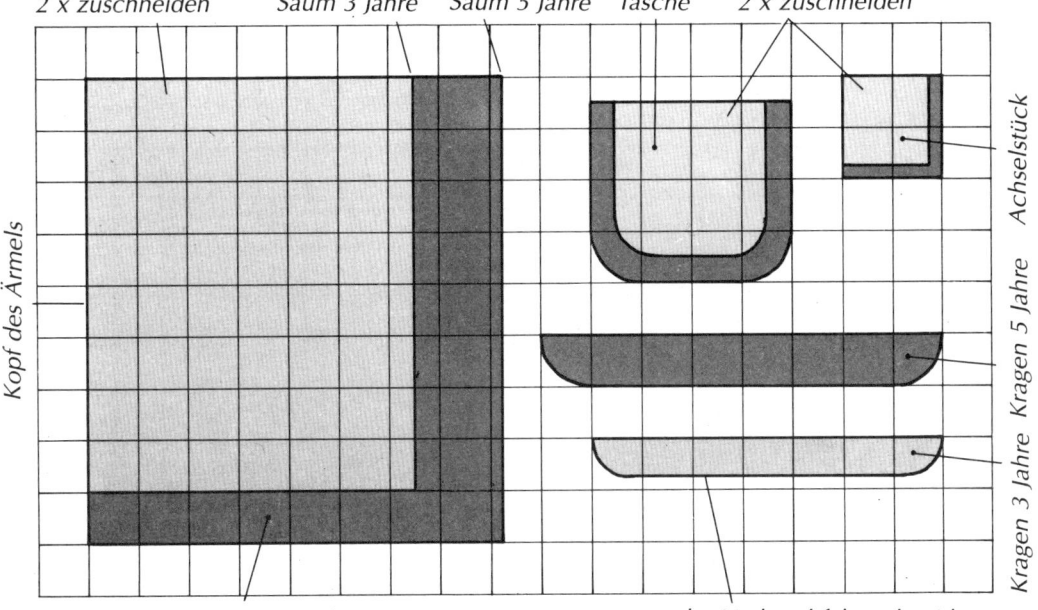

2 x zuschneiden   Saum 3 Jahre   Saum 5 Jahre   Tasche   2 x zuschneiden

Kopf des Ärmels

Achselstück

Kragen 5 Jahre

Kragen 3 Jahre

zusätzliche Breite 5 Jahre   an der Umbruchfalte schneiden

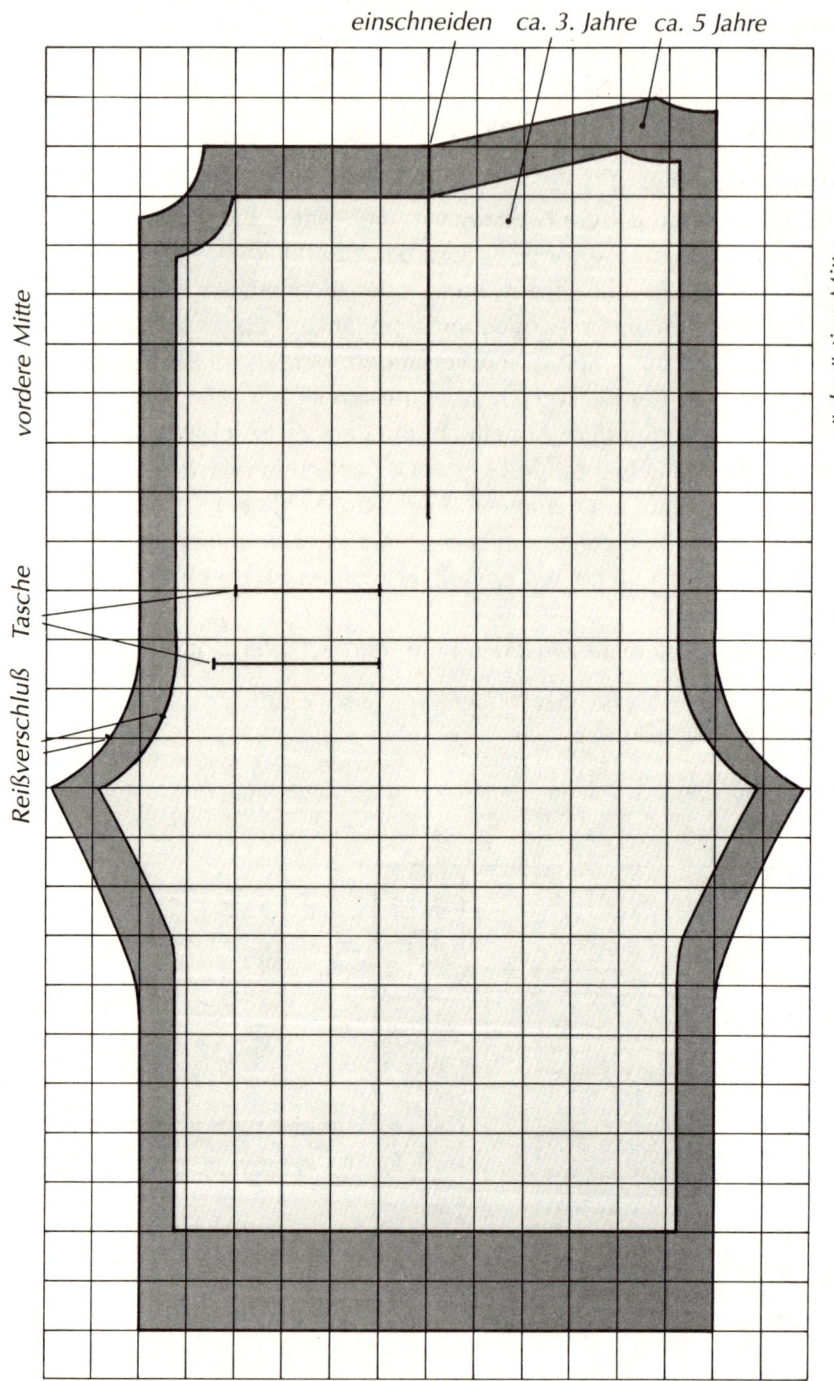

Abb. 83: Schnitt Overall.   *Jedes Feld entspricht 4 cm.*

Achselstück an der Schulterseite des Ärmels an die Seitennaht nähen. Den Ärmel schließen. Die Ecken des Kragens rundsteppen, wenden und entlang der Halsausschnittskante einsetzen. Ärmel- und Hosenbeinkanten säumen und ein Gummiband hineinziehen.

Aus diesem Grundmuster kann mit wenig Mühe ein Clownanzug (Abb. 82) oder ein Tieranzug (Anleitung siehe unten) gemacht werden.

Für einen Clownanzug bunten oder weißen Stoff nehmen, den Schnitt 10 cm oder mehr weiter machen und einen Kräuselkragen oder einen Kragen wie auf der Zeichnung ansetzen.

Tiermütze (Grundmuster)

Indem man für den Overall einen Stoff wählt, der der Farbe nach einem Tier ähnelt – zum Beispiel weiße Baumwolle für ein Kaninchen, beige für einen Hasen, grau für eine Katze –, und diesen Stoff mit einer Tiermütze kombiniert, erhält man einen Tieranzug. Für einen enganliegenden Anzug den Schnitt etwas enger machen und Trikotstoff nehmen.

Unmodern gewordene Jacken, die manchmal eine schöne Struktur haben, sind nicht immer groß genug, können aber mit Hilfe des Oberteils des Overall-Schnittes in ein Jäckchen (+ Schwanz!) verwandelt werden, das zur Hose eines gestiefelten Katers paßt.

Die Tiermütze macht das Ganze dann komplett. Man kann auch aus einem bereits bestehenden Jogginganzug oder Pyjama einen Tieranzug machen.

An die Mütze kann jedes gewünschte Ohr und mit etwas Anprobieren und Abmessen auch Hörner für eine Kuh, ein Schnurrbart für einen Löwen oder für eine Katze oder ein Rüssel und Stoßzähne für einen Elefanten gesetzt werden.

Aus einem warmen Wollstoff genäht, kann die Mütze (ohne Ohren) auch im Winter ihre Dienste leisten.

Material Tiermütze 1 (aus Trikot, siehe Abb. 85):
Trikot
ein Rest rosa Futterstoff

Arbeitsanleitung:
Den Stoff wie auf der Zeichnung angegeben (85a) mit 1 cm Nahtzugabe

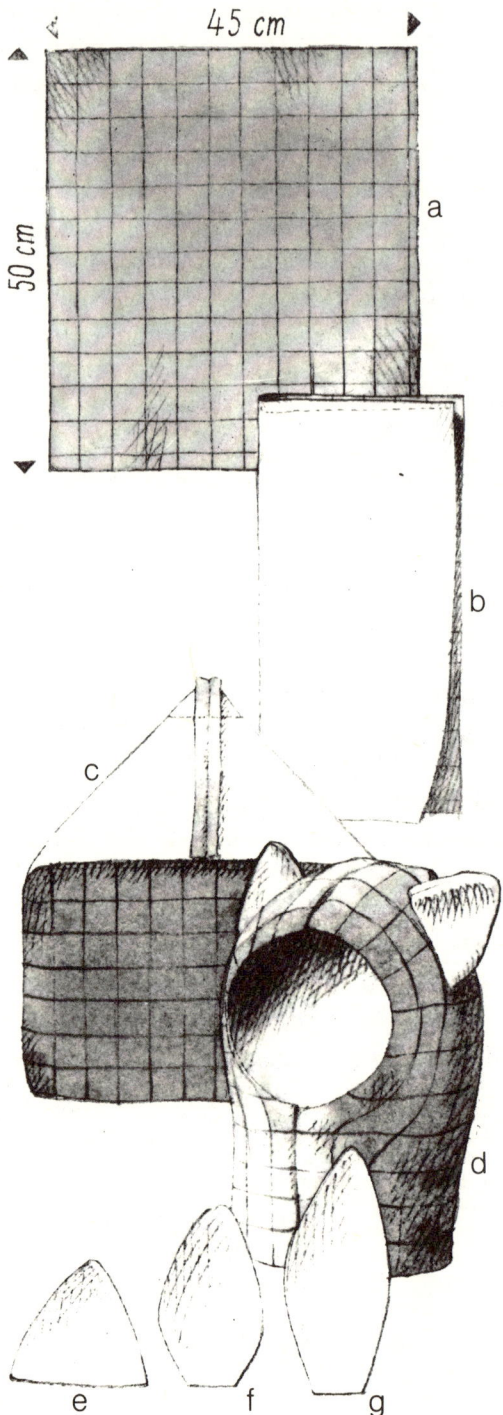

*Abb. 85 Grundmuster
Tiermütze 1*

zuschneiden. Den Stoff doppelt legen und die Oberseite zusteppen (b). Die Mütze zu einem Dreieck falten (c). Das Dreieck bis auf 4 cm unterhalb der Spitze absteppen. Von der anderen Seite aus 20 cm zusteppen (d). Kontrollieren, ob die Mütze schön um das Gesicht schließt. Die Gesichtsöffnung umsäumen und die Öhrchen festnähen (siehe unten).

Ohren

Die Ohren (je nach Wunsch von einer Katze, einem Kaninchen oder einem Hasen [siehe Zeichnung] oder einem anderen Tier) zweimal aus Stoff und zweimal aus rosa Futterstoff mit 1/2 cm Nahtzugabe zuschneiden. Stoff und Futter aneinandersteppen. In das Futter eine Falte stecken. Futter und Stoff ca. 1 cm auseinander auf die Mütze stecken – die Öhrchen stehen dann (eventuell ein bißchen gezupfte Wolle hineinstopfen) –, anprobieren.

Material Tiermütze 2 (gewebter Stoff, siehe Abb. 86):
ein Streifen Stoff
ein Rest rosa Futterstoff
Knopf

Arbeitsanleitung:
Die Schnitteile mit 1 cm Nahtzugabe zuschneiden. Das rückwärtige Teil zwischen die Seitenteile stecken und anste ppen. Die Ränder von Hals und Gesicht umsäumen. Die Mütze anprobieren und Knopf und Knopfloch so anbringen, daß die Mütze schön um das Gesicht schließt. Die Ohren so wie bei der Trikotmütze beschrieben ansetzen (siehe oben).
Die Katze bekommt einen ca. 35 – 40 cm langen und 9 cm (ohne Nahtzugabe) breiten Schwanz, der eventuell mit etwas Wolle aufgefüllt wird. Kaninchen und Hase bekommen einen ca. 17 cm im Quadrat großen, mit Wolle gefüllten Schwanz. Hierfür 1/2 cm vom Rand einen Kreis auf den Stoff heften. Die gezupfte Wolle darauf legen, den Kreis anziehen und die Fransen nach innen stopfen. Das Bällchen zunähen und auf der richtigen Stelle am Anzug festnähen.

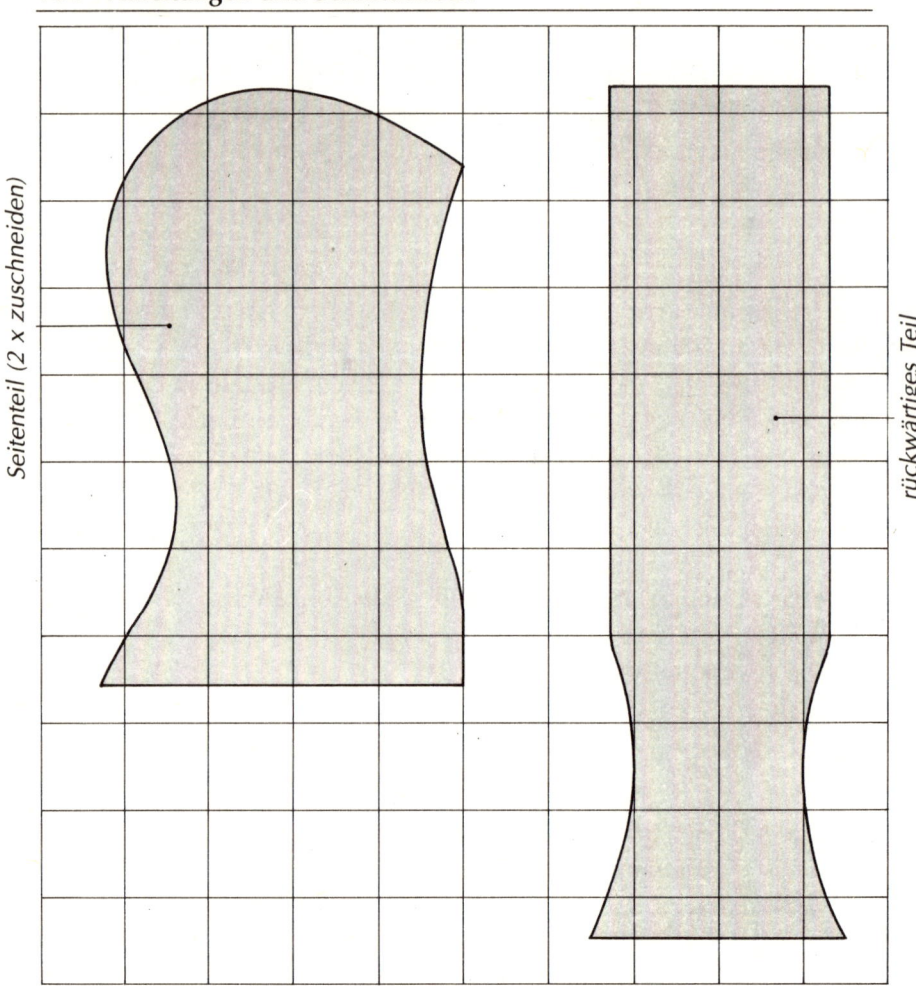

Seitenteil (2 x zuschneiden)

rückwärtiges Teil

Abb. 86: Schnitt Tiermütze 2.   *Jedes Feld entspricht 4 cm*

Abb. 87: Schnitt Schirmmütze mit Ohrenklappen, 1 bis 3 Jahre. →

Material:

15 cm Kordstoff, 140 cm breit
20 cm Woll-Teddystoff
Einlage als Klappenverstärkung
2 Knöpfe

Arbeitsanleitung:

Die Schnitteile auf Papier übertragen (siehe Abbildung 87 für 1 bis 3 Jahre; Abbildung 88 für 3 bis 10 Jahre). Die Klappen aus gefaltetem Papier zuschneiden. Das Kopfteil mit Kugelschreiber zeichnen, das Papier bei den untersten 4 cm falten + durchpausen. Dies wiederholen, bis 6 Kopfteile nebeneinander auf dem Papier stehen, die durch die 4 cm miteinander verbunden sind.

Die Schnitteile auf den Stoff stecken. Mit 1 cm Nahtzugabe zuschneiden; das Kopfteil in einem Rechteck, die Enden nicht einschneiden; den Schirm 2 x, das Kopfteil und die Ohrenklappen 1 x aus Futterstoff, den Schirm 1 x aus dem Material für die Einlage zuschneiden.

Schirmmütze mit Ohren-klappen, 1 bis 3 Jahre und 3 bis 10 Jahre
(Abb. 46)

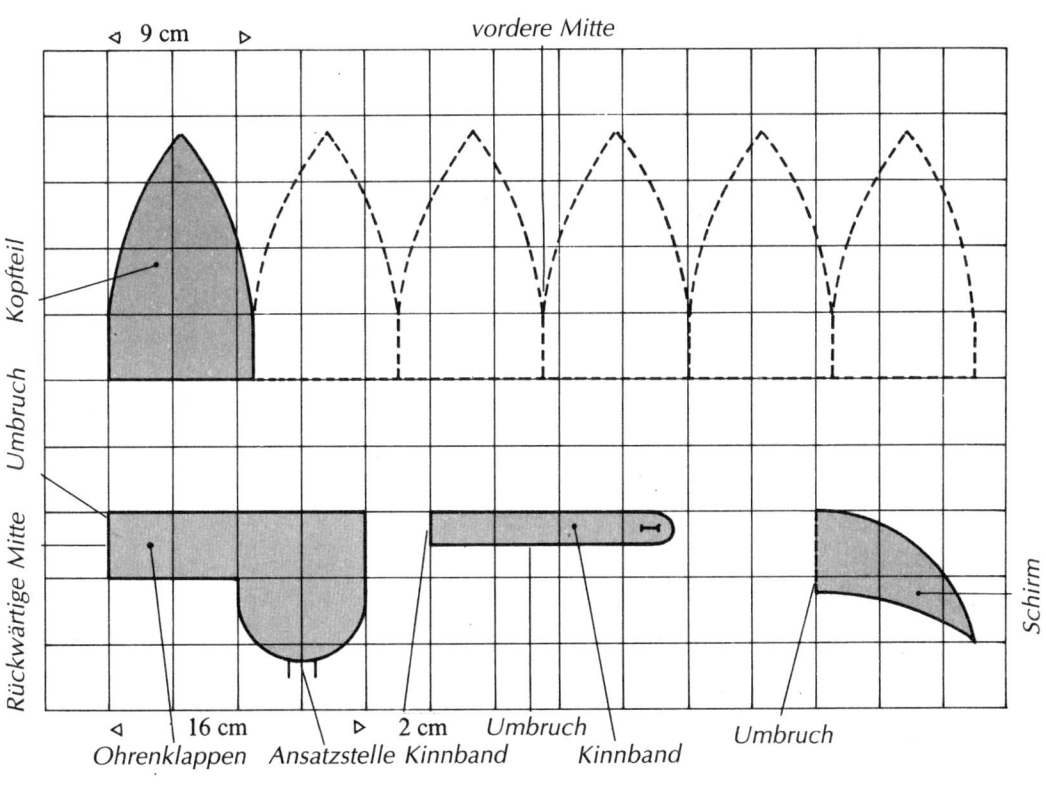

Das Schnittmuster auf dem Stoff lassen oder die Teile mit einem Heftfaden kennzeichnen. Das erste Kopfteil an das zweite steppen. An Schnittmuster oder Heftfaden entlangsteppen. Dies bei allen Teilen tun und die Mütze schließen. Das Schnittmuster abnehmen und den überflüssigen Stoff wegschneiden. Beim Kopfteil aus dem Futterstoff die Bearbeitung wiederholen. Die Nähte auseinanderstreichen. Für den Schirm die beiden Teile von rechts aufeinanderlegen; die Einlage daraufstecken und an der Außenkante entlangsteppen. Die Mütze wenden und die Steppnaht zur Unterseite hin stecken. Futter und Stoff für die Ohrenklappe mit den rechten Seiten aufeinanderlegen. Das Kinnband an die angegebene Stelle dazwischenlegen und an der Schnittmusterlinie entlang steppen. Die Klappe wenden, die Stepplinie genau mitten auf die Naht stecken, so daß der Futterstoff nicht von rechts und der Mützenstoff nicht an der Futterseite zu sehen ist.

Beide Ohrenklappen 1 cm von der Kante entlang steppen. Die Klappen an die Mütze stecken; die rechten Seiten des Stoffes aneinanderlegen.

Abb. 88: Schnitt Schirmmütze mit Ohrenklappen, 3 bis 10 Jahre.
Jedes Feld entspricht 4 cm.

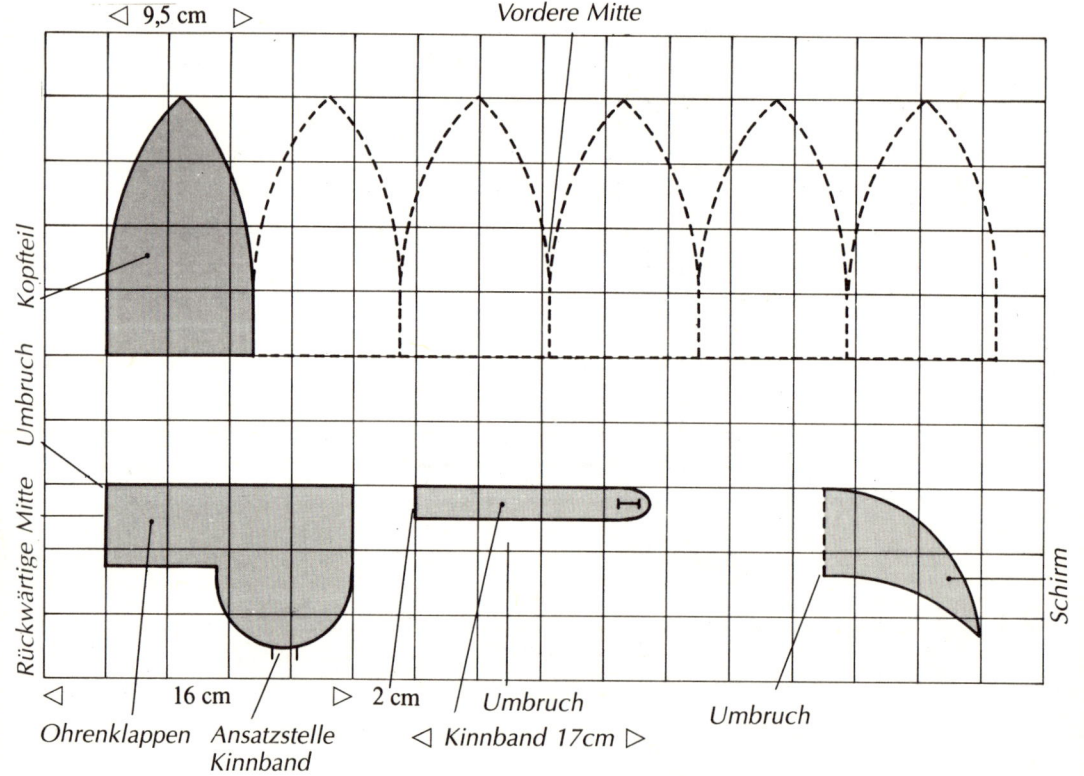

Mit dem Feststecken der Ohrenklappen an der rückwärtigen Mitte, mit dem des Schirmes an der vorderen Mitte beginnen.

Schirm und Ohrenklappen ansteppen. Das Mützenfutter so in die Mütze schieben, daß die Steppnähte nebeneinander zu liegen kommen, damit es keine Verdickungen gibt. Die Naht über die Steppnaht nach innen falten und festnähen. Ein Stückchen Kord um einen Knopf machen und diesen auf die Mitte der Mütze setzen.

Den Namen des Kindes in die Mütze nähen.

Gummiband ist ideal für Aufhänger – einfach für Handtücher, geflochten für Jacken. Es dehnt sich lange mit, bevor es reißt.

Nicht mehr gebrauchte Laken aus der Wiege oder aus dem Kinderbett können gefärbt werden und danach ein zweites Leben als *Spieltücher* bekommen.

Nicht mehr gebrauchte Windeln sind ein ausgezeichnetes Material für eine **Arzt-, Krankenschwester-** oder **Kochausrüstung** für ein Kind im Kindergartenalter. Gefärbt können sie als **Malerkittel** oder **Arbeitsschürze** verwendet werden.

Kochmütze: Aus einer Windel einen Kreis mit einem Durchmesser von 35 – 40 cm zuschneiden und diesen rundherum einkräuseln (Abb. 89). Den Kopfumfang ausmessen und aus einer zweiten Windel einen Streifen zuschneiden, der genau so lang wie dieser Umfang und 30 – 35 cm breit ist. Aus diesem Streifen eine Röhre nähen. Die Mütze an die Röhre steppen, die Röhre zur Hälfte nach innen schlagen und festnähen.

Kochschürze: Eine Windel bis zur Hälfte doppelt legen und ungefähr 3 cm von der Falte absteppen. Ein Band hindurchziehen, damit die Schürze zugebunden werden kann. Das Band an der vorderen Mitte festnähen, dann kann es nicht herausrutschen.

Krankenschwesterhaube: Die Windel diagonal durchschneiden und die Schnittlinie umsäumen. Die Haube im Nacken festbinden. Eventuell ein rotes Kreuz aus Filz aufnähen oder ein Kreuz aufsticken.

Krankenschwesterschürze: siehe Arbeitsschürze 2, Abbildung 45, S. 109.

Praktische Hinweise

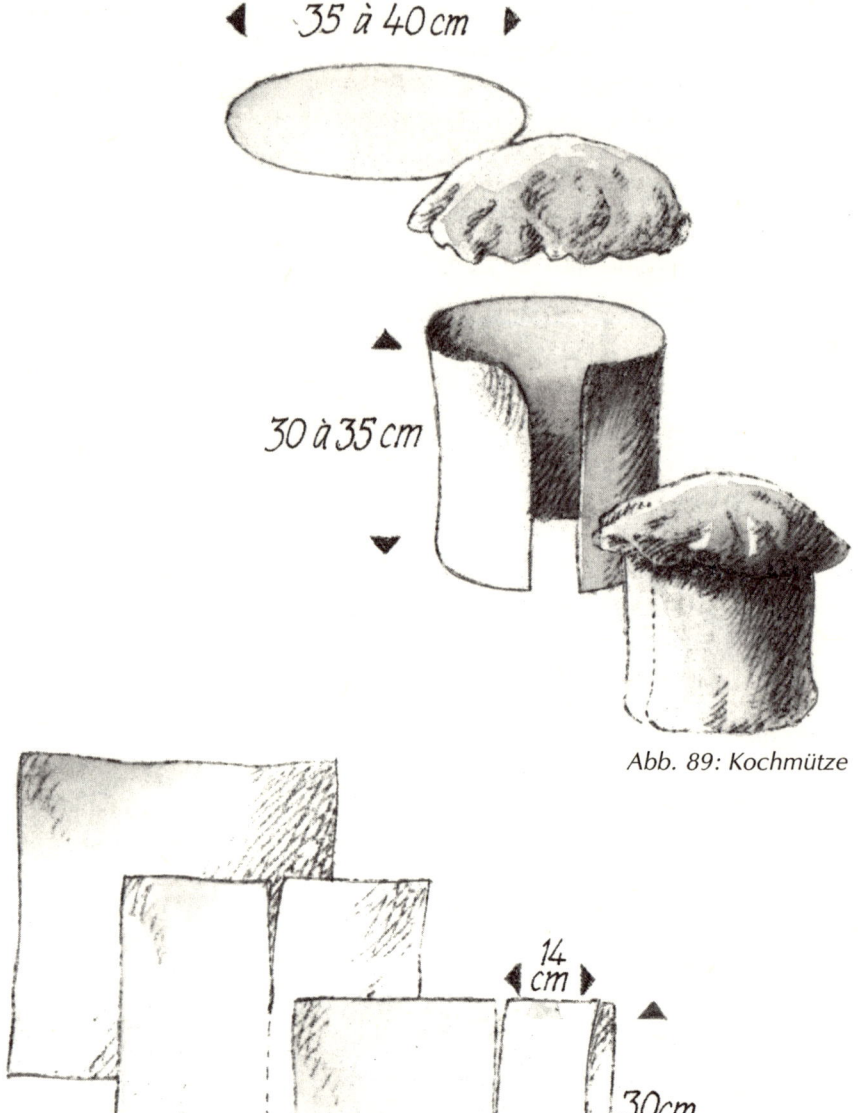

35 à 40 cm

30 à 35 cm

Abb. 89: Kochmütze

14 cm

30 cm

30 cm

Abb. 90: Arztkittel

Arztkittel: (für ein Kind von ca. 3 Jahren, Abbildung 90)
Hierfür benötigt man drei Windeln und drei Knöpfe. Eine der Windeln der Länge nach durchschneiden, das sind die zwei Vorderteile.
Aus der zweiten Windel einen 30 cm breiten Streifen zuschneiden und der Länge nach in der Mitte durchschneiden, das sind die beiden Ärmel; aus derselben Windel einen 30 cm langen und 14 cm breiten Streifen zuschneiden, das ist der Kragen. Die dritte Windel ist das Rückenteil.
Nun wie folgt nähen:
Die Vorderteile 1 cm ein- und 3 cm umschlagen, feststeppen. In beide Vorderteile einen 4 cm tiefen und 5 cm breiten Halsausschnitt schneiden.
Das Rückenteil an die Vorderteile nähen, an der Seitennaht beginnen.
In das Rückenteil eine ca. 40 cm tiefe Falte nähen, die so breit ist, daß Rückenteil und geschlossenes Vorderteil gleich groß sind.
Die Ärmel an den Kittel nähen.
Seiten- und Ärmelnähte schließen. Den Kragen an beiden Seiten zunähen, wenden und auf den Kittel setzen. Knopflöcher machen und die Knöpfe ansetzen.

Blusen und Oberhemden aus Baumwolle, Wolle, Vyella oder Seide eignen sich hervorragend zum **Füttern von Kinderjacken** und sind obendrein ein «ehrliches» Material dafür.

Durch dicke **Wolljacken** kann es manchmal hindurchziehen, weil die Maschen etwas groß sind. Ein großes T-Shirt, in einer passenden Farbe aufgeschnitten und als Futter hineingenäht, hält den Wind ab und macht die Jacke besonders warm.

Verschlissene Strampelsäcke, Umschlagwindeln oder Unterlaken sind ausgezeichnet absorbierende **Wischlappen.**

Schräg zusammengelegte Spucktücher mit zwei Bändchen, die angenäht werden, tun als **Lätzchen** mit einer extra feuchtigkeitsabsorbierenden Stelle an der Vorderseite (Abb. 91) gute Dienste.

Abb. 91

Pullover lassen sich gut als **Füllung** für eine (wattierte) Steppjacke oder -decke verwenden. Für eine Decke die Pulloverteile im Zickzackstich aneinandernähen, bis die gewünschte Größe erreicht ist.

Eine **Babydecke** kann auf einem kleinen Karton gewebt werden.
20 x 20 cm große Vierecke weben, die zum Schluß, eventuell umhäkelt, aneinander gesetzt werden.

Fast jeder Schnitt für **Babyschühchen** eignet sich für Leder oder Schaffell. Leder kann mit einer Ledernadel auf der Nähmaschine genäht werden. Fell kann mit einer Ledernadel und Eisengarn mit der Hand aneinander gesetzt werden.

Erweist sich der für **Winterjacke** oder **Schneeanzug** gewählte Stoff bei näherer Betrachtung doch als nicht warm genug, dann kann ein dünner Pullover zwischen die Jacke und das Futter genäht werden.

Spucktücher, die zusammengesteppt werden, sind praktische **Waschlappen.**

Eine durch das Bündchen gezogene Kordel macht, lose zugebunden, einen zu großen **Strampelanzug** passend.

Ein Stückchen Gummiband durch Ärmelsäume oder Manschetten von zu großen **Jäckchen** oder **Blusen** ziehen. Sie brauchen dann nicht umgekrempelt zu werden.

Ein zu kleiner **Strampelanzug** kann die Füße im Wachstum behindern. Den Fußteil des Anzuges abschneiden und eventuell Söckchen annähen. Dies ist auch bei Strumpfhosen möglich, die zu klein geworden oder deren Fußteile verschlissen sind.

Eine zu kurze **Kordhose** einfach abschneiden. 1 cm über dem Ende der Seitennaht ein Loch machen. Einen 2 1/2 cm breiten Saum nähen. Dadurch ein 2 cm breites Gummiband ziehen, und schon hat man eine prächtige **Knickerbocker.**

Manschetten, die am Rand verschlissen sind, nach innen schlagen und festnähen.

Bündchen von einem Pullover können derselben Behandlung unterzogen werden (beim Nähen den Trikotstoff dehnen, sonst reißt der Faden beim Anziehen des Pullovers).

So wird ein verschlissener **Kragen** wieder wie neu: Erst den Kragen abtrennen, dann auftrennen, die verschlissene Seite durchsteppen und den Kragen mit der Innenseite nach außen auf das Kleidungsstück setzen.

Mit einer Freiarmmaschine kann ein Kordflicken auf das **Hosenknie** gesteppt werden: Die Hose auf den freien Arm ziehen und die verschlissene Stelle durchsteppen. Zwei der Größe nach passende Stoffstücke mit 1/2 cm Nahtzugabe zuschneiden. Die Flicken auf gleicher Höhe auf die richtige Stelle stecken. Die Hose wieder auf die Maschine ziehen und die Naht steppen, indem das Hosenbein unter der Nadel gedreht wird.

Teil 3
Materialien

1 Einleitung

Dieser Teil des Buches behandelt die Materialien, die für Textilstoffe verwendet werden. Obgleich ich aufgrund der Eigenschaften von natürlichen Materialien der Meinung bin, daß diese für Kleidung und bestimmt für Kinderkleidung am geeignetsten sind, werden auch synthetische Fasern behandelt. In einer Zeit, in der synthetische Stoffe nicht mehr wegzudenken sind, kann man anhand dieser Informationen selbst wählen, welche Materialien man für die eigene Kleidung und die seiner Kinder verwenden will. Darum sollen hier auch kurz die Entstehungsgeschichte und die Eigenschaften von halbsynthetischen und synthetischen Stoffen behandelt werden, damit man einen Überblick über die Eigenschaften aller Materialien, die für Kleidung verwendet werden, bekommt.

Die mehr technischen Daten über natürliche, synthetische und halbsynthetische Materialien sind in drei Tabellen dargestellt, die im Anschluß an die jeweiligen Kapitel zu finden sind.

Das Buch schließt mit einem Kapitel über das Waschen von Kleidung und einem kurzen Kapitel über Recycling von Kleidung.

2 Tierische Fasern

Seide Eine alte Legende erzählt von der chinesischen Kaiserin Hsi Ling Shi, die ungefähr 2700 v. Chr. lebte. Eines Tages sah sie eine Raupe, die die Blätter des Maulbeerbaums im Garten verschlang. Ruhig ließ sie sie gewähren, vielleicht wohnte ja der Geist eines fernen Ahnen in dieser Raupe.

Nach der Verpuppung der Raupe nahm sie das Schächtelchen mit dem schlafenden Geist mit in ihre Gemächer. Zu ihrer Verwunderung kam einige Zeit später ein kleiner Schmetterling heraus. Der Geist des Ahnen hatte sich befreit.

Entzückt zeigte die Kaiserin ihren Hofdamen das Seelengefängnis. Dabei fiel der Kokon in eine Kanne mit kochendem Wasser, die für die Teezeremonie bereitstand. Der Leim, der den Kokon zusammenhielt, löste sich, und ein glänzender Faden kam aus dem Wasser. Die Kaiserin ließ ein Werkzeug bauen, womit sie den Faden vom Kokon abhaspeln konnte. Mit diesem Seidenfaden webte sie.

Das war, der Überlieferung nach, der Beginn der Seidenkultur in China. Nach ihrem Tode wurde die Kaiserin in den Rang der Götter erhoben und als Schutzpatronin der Seidenraupe und des Maulbeerbaums verehrt. Sie bekam den Namen Tsang Fang (Seidenhäuschen). Die Chinesen beobachteten, wie der Schmetterling bei seinen Metamorphosen immer ein sehr verschiedenes Aussehen hatte: Vom Ei zur Raupe, von der Raupe zur scheintoten Puppe und von der Puppe zum fliegenden Schmetterling. Sie erkannten, daß hierbei fortwährend Kräfte am Werk waren, die sie nicht kannten. Durch sorgfältiges Studium der Sterne konnten sie jedoch ausrechnen, welche Zeiten für das Legen der Eier, die Verpuppung und das Ausfliegen der zur Zucht bestimmten Schmetterlinge am besten waren. Die Seidenzucht wurde lange Zeit unter Aufsicht von kaiserlichen Personen durchgeführt. Das Tragen von Seide war dann auch Mitgliedern der kaiserlichen Familie vorbehalten. Für den einfachen Bürger war es gesetzlich verboten.

Die Herkunft der Seide war Tausende von Jahren das am besten bewahrte Geheimnis der Welt. Außerhalb von China glaubte man, daß Seide eine pflanzliche Faser sei, und versuchte alles, um sich der Samen zu bemächtigen. Nicht selten wurden die Führer von Seidenkarawanen von

Abb. 92

Leuten, die sich der «Seidensamen» bemächtigen wollten, schmerzhaften Verhören unterzogen.

In China war man sich bewußt, daß das Bekanntwerden der Herkunft der Seide das Ende ihres Monopols auf dem Weltmarkt bedeuten würde. Darum gab es ein Gesetz, das bei Todesstrafe die Ausfuhr von Seidenraupen, Seidenspinnern oder dessen Eiern verbot. Doch für die Seide war man bereit, große Gefahren auf sich zu nehmen. Rund 200 n. Chr. kam die Seidenraupenzucht in Japan auf. Der Überlieferung nach war die Seide durch eine junge chinesische Prinzessin, die nach der Hochzeit ihrem Gemahl in das fremde Land folgen mußte und die ihre prunkvollen Seidengewänder nicht missen wollte, nach Japan gekommen. In ihrem Haar versteckte sie ein paar Eier des Seidenspinners und sorgte so dafür, daß die Seide auch in ihrer neuen Domäne gezüchtet werden konnte. In der übrigen Welt blieb die Seidenraupenzucht jedoch unbekannt. Dies änderte sich erst unter Kaiser Justinianus, der von 527 bis 565 n.Chr. über das Byzantinische Reich herrschte. Justinianus war es ein Dorn im Auge, daß die Zucht ausschließlich in chinesischen und der Seidenhandel ausschließlich in arabischen Händen war. Auf seinen Befehl hin reisten im Jahre 555 zwei Mönche vom Berge Athos nach China, um das Geheimnis der Seide zu erkunden.

In ihren hohlen Pilgerstäben aus Bambus schmuggelten sie Eier des Seidenspinners und Samen des Maulbeerbaumes heraus und überbrachten sie dem Kaiser. Bald darauf verbreitete sich die Seidenraupenzucht über das ganze Byzantinische Reich. Die Araber brachten sie im 9. Jahrhundert nach Nordafrika und Südspanien, und durch die zurückkehrenden Kreuzfahrer kam die Seidenkultur zu Beginn des 11. Jahrhunderts nach Sizilien und Italien. Im 14. Jahrhundert entwickelte sich die Seidenkultur in Südfrankreich. Die französischen Könige förderten die Zucht so sehr, daß Frankreich im 17. Jahrhundert zum wichtigsten Seidenproduzenten wurde. In Europa blieb die Seidenzucht bis kurz vor dem zweiten Weltkrieg bestehen. Bereits vorher, unter dem Einfluß der Weltwirtschaftskrise von 1929, war die Nachfrage nach Seide durch das Angebot der billigeren, glänzenden Kunstseide, die seit 1891 im Handel war, stark zurückgegangen. Nach dem zweiten Weltkrieg kam aus Amerika das Nylon auf den Markt. Dadurch verschwand die Seidenraupenzucht in Europa fast ganz: Lediglich in Italien und Frankreich wird noch in kleinem Umfang Seide gewonnen. Von der Seide, die wir bei uns verwenden, kommt der größte Teil aus China, Japan, Thailand und Indien.

Abb. 93 Seidenspinner (Bombyx mori)

Es gibt verschiedene Raupenarten, die sich in einem Kokon verpuppen, von dem die Fäden abgehaspelt, versponnen und verwebt werden können. Die bekannteste und häufigste ist die *Bombyx Mori* oder der *Seidenspinner* (Abb. 93).

Die Seidenerzeugung

Aus der Puppe kommt ein erwachsener Schmetterling heraus. Er braucht nur eine Stunde, um seine Flügel zu entfalten und trocknen zu lassen. Fliegen kann er nicht, dafür sind die Flügel zu klein geworden, aber dafür kann er flattern und laufen. Fressen kann er auch nicht, er hat keinen Mund. Schon sehr bald nach dem Trocknen der Flügel paaren sich die Schmetterlinge. Das Weibchen legt danach in zwei Tagen 400 bis 500 Eier, die weniger als 1/2 Gramm wiegen. Nach 4 bis 6 Tagen stirbt das Weibchen, das Männchen lebt 8 bis 10 Tage.

Der Seidenzüchter bewahrt die Eier bei einer Temperatur von 1 bis 2° bis zum nächsten Frühjahr auf. Wenn die Außentemperatur steigt und der Maulbeerbaum, der das Futter für die Larven liefert, genug Blätter hat, werden sie in 11 Tagen ausgebrütet. Früher nähte man in Japan die Eier in Säckchen ein, die die Frauen zwischen ihren Brüsten trugen. Mit ihrer Körperwärme brüteten sie dann die Eier aus. Heute bringt man die Eier in Räume, die auf eine Temperatur von 17 bis 24 ° C gebracht werden. Diese Temperatur hat sich für ein reibungsloses Schlüpfen der Raupen als günstig erwiesen. Die 3 mm langen, schwarzhaarigen Raupen, in Japan auch «behaarte Damen» genannt, brauchen viel Ruhe. Krach und starke Gerüche beeinflussen die Qualität der Seide.

Nach 28 Tagen hat die Raupe sich in ihre größte Haut gehüllt. Dafür hat sie fünf Gramm Blätter vom Maulbeerbaum gefressen und sich viermal gehäutet. Zum Häuten nimmt sie sich viel Zeit: Die ersten drei Male schläft sie 24 Stunden, das letzte Mal 36 Stunden, bevor sie aus ihrer alten Haut kriecht, die sich hinter ihrem Kopf löst. Nun frißt die Raupe sich ganz und gar satt: 20 Gramm Blätter in acht Tagen. Danach ist sie 9 cm lang und hat eine blau-weiße Farbe. Ihre Bewegungen sind langsam und träge. Sie sucht das Licht, sie will fortfliegen zur Sonne. Dieses Verlangen nach dem Licht bewirkt, daß sie die Sonnenstrahlen nachmachen will. Der Faden, den sie aus den zwei kleinen Öffnungen in ihrem Kopf spinnt, ist dem Lichte sehr verwandt. Der Faden wird auch am schönsten, wenn in dem eigens für das Einspinnen der Raupe eingerichteten Raum soviel Sonnenlicht als möglich ist.

Die Raupe spinnt zuerst eine Art Hängematte zwischen die Latten der Spinnhütte. Ist diese Hängematte stark genug, dann entsteht die Kokonform. Drei Tage lang macht sie mit ihrem Kopf lemniskatische Bewegungen, 70 pro Minute. Jedesmal legt sie 15-20 Achten aneinander, die jedesmal ein Bündel bilden. Nach der Länge des Fadens berechnet, macht sie 60.000 solcher Bündel.

Mit dem letzten Rest Seide kleidet sie die Innenseite ihres Kokons gleichmäßig aus und bereitet sich so ihr Puppenbett.

Die Raupe ist nun ganz von einer Hülle, die auch mit aus Licht besteht, umgeben (Abb. 94). Sie hat sich nun von den Erdenkräften völlig abgeschlossen. Die Sonnenkräfte, die sie durch ihre Arbeit in dem Kokon gefangen hat, können nun aus der Raupe einen Schmetterling machen.

Wollen wir Seide tragen, dann muß die Raupe sterben. Sie opfert ihr Leben und schenkt uns die Möglichkeit, ihren Kokon, der alle umhüllenden und schützenden Eigenschaften besitzt, die die Raupe braucht, um Schmetterling zu werden, zu verwenden.

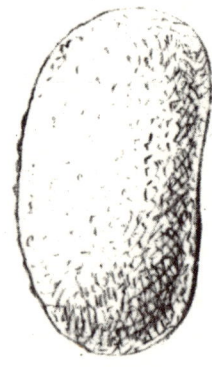

Abb. 94 Kokon

Das Sammeln der Kokons, zehn oder zwölf Tage nach dem Einspinnen, war früher ein Fest. Man kleidete sich festlich, es wurde gelacht und gesungen, und viele junge Männer und Frauen fanden bei dieser Gelegenheit zueinander. Nach dem Einsammeln werden die Kokons sortiert. Die allerbesten sind für die Zucht bestimmt. Schöne, sich hart anfühlende Kokons sind für die Kettfäden des Gewebes bestimmt. Diese müssen am stärksten sein. Die qualitativ schlechteren Sorten werden für Schußgarne verwendet. Kokons, die nicht regelmäßig sind, die Flecken haben oder bei denen der Schmetterling ausgeflogen ist, werden gesondert gesammelt. Die Kokons werden in Körben über kochendes Wasser gehängt oder in einen heißen Ofen getan. Die Wärme tötet die Puppen ab, ohne die Kokons zu beschädigen. Würden die Schmetterlinge schlüpfen, dann wären die Kokons für die Seidengewinnung so gut wie wertlos, weil der schlüpfende Schmetterling den Kokon durchbohrt. Die unbeschädigten Kokons werden abgehaspelt, indem sie erst in 80 ° C heißem Wasser weichen und dann an Bürsten entlanggeführt werden. Diese Bürsten lösen den Anfang des Fadens. Fünf bis zwanzig Fäden werden gleichzeitig abgehaspelt. Ist ein Kokon abgehaspelt, dann befestigt man daran den Anfangsfaden des nächsten Kokons. Von den 2000 bis 3000 Metern Seide, die die Raupe auf einen Kokon spinnt, kann man ungefähr 600-900 Meter an einem Stück abhaspeln. Diese Seide ist sehr dünn. Man nimmt zwei oder drei Haspelfäden (die bereits aus 5 bis 20 Kokonfäden bestehen), um einen Seidenfaden zu spinnen. Der so gewonnene Faden heißt *Rohseide, Haspelseide* oder *Grège* (ital. greggio = roh).

Die Rohseide fühlt sich spröde an und läßt sich schlecht färben, weil der Faden, den die Raupe spinnt, aus zwei Fäden Fibroin oder Seidenflüssigkeit, die mit Sericin oder Seidenbast zusammengefügt sind, besteht (Abb. 95). Diesen Seidenbast löst man in warmem Seifenwasser auf, das ist das sogenannte Entbasten. Die weiche, weiße, glänzende Seide, die zum Vorschein kommt, kann jeder weiteren

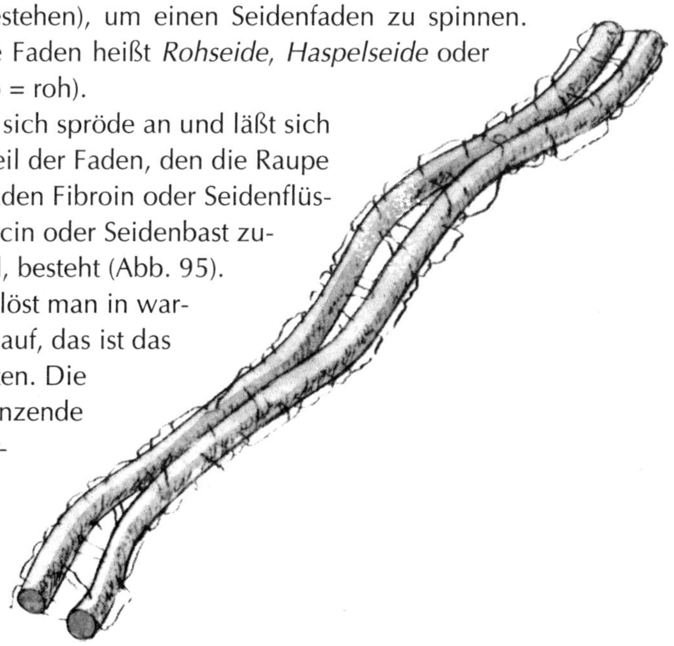

Verarbeitung

Abb. 95 Seidenfaser (stark vergrößert)

Behandlung unterzogen werden. Durch das Abkochen verliert die Seide 20 bis 30% an Gewicht und 20% an Stärke. Um diesen Gewichtsverlust wieder auszugleichen, beschwert man manche Seidensorten mit Chemikalien. Diese durchdringen das Garn nicht ganz, heften sich aber zum großen Teil an die Außenseite. Seide, die beschwert ist, ist dicker, steifer und weniger stark als Seide, die keiner Beschwerung unterzogen wurde. Die Chemikalien greifen die Seide außerdem unter Einfluß von Licht, Feuchtigkeit und Wärme an.

Ein Faden beschwerter Seide, der in eine Flamme gehalten wird, glüht, während die Struktur des Fadens bestehen bleibt. So läßt sich die Beschwerung bei Seide nachweisen. Seide, die nicht beschwert wurde, verbrennt in der Flamme, es bleibt nur ein schwarzes Klümpchen übrig, das sich leicht zerpulvern läßt.

Kokons, die sich nicht zum Abhaspeln eignen, sowie die Restfäden der Haspelseide werden in die Seidenspinnerei gegeben. Die Kokons werden dort so gut als möglich entbastet, ausgekämmt und versponnen. Die auf diese Weise gewonnene Seide wird **Schappseide** genannt. Hieraus stellt man preiswertere Seidenstoffe und Nähseide her. Bei dieser Bearbeitung sammelt man alle Abfallfasern, die eine Länge von 3 bis 5 cm haben. Aus diesen Fasern spinnt man Bourettegarn. Gewebe aus Bouretteseide sind in der Regel ungefärbt und ähneln ungebleichter Baumwolle. Der Stoff fällt allerdings viel weicher, und beim Zusammendrücken des Stoffes in der Hand hört man ein knisterndes Geräusch.

Wildseide

Seide, die nicht vom *Bombyx mori* stammt, nennt man Wildseide. Am bekanntesten ist die *Tussahseide*, die von dem Tussahspinner kommt. Die Raupen leben von den Blättern von Apfelbäumen, Eichen und Kastanien. Der Tussahspinner kommt hauptsächlich in China und Indien vor. Die Fäden sind gröber und nicht so gleichmäßig wie die Fäden des Bombyx mori. Tussahseide kommt meistens ungefärbt in den Handel als Tussah oder Shantung natur. Die Seide ist viel widerstandsfähiger gegen Chemikalien wie Bleichmittel, Salzsäure und Lauge. Sie läßt sich daher weniger gut entbasten und färben. Da Tussahseide beim Tragen stärker knittert und sich schlechter bügeln läßt, wird sie häufig zu Seidentrikot verarbeitet.

Die beschützende Wirkung, die die Seide für den werdenden Schmetterling hat, behält die Seide, wenn sie versponnen und zu Kleidungsstoffen **Eigenschaften** gewebt wird. Seidenkleidung spendet dem Menschen Ruhe, weil Seide die Einflüsse unserer hektischen Zeit zum Teil abfangen kann. Ein Seidenmützchen in der Wiege sorgt nicht nur für Wärme, sondern schützt das kleine Köpfchen mit der offenen Fontanelle auch vor der Unruhe der Umgebung, die immer größer ist als vor der Geburt, wo das Kind noch sicher im Mutterleib heranreifte.

Seide ist ein gut isolierender Stoff. Das kann man spüren, wenn man im Sommer und im Winter dieselbe Seidenbluse trägt. Im Sommer ist die Bluse kühl und gibt die Wärme ab. Im Winter ist sie warm und hält die Wärme innen.

Pongé ist glänzende Haspelseide und wird als Material für Blusen, Kleider, Schals und zur Verzierung der Wiege verwendet. Knittert wenig **Einige** beim Tragen, beim Waschen hingegen stark. **Seidensorten**

Crêpeseide ist stark gezwirnte Haspelseide. Sie wird für Damen- und Kinderkleidung verwendet und ist wärmer als Pongéseide. Knittert wenig beim Tragen. Bügeln ist fast nicht mehr nötig, wenn man das Kleidungsstück nach dem Waschen gut in Form zieht.

Seidentrikot ist aus glanzloser Seide gestricktes Trikot. Es wird für Rollkragenpullis, Nachthemden und T-Shirts verwendet. Ist auch als Meterware zu bekommen und eignet sich gut für Baby- und Kinderhemdchen. Seidentrikot nicht mit Kunstseide verwechseln. Letzteres ist ein glänzender Polyesterstoff, der für Damenkleider verwendet wird.

Seiden-Voile ist ein durchsichtiger, dünner Seidenstoff für Schals und Schleier.

Tussahseide oder *Shantung* ist Wildseide, die vom Tussahspinner stammt. Knittert beim Tragen mehr, es sei denn, daß diese Seide gestrickt ist.

Bouretteseide ist aus Abfallseide hergestellt und ist meistens ungefärbt im Handel. Sie ähnelt ungebleichter Baumwolle, fühlt sich aber viel geschmeidiger an.

Waschen und Bügeln

Pongéseide, Crêpeseide und Seiden-Voile bei ca. 30 °C mit der Hand waschen. Gut spülen, beim ersten Mal in Wasser, das genau so warm wie das Seifenwasser ist.

Crêpeseide und Seiden-Voile naß aufhängen. Pongéseide kurz in der Schleuder anschleudern und danach direkt mit auf Wolle gestelltem Bügeleisen an der Innenseite bügeln.

Bouretteseide und Seidentrikot können mit der weißen Wolle in der Waschmaschine mitgewaschen werden.

Bei neuer Bouretteseide ist Bügeln beinahe überflüssig. Länger getragene Bouretteseide kann feucht wie Wolle oder etwas wärmer gebügelt werden.

Seidentrikot braucht nicht gebügelt zu werden.

Wolle – Schafwolle

«Wie die Wolle vom Kot und vom Schmutz in der Wäsche man
säubert, so müßt ihr dem Staate von Schurken das Fell reinklopfen,
ablesen die Bollen;
Was zusammen sich klumpt und zum Filz sich verstrickt –
Klubmänner, für Ämterbesetzung
Miteinander verschworen – kardätscht sie durch
und zerzupfet die äußersten Spitzen,
Dann krempelt die Bürger zusammen hinein
in den Korb patriotischer Eintracht
Und mischt großherzig Insassen dazu,
Verbündete, Freunde des Landes;
Auch die Schuldner des Staats, man verschmähe sie nicht
und vermenge auch sie mit dem Ganzen!
Und die Städte, bei Gott, die als Töchter der Stadt
in der Ferne sich Sitze gegründet,
Übersehet sie nicht; denn sie liegen herum
wie zerstreute vereinzelte Flocken.
Lest alle zusammen von nah und von fern,
auf schichtet sie hier und verflechtet
Die Wocken und wickelt ein Ganzes daraus
und verspinnt es zu einem gewalt'gen
Garnknäuel! Aus diesem dann webet vereint
für das Volk einen wollenen Mantel!»

Abb. 96

Im Jahre 411 v. Chr. schrieb Aristophanes (Athen, 455 – 388 v. Chr.) die Komödie «Lysistrate», die nach der weiblichen Hauptperson benannt ist. Mit den angeführten Worten erklärt sie dem Kommissar von Athen, wie man bei Friedensverhandlungen das Verarbeiten von Wolle als Beispiel nehmen kann. Denn Wolle wurde bereits Tausende von Jahren vor Lysistrate von den Frauen verarbeitet, und jeder Mann konnte das als Kind täglich in seiner Umgebung sehen. Die Bibel erzählt, wie der Sohn Adams und Evas, Abel, Schafhirt wurde. Hieraus können wir schließen, daß das Schaf schon sehr früh in der Geschichte zum Haustier des Menschen wurde. Abraham besaß große Schafherden. Er war in Ur, der Hauptstadt Babyloniens, geboren. Die Schafzucht muß ihm im Blute gelegen haben. Babylonische Tontafeln, die auf 2000 Jahre v. Chr. zurückgehen, berichten von der Anzahl Schafe, die jeder Hirte hütete, nach Größe der Herde geordnet, die bis zu 2700 Stück betrug. Die Schafe wurden in Fleisch-, Fett- und Wollschafe unterteilt, wobei auch die Qualität der Wolle in Klassen eingeteilt wurde. Andere Tontafeln berichten von dem Sammeln der Wolle, über deren Preis und die Steuern, die aufgebracht werden mußten.

Das Schaf war also schon in früheren Zeiten ein wichtiges Tier. An der Herde konnte man den Reichtum einer Familie ablesen. Jakob begegnete seiner Frau Rachel zum ersten Mal, als sie eine Schafherde tränkte. Moses, der Stiefsohn des Pharao, wurde, während er seine Schafe hütete, aufgerufen, sein Volk aus Ägypten zu führen. Genau wie die Seidengewinnung war die Schafzucht eine Sache von größter Bedeutung, und

Abb. 97 Merinoschaf

es war keinesfalls selten, daß Königssöhne die Schafe hüteten. Als der Pharao endlich nachgab und die Juden ziehen ließ, nahmen sie Schafe und Rinder mit. Ohne Vieh war ein Volk zu dieser Zeit verloren.

Weil weiße Wolle in der Sonne an den Enden gelb und schwarze Wolle heller wird, bedeckten die Juden ihre schönsten weißen Lämmer mit einer Decke. Die Wolle vergilbte dann nicht und konnte für kostbare weiße Kleidung verwendet werden.

In Mesopotamien pflückte und kämmte man das Fell des Schafes aus, wenn es im Haarwechsel war, und gewann auf diese Weise Wolle, die verarbeitet werden konnte.

Homer erzählt, wie Odysseus aus dem Land des Zyklopen Polyphem floh. Odysseus blendete erst das einzige Auge des Riesen. In der Nacht banden sich Odysseus und seine Mitstreiter unter die Böcke und versteckten sich in deren dickem Fell. Als die Schafe am nächsten Morgen aus der Höhle nach draußen gingen, tastete der Riese die Rücken der Tiere ab. Daß seine Gefangenen währenddessen doch entwischten, bemerkte er erst später.

Wolle kannte man schon vor der Seide. Vor 10 000 Jahren hielt man das Schaf bereits als Haustier in Kleinasien. Damals hatte es noch kein Fell, so wie das Mufflon-Schaf heute noch keines besitzt. Es lieferte lediglich

Fleisch, Milch und Käse. Erst nach sorgfältiger Selektion bei der Zucht entstand ein Schaf mit einem Fell. Archäologen sind zu dem Schluß gekommen, daß es bereits 400 Jahre v. Chr. in Babylonien organisierte Webereien gegeben haben muß, um die zahlreiche Bevölkerung zu kleiden.

Die Geschichte zeigt immer wieder, wie wichtig das Schaf und seine Wolle für den Menschen gewesen sind. Wolle ist durch die Jahrhunderte hin kostbar geblieben. Karl der Große trug über seinem Leinengewand einen Wollmantel nach der römischen Mode, die sich auch in Europa geltend gemacht hatte.

Echtes Wollgewerbe entstand in Europa allerdings erst mit dem Aufkommen der Gilden und der Blüte der Handelsstädte im 12. und 13. Jahrhundert. Jedes Teilgebiet der Wollverarbeitung wurde ein eigener Beruf. So gab es Scherer, Wollkämmer, Spinner, Weber, Walker und Färber.

Im 14. Jahrhundert brachten die Araber ein Schaf mit besonders feiner Wolle, das Merinoschaf, nach Spanien (Abb. 97). Man nimmt an, daß dieses Schaf ursprünglich aus Vorderasien stammt. Als die Spanier entdeckten, daß die weiche, feine, glänzende Wolle ihrer Schafe im Ausland sehr gefragt war und gut bezahlt wurde, sorgten sie dafür, daß zwar die Wolle, aber nicht das Schaf ausgeführt wurde. So blieb das Monopol bis zum Beginn des 18. Jahrhunderts in ihren Händen. Dann wurden einzelne Merinoschafe nach Frankreich und nach Deutschland eingeführt. Die Holländer brachten einige Schafe nach Südafrika, und von dort aus verschiffte man sie auch nach Australien. Das Merinoschaf begann seinen Siegeszug über die Erde. Es wurde und wird noch heute mit vielen Rassen gekreuzt, um schönere und weichere Wolle zu bekommen. Die 40 bestehenden Schafrassen ergeben untereinander gekreuzt noch ungefähr 150 andere Rassen.

Das Schaf wird mit einer Handschere oder mit einer elektrischen Haarschneidemaschine (Abb. 98) geschoren. Das zunächst noch in sich zusammenhängende Fell wird Vlies genannt. Die Wolle des Vlieses weist verschiedene Qualitäten auf (Abb. 99). Die Felle werden, wenn sie in die Wollwäscherei kommen, nach Qualität sortiert. Die beste Wolle kommt von Schulterblättern und Flanken des Schafes, die mittlere Qualität von Rücken und Hals und die schlechteste Qualität von Kopf, Beinen und Schwanz.

Verarbeitung

Nach diesem «Öffnen» und Zerteilen des Fells wird die Wolle gewaschen. Der *Leviathan*, eine Waschmaschine, die eigens zu diesem Zwecke entworfen worden ist, wäscht und spült die Wolle. Auch das Wollfett wird herausgewaschen. Später gewinnt man es zurück, um es als Lanolin in Kosmetika, Seife und in der Pharmazie zu verwenden.

Nach dem Waschen wird die Wolle, die noch viele Pflanzenreste enthält, *karbonisiert*: Sie wird einer Bearbeitung mit Schwefelsäure unterzogen. Wolle ist säurebeständig, aber die Pflanzenreste verkohlen und lassen sich anschließend leicht entfernen. Die saubere Wolle wird kardiert und gleichzeitig wird Schmalzöl hinzugefügt. Dieses bewirkt, daß das Spinnen der sauberen Wolle jetzt, wo das Wollfett herausgewaschen ist, geschmeidiger vonstatten geht. Walzen, die mit Stahlstiften ausgestattet sind, ziehen die Wolle auseinander und mischen das Schmalzöl hinein. Die Fasern werden dabei in eine Richtung gelegt. So erhält man ein dünnes Vlies. Durch das Schneiden des Vlieses in schmale Streifen entsteht **ungezwirntes Vorgarn.**

Auf Spulen gewickelt gelangt die Wolle in die Feinspinnerei, wo sie gedehnt und gezwirnt wird. Durch dieses Dehnen legen sich die Fasern dichter aneinander, und das Garn wird stärker. Auf diese Weise erhält man die sogenannten **Streichgarne.** Die Wolle, die man für Streichgarne verwendet, ist kurz und stark gekräuselt. Stoffe, die aus diesem Garn gewebt sind, sind dick und haarig, was durch Aufrauhen und -bürsten der Faser noch verstärkt wird. Aus Streichgarnen macht man unter anderem Tweed für Damenkostüme und Herrenjacken, Loden, Tuche und Velours für Mantelstoffe, Wollflanell für Damen- und Kinderkleidung. Auch Decken werden aus Streichgarnen hergestellt.

Kammgarn stellt man aus langer, wenig gekräuselter Wolle her, die durch einen Trichter gepreßt wird, so daß ein langer Docht entsteht. Dieser Docht wird, indem er wiederholt gekämmt, gedehnt und zusammengelegt wird, in ein loses, dünnes Vorgarn verwandelt. In der Feinspinnerei wird hieraus ein dünnes, starkes Garn gesponnen. Stoffe aus Kammgarn sind glatt, dünn und stark und nicht so warm wie die Stoffe aus Streichgarn. Aus Kammgarn wird hergestellt: Gabardine für Regenjacken, Musselin und Crêpe Georgette für Damen- und Kinderkleidung, Serge für Kostüme und Mäntel. Handstrickgarne aus Wolle sind auch aus Kammgarn, es sei denn, daß sie, um einen besonderen Effekt zu erzielen, gemischt sind und dadurch voller oder flauschiger aussehen.

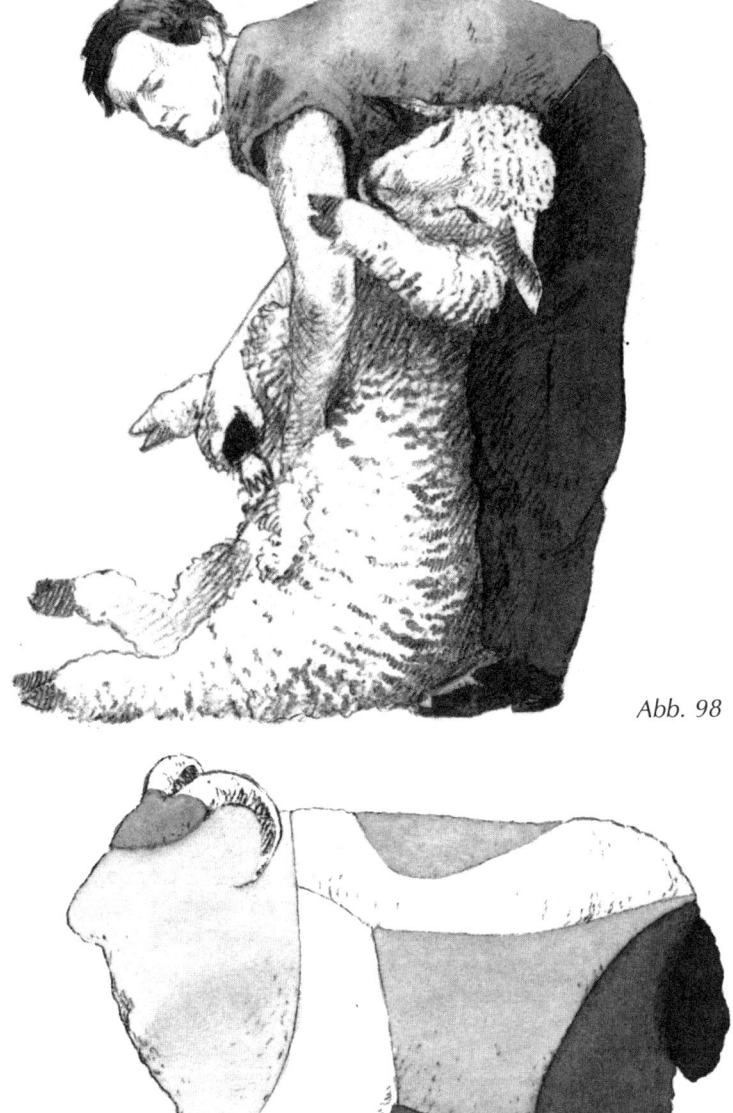

Abb. 98

Abb. 99   *beste Qualität*   *schlechteste Qualität*

Bearbeitung

Krumpfecht machen. Um die Wolle einlaufsicher zu machen, wird sie mit Chlorgas, Chlorwasser oder Hypochlorit behandelt. Die Schuppen werden angegriffen und greifen daher nicht mehr oder viel weniger ineinander.

Die Wolle wird außerdem mit einer harzartigen Flüssigkeit behandelt, die die Schuppen bedeckt. Das Wollsiegel (siehe auch S.196) gibt das auf dem Etikett mit «super-wash» oder «maschinenwaschbar» an.

Mottenecht machen. Die Motte (Abb. 100) legt ihre Eier in die Wolle. Die Larven schlüpfen und fressen Löcher in die Wolle. Bei dem Prozeß des Mottenecht-Machens werden Wollstränge und Wollgewebe in ein Bad mit einer Chlorlösung auf Phenolbasis gegeben. Der spätere Verwendungszweck des Stoffes bestimmt die genaue Zusammensetzung der Flüssigkeit. Durch diese Bearbeitung verändert sich das tierische Eiweiß in den Spindelzellen der Wolle, so daß die Larven der Motte es nicht mehr verdauen können.

Früher war mottenecht gemachte Wolle ein Kennzeichen von Qualität. Heute verläßt so gut wie kein einziges Wollprodukt die Fabrik, ohne dieser Behandlung unterzogen worden zu sein. Die Hersteller dieser Flüssigkeiten, die für die Bearbeitung verwendet werden – Geigy (Schweiz) und BASF (BRD) – sagen, daß sie für den Menschen völlig unschädlich seien. Die Praxis von mehr als vierzig Jahren scheint ihnen Recht zu geben. Sehr empfindliche Menschen scheinen jedoch den Stoff wahrzunehmen und darauf zu reagieren. In Spezialgeschäften wird nun wieder Wolle angeboten, die so wenig wie möglich bearbeitet worden ist und bei der auch keine Krumpf- und Mottenbehandlung durchgeführt wurde.

Vor Motten kann man sich auch mit folgenden Maßregeln schützen:
– dafür sorgen, daß alle Wolle, die aufbewahrt wird, sauber ist. Am meisten gefährdet ist der Pullover, der schmutzig im Schrank liegt. Motten fressen am liebsten Wolle mit Flecken.
– die Wolle mit Erion (Wollwaschmittel) waschen. Das hinterläßt in der Wolle einen Geruch, den die Motten nicht mögen.
– die Wolle in Zeitungspapier wickeln; Motten mögen keine Druckerschwärze.
– die Wolle alle sechs Wochen an einem sonnenlosen Tag ausklopfen oder lüften. Darauf achten, daß die Wolle nicht warm ist, wenn sie wieder weggelegt wird. Motten lieben die Wärme.

Abb. 100 Mottenfliege

– wenn man die Wolle in Kartons oder Koffer packt, Zeitungen dazwischen legen.

– eine gut schließende Holzkiste ohne Ritzen schützt vor Motten und läßt die Wolle atmen. Früher nahm man Kiefer- und Sandelholz für diese Kisten.

– Plastik schließt vor Motten ab, gibt aber der verpackten Wolle keine Möglichkeit zum Atmen. Das macht die Wolle dumpf.

Selbst spinnen

Die Liste der Bearbeitungen, denen die Wolle unterzogen wird, bevor sie im Geschäft liegt, ist lang. Wie anders ist es hingegen, wenn man die Rohwolle selbst beim Bauern, möglichst noch am Schaf, aussucht, selbst wäscht, kardiert, spinnt und vielleicht selber färbt, zum Beispiel mit Zwiebelschalen, Tagetes, Nuß- oder Kastanienhülsen, und dann daraus einen Pullover für das Kind strickt. Die Wolle hat durch keine einzige Maschine gelitten und besitzt, wenn man sie vorsichtig wäscht, noch all ihr Fett. Für Windelhöschen ist selbstgesponnene, ungefärbte Wolle am geeignetsten, weil diese die Feuchtigkeit am besten absorbiert und isoliert.

Für alle anderen Kleidungsstücke ist dies die Wolle, die am wenigsten eingeht oder verfilzt und die sich sehr bezahlt macht.

Eigenschaften

Die Wollfaser besteht hauptsächlich aus *Keratin*. Das ist ein hornartiger, sehr elastischer Eiweißstoff, der viel Schwefel enthält und der auch in Fingernägeln und Haaren vorkommt. Die Wollfaser hat Schuppen und

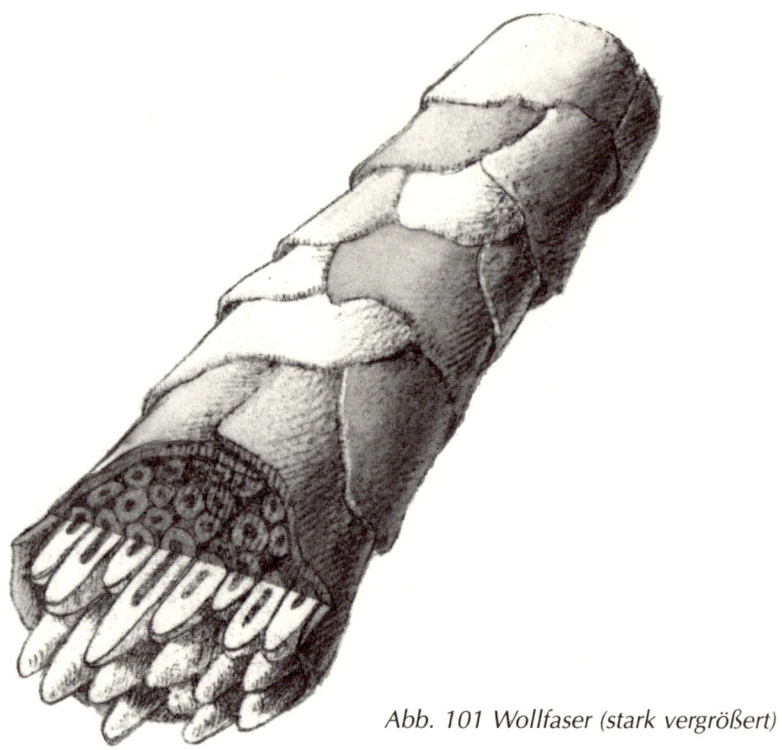

Abb. 101 Wollfaser (stark vergrößert)

sieht unter dem Mikroskop wie ein rundes Ziegeldach aus (Abb. 101). Um die Schuppen herum ist eine schützende wachsartige Schicht, die das Wasser abstößt. Sie bewirkt, daß die Wolle wasserabweisend ist, wenn wir mit einer Wolljacke in einen Regenguß geraten oder wenn ein Becher Saft auf dem Kinderpulli landet. Der Kern der Faser besteht aus Spindelzellen. Sie absorbieren die Feuchtigkeit, die dampfförmig zwischen den Schuppen durchrutscht. Schädliche Stoffe, die sich in Schweiß und Urin befinden, werden von den Spindelzellen aufgenommen und dort unschädlich gemacht. Was das Einlaufen und Verfilzen angeht, so sind hierbei die Schuppen die Übeltäter: Durch Wärme, Seife und Reibung öffnen sie sich und greifen ineinander. Die einzelnen Fäden sind danach nicht mehr zu sehen.

Das Schaf braucht sein Fell, um sich vor Kälte, Regen und Wärme zu schützen. Betrachten wir die Wolle, dann macht sie den Eindruck, als ob sie auch ohne Schaf noch ein bißchen weiterlebt. Sie schützt auch weiterhin vor Kälte, Wärme und Feuchtigkeit.

Wolle kann 30 bis 40 % ihres Eigengewichtes an Feuchtigkeit aufnehmen, bevor sie sich naß anfühlt. Während sie die Feuchtigkeit aufnimmt, produziert sie Wärme. Bei starker Transpiration wird sich ein auf der Haut getragenes Wollhemd niemals kalt oder klamm anfühlen. Hört die Wärmezufuhr auf, dann wird die Feuchtigkeit in der Wolle durch Körperwärme und Bewegung wieder schnell an die Umgebung abgegeben. Wenn viel Feuchtigkeit auf einmal auf die Wolle kommt, stößt sie das Wasser ab. Eine Wolljacke aus Loden oder Gabardine läßt den Regen nicht so schnell hindurch; ein Glas Wasser auf einem Wollpulli kann «abgeklopft» und mit einem Tuch trockengetupft werden, ohne daß der Pulli sich anschließend naß anfühlt.

Wenn es kalt ist, ist Wolle behaglich und angenehm. Zwischen den Fasern hält sie eine warme Luftschicht. Selbst ein sehr glatter Wollstoff enthält noch 60% Luft. Bei Wärme hält dieselbe Schicht die Wärme ab. Wüstenvölker tragen seit Jahrhunderten weiße Wolle, um sich vor der Hitze des Tages und der Kälte der Nacht zu schützen.

Wolle liegt nie glatt auf der Haut. Durch die feinen Fasern, die aus dem Gewebe ragen, ist zwischen Haut und Wolle Luft. Diese Fasern massieren die Haut und sorgen, zusammen mit der milden Reibungselektrizität, die entstehen kann und die sich entlädt, für eine bessere Durchblutung der Haut.

Wolle ist selbstlöschend. Der Stoff fängt zwar an zu brennen, aber wenn die Flamme weggenommen wird, brennt die Wolle nicht weiter. Ein durchdringender Geruch nach Angesengtem warnt vor der bestehenden Gefahr.

Wolle ist elastisch. Eine gute Wollfaser kann um 30 bis 40% gedehnt werden, ohne zu reißen. Nach dem Zurückfedern ist die Faser wieder fast genau so lang wie vorher. Das bedeutet, daß Wolle wenig knittert. Ein zusammengeknüllter Wollappen «springt» aus der Hand, sobald er losgelassen wird, und die Falten sind beinahe sofort verschwunden. Ein Kleidungsstück wird schon allein dadurch, daß man es nach draußen hängt, wieder glatt. Eine gut gepreßte Falte in einer Wollhose bildet sich einige Male nach dem Getragensein wieder aufs neue.

Dank dieser Dehnbarkeit passen sich Kleidungsstücke aus Wolle leichter den Körperbewegungen an und sind nicht hinderlich.

Wolle zieht den Schmutz nicht an und nimmt kein Fett auf. Durch das wachsartige Vlies um die Wolle kommt der Schmutz nicht an die Faser. Beim Waschen löst sich dieser oberflächliche Schmutz schnell wieder ab.

Wolle kann verfilzen. Von dieser Eigenschaft macht man bei der Filzherstellung Gebrauch. Die herausstehenden Schuppen der Wollfaser greifen durch Wärme und Reibung ineinander, so daß ein festes Vlies entsteht, ohne daß es gewebt ist. Wäscht man ein Kleidungsstück aus Wolle zu warm mit viel Seife und reibt man es kräftig, dann verfilzt es auch. Das wird auch als Krumpfen oder Einlaufen bezeichnet.

Wollsorten Die Qualität der Wolle, die der Mensch einem Schaf beim Scheren abnimmt, hängt von den Umständen ab, unter denen das Tier lebt. Bei einer langen Trockenperiode läßt die Qualität der Wolle nach. Kälte macht die Faser härter, viel Feuchtigkeit macht sie trockener. Kupfer und Kobalt im Boden und ausreichende Nahrung verbessern das Fell. Letztendlich haben auch Alter und Geschlecht des Schafs einen Einfluß auf die Qualität der Wolle.

Auf dem internationalen Wollmarkt wird Wolle in vier Gruppen eingeteilt:

1. Merinowolle. Diese Wolle ist 3 bis 12 cm lang, fein in der Faser, stark gekräuselt und läßt sich gut verarbeiten. Man stellt daraus geschmeidige Stoffe für Blusen, Röcke und Kleider und feine Strickwaren wie Pullover, Unterwäsche und Babysachen her. Wegen der starken Krause der Wolle lassen sich die Stoffe auch gut walken (mit Hilfe von Seife, Wärme und Reibung krumpfen), zum Beispiel für Billardtuch.

2. Crossbred-Wolle. Diese Wolle stammt von einer Kreuzung zwischen Merinoschafen und englischen Schafen aus der Gegend von Leicester und Lincoln. Die Wolle ist 12 bis 30 cm lang, ziemlich glänzend, mittelmäßig fein und kraus. Aus ihr wird vornehmlich Kammgarn hergestellt, das in Stoffen für Damenkostüme und Herrenanzüge verarbeitet wird.

3. Cheviot-Wolle. Diese Wolle stammt ursprünglich aus Schottland. Sie ist glänzend, wenig gekräuselt und kann bis zu 55 cm lang werden. Diese etwas gröbere Wolle wird hauptsächlich für sportliche Kleidung, Übergangsmäntel und Winterjacken verwendet. Diese Wollsorte nimmt man außerdem für «Tweed». Der Name «Tweed» geht auf den gleichnamigen Fluß, die Tweed in Süd-Schottland, zurück. Früher wurden

Tweedgarne mit der Hand gesponnen und mit natürlichen Farbstoffen gefärbt. Die Qualität des Tweeds hängt von den Garnen, die dafür verwendet werden, ab.

4. Mongrel oder Halbrassen. Dies sind die meisten inländischen Rassen. Die Wolle ist 2 1/2 bis 35 cm lang, hart und manchmal «haar»-artig. Sie wird für Socken, Decken und Teppiche mit Ziegenhaar verwendet.

Lammwolle ist Wolle von 6 bis 8 Monate alten Lämmern. Diese Wolle ist sehr fein und weich, aber nicht so stark.

Jährlingswolle. Diese Wolle stammt von einem 14 bis 16 Monate alten Schaf, das zum ersten Mal geschoren wird. Dieses Schaf ist also als Lamm nicht geschoren worden. Die Wolle läßt sich an den eingekräuselten Enden der Wolle erkennen.

Mutterwolle. Das ist Wolle von einem Schaf, das schon einmal geschoren worden ist.

Bockwolle. Diese Wolle ist härter als die von Mutterschafen und hat einen typischen, starken Geruch. Wolle von einem Schafsbock, die zu Hause gesponnen und verarbeitet wird, kann einen Pullover ergeben, der anfängt zu riechen, wenn es Regen gibt.

Gerberwolle. Dies ist die Wolle von geschlachteten Schafen. Indem man die Häute an der Fleischseite mit einer Schwefel-Natriumlösung einreibt, bringt man einen chemischen Prozeß in Gang, durch den man nach einiger Zeit die Wolle von der Haut schaben kann. Diese Wolle hat unter dem Sterben des Schafes und der chemischen Behandlung gelitten. Sie wird, mit Schurwolle gemischt, für Decken und Streichgarne verwendet.

Sterblingswolle. Wolle von gestorbenen Schafen. Die Faser ist spröde und brüchig. Das Wollfett ist verhärtet und die Elastizität verschwunden. Die Wolle hat den Sterbeprozeß des Schafes mitgemacht und ist «mitgestorben».
Das Internationale Wollsekretariat (siehe auch unten) verbietet die Verwendung von Gerberwolle und Sterblingswolle in Kleidung, die unter dem Wollsiegel verkauft wird.

Internationale Anforderungen Das Internationale Wollsekretariat hat eine Anzahl von Forderungen aufgestellt, denen ein Produkt entsprechen muß, das die Bezeichnung «reine Schurwolle» und das Wollsiegel tragen darf (Abb. 102). Einige dieser Forderungen lauten:

– Beimengung der Wolle bis zu 20% ist mit folgenden Fasern erlaubt: Mohair, Kaschmir, Kamelhaar, Alpaka, Lama und Vicuna. Dies sind tierische Fasern, die häufig kostbarer als die Schafwolle sind;

– auch ist die Verarbeitung einer nicht-wollenen Faser bis zu maximal 5% erlaubt, aber nur, wenn dies «die Verschönerung des Aussehens der Wolle zum Ziel hat», zum Beispiel der mitgesponnene Faden silberfarbigen Lurex, der auch deutlich zu sehen ist;

– gestrickte Wollkleidung wie Babysachen und Pullover, die zu Hause gewaschen wird, muß eine Behandlung durchlaufen haben, dank derer sie nicht so leicht krumpft und nicht verfilzt.

Abb. 102: Wollsiegel

REINE SCHURWOLLE

Neben dem Wollsiegel kennt man das Combiwollsiegel. Dieses Siegel darf für Produkte geführt werden, in denen mindestens 55% und höchstens 95% reine Schurwolle verarbeitet ist. Die Beimengung kann mit jeder Faser, die dafür geeignet ist, vorgenommen werden. Auf dem eingenähten Etikett muß der Prozentanteil von Wolle und anderen Fasern genau angegeben sein.

Abb. 103 Angoraziege

Ziegenwolle

Mohair. Hierbei handelt es sich um das Haar der Angoraziege (Abb. 103), die nach der Provinz Angora in Kleinasien, aus der sie ursprünglich stammt, benannt wurde. Heute findet man sie in Nordamerika, Mittelasien und Südafrika. Die Fasern, die vom Hals stammen, sind ungefähr 20 cm lang, die vom Körper ca. 16 cm. Sie sind weich, glänzend und stark und haben eine leichte korkenzieherförmige Drehung (Krause). Die Fasern sind sehr elastisch, weshalb Mohairstoffe oder Stoffe, in denen Mohair verarbeitet ist, beinahe nicht knittern. Der beste Mohair stammt von Ziegen unter zwei Jahren. Bei älteren Ziegen wird das Haar härter und gröber. Mohair wird in Kostüm- und Mantelstoffen, für Schals und Strickwolle verwendet.

Kaschmir- oder Cashmerewolle. Die Kaschmirziege verdankt ihren Namen dem alten Reich Kaschmir in Vorderindien. Heute kommt das Tier in Tibet, Nepal und Nordindien vor. Die Wollfaser ist sehr fein, weich und nicht sehr lang, aber sehr kostbar. Sie wird hauptsächlich für die Herstellung von wertvollen Kaschmirschals verwendet.
Dadurch, daß Ziegen viel wilder als die gemütlichen Schafe sind, hat die Ziegenwolle eine feurigere Wärmequalität. Menschen, die an Rheuma oder Gelenkentzündung leiden, wird daher das Tragen von Ziegenwolle angeraten. Bei ihnen kann diese feurige Wärme die Schmerzen lindern.

**Kaninchen-
wolle**

Angorawolle kommt von dem Angora- oder Seidenkaninchen (Abb. 104). Man nimmt an, daß dieses Kaninchen von Seefahrern aus Angora, was der frühere Name von Ankara war, mitgebracht worden ist. Heute züchtet man diese Kaninchen in der Tschechoslowakei, in Frankreich, Deutschland, China und Japan. Es ist erst in den letzten Jahrzehnten gelungen, das Kaninchen so zu veredeln, daß es Wollhaare liefert, die sich gut verarbeiten lassen.

Die weiße Wolle von Albinokaninchen läßt sich am besten verwenden, sie kann ungefärbt verarbeitet worden. Von einem Kaninchen kann ungefähr 1 kg Wolle pro Jahr gewonnen werden. Das Tier wird dafür alle dreizehn Wochen geschoren. Die Haare sind 8 bis 10 cm lang und sehr glänzend. Angorawolle wird für feine Strickwaren verwendet. Die Wärmequalität der Angorawolle ist mit der der Ziegenwolle sehr verwandt. Angorawolle wird daher auch viel in Rheuma-Unterwäsche verarbeitet. Sorgfältiges Studieren der Faserzusammensetzung ist jedoch anzuraten: Häufig werden auch synthetische Fasern mitgestrickt.

Abb. 104 Angorakaninchen

Zu den Tieren, die Kamelhaar liefern, zählt man das Kamel, das Drome-
dar, das Alpaka (ein südamerikanisches Bergschaf) und das Vicuña, eine
wilde Lamasorte (Abb. 105 – 107). Diese Wolle ist im allgemeinen recht
kostbar und wird in Kleidungsstoffen verarbeitet.
Manchmal wird sie auch in guten Handarbeitsgeschäften als Strickwolle
angeboten.
Die Wärmequalität dieser Wollhaare liegt zwischen der der feurigen
Ziege und des gutmütigen Schafs. Die Wolle ist sehr leicht und kann zu
Umschlagtüchern und Mänteln verarbeitet werden, die wenig wiegen,
aber eine behagliche, gleichmäßige Wärme geben. Im Winter schützt
Kleidung aus dieser Wolle vor Kälte, und im Frühjahr und Herbst sind
die Kleidungsstücke nicht so schnell eine Last, weil sie so leicht sind. Für
kleine Kinder, ältere Menschen und für jeden, der viel Wärme braucht,
ist diese Wolle ideal im Tragen.

**Wolle von
Kamelen
und
verwandten
Tieren**

Abb. 105 Kamel

Abb. 106 Alpaka

Abb. 107 Vicuña

Handwäsche. Nicht mehr Wasser, als man benötigt, um die Wolle gut naß zu machen, verwenden. Temperatur: 30°C, das fühlt sich an den Händen kalt an. Wolle, die plötzlich in warmes Wasser gesteckt wird, bekommt einen Wärmeschock und wird beschädigt.

Waschen von Wolle

Mit einem guten Seifenwaschmittel eine leicht schäumende Lauge machen, ein synthetisches Waschmittel entfettet die Wolle zu stark.

Das Wasser durch die Wolle drücken. Drücken und kneten, aber niemals reiben. Dicke oder sehr schmutzige Wolle kann 2 bis 3 Stunden in der Lauge einweichen. Das Spülwasser zur Lauge laufen lassen, die Wolle kneten. Die Hälfte der Lauge wegschütten. Mit sauberem Wasser auffüllen, wieder kneten und dies wiederholen, bis das Wasser fast klar ist. Jetzt das ganze Wasser wegschütten und mit sauberem Wasser nachspülen. So verhindert man die Bildung von Kalkresten im Wasser, die sich auf die Wäsche niederschlagen können. Die Wolle in einem Handtuch in die Schleuder tun. Eine vertikaldrehende (mit der Öffnung nach oben) ist für die Wolle besser als eine horizontal drehende Schleuder.

Maschinenwäsche. In der Waschmaschine sollte die Wollwäsche kalt gewaschen werden. Das Heizelement sitzt direkt unter der Trommel. Wenn die Trommel läuft, steigt die Temperatur an dieser Stelle fast bis zum Siedepunkt. Dies beschädigt die Wolle. Mit so wenig Wasser wie möglich arbeiten. Nicht zu viel Waschmittel verwenden. Zu viel Waschmittel in kaltem Wasser ist jedoch nicht so schlimm wie zu heißes Wasser. Erst das Wasser abpumpen, dann die Wolle in ein Handtuch schlagen und schleudern. Wollsachen nicht bei der Heizung oder in der Sonne trocknen lassen. Man kann sie auf einem Bügel, der nicht abfärben kann, oder – bei Sachen, die ausleiern können – liegend auf einem Handtuch trocknen.

Bleichen. Ein Wollbleichmittel oder eine 0,1 bis 0,5 %ige Wasserstoffperoxid-Lösung verwenden. Den Stoff danach gut waschen.

Bügeln. Falls nötig, dann mit dem Bügeleisen auf Wollstellung oder auf 160°C den Stoff von links bügeln. Unter einem nassen Tuch dämpfen. Bügelfalten in Hosen – beispielsweise unter der trockenen Hälfte des Tuches – ganz trocken pressen. Die Falte hält dann besser.

3 Pflanzenfasern

Torffaser

Im neunzehnten Jahrhundert entdeckte man in Österreich, daß Torf sich für die Herstellung von Textilien verwenden läßt. Diese Entdeckung wurde nie in größerem Maßstab ausgearbeitet.

1920 gab es in Stuttgart ein Forschungsinstitut, wo man unter der Leitung Rudolf Steiners an der Verwendung von Torf in Textilfasern arbeitete. 1925 gelang es, die Faser so stark zu bekommen, daß ein Schal daraus gewebt werden konnte. Später wurden die Experimente leider eingestellt.

Der Deutsche Johannes Kloss nahm 1972 im schwedischen Rydöbruk die Sache wieder auf und entwickelte ein Mischgarn, das zu 30 bis 70% aus Torf und dem Rest aus Wolle bestand.

Abb. 108

Torffaser-produktion

Der abgestochene rohe Torf wird in der Fabrik von Maschinen so lange bearbeitet, geschüttelt und gesiebt, bis nur noch die langen Fasern des Wollgrases (*Eriophorum Vaginatum*, Abb. 108) übrigbleiben. Diese Fasern werden zusammen mit Wolle zu einem Garn versponnen. Der Torfabfall wird wieder an die torfverarbeitende Industrie zurückverkauft.

Im Vergleich mit Wolle haben Kleidungsstücke mit Torffaser eine sehr besondere Wärmequalität. Die Torffaser aktiviert die Wärmeorgani- **Eigenschaften** sation der Haut und lindert rheumatische Schmerzen. Torffasern entwickeln bei Reibung wenig Elektrizität. Torftextilien nehmen gut Feuchtigkeit auf und atmen gut. Sie sind leichter an Gewicht als Kleidung aus 100% Wolle.

Torffaser, mit Wolle versponnen, ist ein Produkt, das in der heutigen Zeit jedem Menschen dienen kann, das aber vor allem für Kinder besonders warme und umhüllende Eigenschaften besitzt.

Der Torf ist als Faser, in Strängen oder als Knäuel und zu Pullovern, Decken, Deckbetten und Matratzen verarbeitet auf dem Markt. Aus dem gesponnenen Material kann man Pullover und Jacken stricken und Schals, Decken und Mantelstoffe weben. Die Faser besteht zu 70% aus Torffaser und zu 30% aus Wolle und eignet sich als Füllung in Babydecken, Deckbetten, Steppdecken und Winterjacken.

Die Torfwollstränge vor dem Stricken waschen. Ungewaschen dehnt sich die Torfwolle stark aus, wodurch das Kleidungsstück die Form ver- **Waschen** liert, wenn man es zum ersten Mal wäscht.

Auch ein gekauftes Kleidungsstück aus Torf vor dem Tragen waschen. Das Wasser wird dann dunkelbraun. Waschen in Salzwasser ist ausreichend. Wenn eine Lauge notwendig ist, dann ein gutes, nicht entfettendes Seifenwaschmittel verwenden. Gut spülen, etwas Essig im letzten Spülwasser aktiviert die rotbraune Glut der Faser. Vorsichtig behandeln, nicht schleudern und nicht auswringen, aber die Feuchtigkeit mit Hilfe eines Handtuchs aus der Kleidung drücken und liegend trocknen lassen (nicht in der Sonne oder auf der Heizung).

Mit Torfwolle gefüllte Gebrauchsartikel können auf dieselbe Weise gewaschen werden. Essig im Spülwasser ist dann nicht nötig.

Leinen

Als ich jung war und schön,
trug ich eine blaue Kron'.
Als ich alt war und steif,
bekam ich ein Band um den Leib.
Dann wurd' ich gestoßen und geschlagen
und von Königen und Prinzen getragen.

Dieser alte Rätselreim erzählt in ein paar Sätzen das Los des Flachses: wie die junge Pflanze stolz und hoch ihre strahlende Blütenkrone trägt, wenn sie aber alt wird, ihr Stengel verholzt und steif und unbeweglich wird. In diesem Stengel liegt das kostbare Geheimnis verborgen. In Ägypten, das vermutlich das Ursprungsland der Flachspflanze ist, war Leinen schon rund 3000 v. Chr. bekannt (Abb. 109). Tausend Jahre später hatte die Flachsverarbeitung ein sehr hohes Niveau erreicht. Schneeweißes Leinen war das Sinnbild von Licht und Reinheit. Priester und Tempeldiener trugen es bei den Zeremonien in den Tempeln. Auch das Wickeln der Toten wurde von den Priestern verrichtet, die Qualität dieser Leichentücher zeugt noch heute von dem fachmännischen Können der altägyptischen Flachsbearbeiter, Spinner und Weber. Sogar heute noch sind die Gewebe stark und glatt.

Wandmalereien in Grabkammern erzählen uns deutlich, wie man den Flachs anbaute und das Leinen webte. In allen Mittelmeerländern war Flachs neben Wolle der wichtigste Grundstoff für Kleidung.

Abb. 109

Wie und wann der Flachsanbau und das Herstellen von Leinen nach Nordeuropa kam, ist nicht bekannt. Ungefähr 2000 Jahre v. Chr. wurden in schweizerischen Pfahlbauten Netze und Gewebe aus Leinen verwendet. Bei den Germanen war Flachs neben Getreide das wichtigste Gewächs. Dem Flachs wurde ein so hoher Wert zuerkannt, daß ein Mann, der soviel Flachs vom Acker stahl, wie er auf seinem Rücken tragen konnte, wie ein Dieb, der einen Hengst gestohlen hatte, behandelt wurde. Stahl er eine Karrenfracht, dann war die Strafe genauso groß wie für einen Dieb, der 12 Pferde gestohlen hatte. Die Göttin Freya war die Schutzgöttin des Flachses und der Flachsverarbeitung. Diese befand sich im ersten Jahrhundert n. Chr. auf einem so hohen Niveau, daß das Leinen der Germanen bis nach Rom hin berühmt war.

So wie die Seide von einer Kaiserin gewonnen wurde, die Schafe von Königssöhnen gehütet wurden, so wurde der Flachs von Königinnen versponnen. Alte Chroniken erzählen von einer Königin Mathilde, die so wunderbar Flachs spinnen und weben konnte, daß viele adelige Frauen aus benachbarten Ländern sie aufsuchten, um es von ihr zu lernen.

Im Mittelalter ging der Flachsanbau in den Mittelmeerländern zurück, aber in Nordeuropa hatte sich der Flachs so eingebürgert, daß die Haushaltstextilien bereits aus Leinen waren.

Bis in die erste Hälfte des 19. Jahrhunderts hinein war die Leinenverarbeitung eine häusliche Industrie. Im Sommer wurde der Flachs auf den Bauernhöfen angebaut, im Herbst bearbeitet, und im Winter versponnen die Frauen die Flachsrocken zu Leinen. Wie mühsam das manchmal war, erzählt das Märchen «Die drei Spinnerinnen», das die Brüder Grimm in Hessen und Corvey hörten und aufschrieben. Die erste Spinnerin hatte vom Treten auf das Spinnradpedal einen großen Fuß. Die zweite bekam eine große Lippe, weil sie den Flachsfaden mit ihrer Lippe immer anfeuchten mußte. Bei der dritten war der Daumen vom Drehen des Flachses groß und platt geworden. Und doch, der gut gefüllte Wäscheschrank war der Stolz jeder Braut, und es wurde lang und geduldig daran gearbeitet.

Mitte des 19. Jahrhunderts übernahmen Maschinen die Hausarbeit, und um 1880 war das häusliche Spinnen und Weben so gut wie verschwunden. Die aufkommende Baumwollindustrie konkurrierte zu dieser Zeit gnadenlos mit der Leinenindustrie. Baumwolle ist zwar nicht so langlebig, aber viel billiger. So verschwand das Leinen in eine kleine Ecke des Weltmarktes.

Der Flachs-anbau

Die Flachspflanze ist einjährig, wird 75 bis 120 cm hoch und hat einen holzigen Stengel (Abb. 110). Sie blüht mit blauen und weißen Blüten und verpackt ihre Saat in schöne runde Kapseln. Die Faser, aus der Leinen gewonnen wird, befindet sich zwischen der Rinde und der Holzschicht. Flachs bringt den höchsten Ertrag, wenn die Pflanze in der Höhe auswachsen kann. Das geht schnell: Nur 4 1/2 bis 5 Monate liegen zwischen Aussaat und Ernte. Das Herauslösen der Bastfaser erforderte früher jedoch viel Zeit. Kann man heute die Stengel in 3 – 4 Tagen rösten, so lagen die Flachsstrohbündel früher 3 bis 4 Wochen im Herbstregen auf dem Land oder in kleinen Flüssen oder Gräben, um die Stengel auseinanderfallen zu lassen. Flachs stellt an den Boden hohe Ansprüche. Nach der alten Anbaumethode durfte nach der Flachsernte für 7 Jahre kein Flachs mehr auf demselben Stück Land angebaut werden. Man pflanzte und säte als Fruchtfolge Gewächse wie Hafer, Rüben, Weizen und Kartoffeln. Im holländischen Volksmund hieß das: «Ein gutes Haferland hat lange Flachs in der Hand.»

Im März oder April wird der Flachs gesät. Pro Hektar Land braucht man 130 bis 160 kg Leinsaat (=Flachssaat). Ein dicht besäter Acker gibt lange Flachsstengel mit wenig Seitenästen. Die Leinenfaser, die aus diesem Flachs gewonnen wird, ist dann auch lang.

Im Juli/August, wenn der Flachs gelb geworden ist und die untersten Blüten vom Stengel fallen, ziehen bei trockenem Wetter große Maschinen den Flachs aus dem Boden. Bei dieser Erntemethode kann man die Fasern, die dicht an der Wurzel sitzen, auch noch verwenden.

Verarbeitung

Nach dem Trocknen auf dem Feld wird der Flachs geriffelt; dabei wird die ganze Pflanze in Büscheln durch den Riffelkamm gezogen, um die Fruchtkapseln von den Stengeln zu trennen. Der Riffelkamm ist ein Brett, auf dem lange Stifte angebracht sind. Man schlägt ein Bündel Flachs hinein und zieht es hindurch. Die Fruchtkapseln bleiben dann an den Stiften hängen. Früher machte man das mit der Hand, heute maschinell. Um die Flachsfaser aus ihrer Verpackung zwischen Holz und Rinde zu befreien, läßt man die Stengel «rösten». Die Flachsgarben werden aufrecht in große Wannen gestellt. Diese Wannen werden mit 34°C heißem Wasser gefüllt. In diesem warmen Wasser vermehren sich die Bakterien, die auf dem Stengel leben, schnell; sie greifen die Pektinschicht, die den Stengel zusammenhält, an. Nach 3 bis 4 Tagen hat sich das Pektin aufgelöst, und der Flachs ist für die weitere Bearbeitung reif.

Heutzutage läßt man den Flachs erst trocknen, wodurch das Holz des Stengels brüchig wird. Dann wird der Flachs gebrochen: Das Bündel wird zwischen gerippten Walzen hindurchgeführt. Das mürbe Holz bricht und bleibt in kleinen Stückchen am Stengel hängen. Eine Schwingturbine mit einem schnelldrehenden Messerrad schlägt im nächsten Arbeitsgang das Holz und die kurzen Fasern aus den Garben. So bleibt das «grobe» Band, die eigentliche Flachsfaser, übrig.

Der Flachs wird vor dem Spinnen erst noch gehechelt. Der Hechelkamm ist, wie auch der Riffelkamm, ein rechteckiges Stück Holz, auf dem lange, scharfe Nadeln angebracht sind. Man schlägt den Flachs hinein und zieht ihn hindurch. Je länger man hechelt, desto feiner und glänzender wird der Flachs. Aus den so gewonnenen Fasern macht man ein Vorgarn und anschließend ein Spinngarn, das weich und goldgelb ist. Um weißes Leinen zu bekommen, ist eine intensive Bleichbehandlung notwendig.

Durch spezielle Behandlungen kann Leinen krumpfabwehrend, wasserabstoßend, flammen-, schimmelbeständig und schmutzabweisend gemacht werden.

Abb. 110
Blühende Flachspflanze

Nennt man Seide anmutig und Wolle beschützend, dann könnte man Leinen als zurückhaltend bezeichnen (Abb. 111). Auf einem Glas hinterläßt ein Leinentuch kein Stäubchen. Ein Kleidungsstück aus Leinen ist kühl, im Winter sogar kalt. Wenn unsere Vorväter von «kühlen Tuchen» sprachen, dann meinten sie bestimmt Tuche aus Leinen.

Leinen führt die Wärme der Haut schnell ab – als nähme es jede Wärme, mit der es in Berührung kommt, in sich auf, um dadurch auszugleichen, was es in all den Wochen im kalten Wasser verloren hat. In den Zeiten, in denen der Mensch noch viel stärker eine Einheit mit seiner Umgebung bildete, wie im alten Ägypten, spendete das Tragen von Leinen die Kühle, die der Mensch brauchte, um sein «Ich» wahrzunehmen. In unserer Zeit, in der die Welt kühl, abwartend und vom Denken aus erschlossen wird, brauchen wir so sehr die Wärme, um uns mit dem Wesen der uns umgebenden Dinge zu verbinden, daß das kühle Leinen zum Tragen nicht so geeignet ist. Auch für Bettwäsche sollte man darum lieber kein Leinen verwenden, zumindest nicht für ganz kleine und heranwachsende Kinder, so schön Leinenlaken auch sind.

Leinen unterscheidet sich von Baumwolle durch das größere Vermögen,

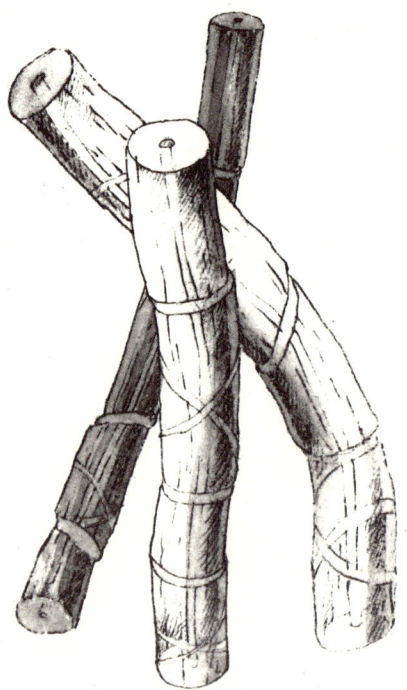

Abb. 111 Leinenfaser
(stark vergrößert)

Feuchtigkeit aufzunehmen: Ein Tropfen Flüssigkeit, der auf ein Baumwolltuch fällt, bleibt eine Zeitlang als runder Tropfen liegen. Auf einem Leinentuch wird der Tropfen unmittelbar vom Stoff aufgenommen. Wenn die Kette des Stoffes Leinen und der Schuß Baumwolle ist, wie bei halbleinenen Abtrockentüchern, dann verschwindet die verschüttete Flüssigkeit in den Kettfäden und wird zu einem länglichen Fleck.

Aus Leinen werden Tischdecken, Servietten, Trockentücher, Taschentücher, Handarbeitsstoffe und Kleidung hergestellt. Leinengarn wird **Verwendung** außerdem wegen des zarten eigenen Glanzes und der Stärke zum Herstellen von Spitze und Stickgarn verwendet. Manchmal sieht man es als Wandbekleidung und in Wohnraumtextilien. Gerade weil Leinengarn so stark ist, nimmt man es als Buchbindergarn und zum Nähen von Leder. Es ist als «Eisengarn» bekannt. In Stoffen, die für Damen- und Herrenkleidung verwendet werden, findet man Leinen, aber dann mit Baumwoll- oder Polyesterfasern gemischt.

Kongoleinen ist nicht- oder halbgebleichte Baumwolle mit Verdickungen in Kett- und Einschlaggarnen **Zu Unrecht als Leinen bezeichnete Stoffe**

Grasleinen ist stark gebleichte Baumwolle für Laken

Glorialeinen ist starke, mit einer Farbe gefärbte Baumwolle

Krankenschwesterleinen ist Baumwollstoff mit blauer Kette und einem blauen Einschlag, abwechselnd mit weißen Garnen. Kann auch in braun oder grün ausgeführt sein

Ägyptisches Leinen ist merzerisierte Baumwolle für Regenjacken

Packleinen, Matratzenleinen, Tapetenleinen, Schneiderleinen ist ein grober Stoff aus Jute

Seidenleinen ist ein Kleiderstoff aus Viskose.

Das Warengesetz verbietet es, Stoffe, die nichts mit Leinen zu tun haben, unter der Benennung «Leinen» auf den Markt zu bringen.

**Waschen,
Bleichen
und Bügeln**

Weißes Leinen kann gekocht werden; buntes Leinen bei 60°C waschen. Ein Waschmittel mit einem Bleichmittel (Chlor) verursacht zusätzlichen Verschleiß. Weißes und buntes Leinen beim ersten Mal mit der Hand waschen, um Einlaufen und Farbechtheit zu kontrollieren.

Bleichen. Wenn es nötig ist, in der Sonne.

Bügeln. Leinenwäsche anfeuchten und vor dem Bügeln ein paar Stunden straff eingerollt liegen lassen. Das Bügeleisen auf den höchsten Stand stellen. Ein Dampfbügeleisen liefert nicht genügend Feuchtigkeit, um Leinen glatt zu bekommen.

Baumwolle

Im Industal, dem fruchtbaren Gebiet um den Fluß Indus in Nordwestindien, blühte einst die Induskultur. Zahlreiche Funde deuten darauf hin, daß die Inder schon mindestens 3000 Jahre v. Chr. Garne für wunderschöne Baumwollgewebe spinnen konnten. Die Inder waren stolz auf ihr Produkt, und das Geheimnis der Baumwolle wurde in Vorderindien mindestens 2000 Jahre lang genau so sorgfältig gehütet wie das Seidengeheimnis in China. Erst 1100 vor Chr. wurde in Ninive das erste Gewebe aus Baumwolle außerhalb Indiens hergestellt.

Das Leben in Vorderindien wurde und wird vom Monsun, dem regelmäßig von der See kommenden Regenwind, beherrscht. Der Monsun macht das Tal fruchtbar und erweckt die Pflanzen auf dem Feld zum Leben, jedoch nur für 175 Tage im Jahr. In der übrigen Zeit sind die Felder von der sengenden Sonne dürr und ausgetrocknet, und der indische Bauer hat fast keine Arbeit. So lange wie die Baumwolle im Industal wuchs, so lange wurde diese stille Saison mit Hausgewerbe ausgefüllt. Man spann und webte Stoffe. Durch den Handel brachten sie den Indern großen Reichtum. Während des Spinnens und Webens wurden die alten Sagen erzählt, die Veden und die Gesänge gesungen, die dadurch weit verbreitet wurden.

Der griechische Geschichtsschreiber Herodot schrieb rund 450 v. Chr. über Baumwollfelder in Persien: Bäume, die eine weiße Wolle tragen, viel feiner und weicher als tierische Wolle. Er berichtete von Xerxes, dem König von Persien, der ungefähr 490 v. Chr. in Griechenland einfiel. Xerxes' Truppen waren in reine Baumwolle gehüllt!

Die Römer (Abb.112) lernten die Baumwolle ca. 190 v. Chr. während eines Feldzugs in Vorderasien kennen. Im ersten und zweiten Jahrhundert waren Baumwollstoffe bei den Frauen in den reichen Städten sehr beliebt. Plinius schreibt, daß Baumwollstoffe «ihrem Gewicht nach dem Werte des Goldes gleich sind». Als die Baumwollpflanze nach China kam, waren es die Chinesen, die als erstes Volk alle Eigenschaften dieser Pflanze systematisch untersuchten. Als sie die seidenweichen Fasern in dickem Flaum an den Sträuchern sahen, reif zum Pflücken, da dankten sie ihren Göttern dafür und besangen die Baumwolle in Gedichten. Sie mischten die Baumwolle mit Seide und machten wunderbare Gewebe daraus. In Indien begann man dann auch, Seide in den Baumwollgeweben zu verarbeiten, sowie feine Blattgoldfäden. Nur sporadisch gelangte ein Baumwollgewebe nach Europa. Und wenn, dann führte der Anfahrtsweg wie bei der Seide über Byzanz. Und so wie die Seidenkultur mit den Arabern nach Europa kam, so brachten die Mauren im neunten und zehnten Jahrhundert die Baumwolle nach Nordafrika, Sizilien und Südspanien. Die Baumwollpflanze bildete jedoch in Europa gröbere Fasern, und das Verspinnen der kurzen Baumwolle war viel schwieriger als das Spinnen von Wolle und Seide, was schließlich dazu führte, daß die ersten europäischen Baumwollweber ihren Grundstoff lieber aus Vorderindien kommen ließen. Im vierzehnten Jahrhundert begann man in Deutschland, Leinen

Abb. 112

und Baumwolle zu «Barchent» zu verarbeiten – die Kettfäden waren hierbei aus Leinen und der Schuß aus Baumwolle. Auch im Elsaß und in Basel verarbeitete man Baumwolle. Doch nur der Adel und das begüterte Bürgertum konnten sich Baumwollkleidung leisten.

Die Entdeckung einer Seeroute nach Vorderindien führte dazu, daß viele Zwischenhandelsstufen ausgeschaltet und die Baumwolle billiger wurde. Nun kamen ganze Schiffsladungen mit Baumwolle nach Europa, was eine Bedrohung für die Wolle und den Flachs, die überall versponnen und verwebt wurden, darstellte. Als England um 1750 begann, rohe Baumwolle einzuführen und es im Zuge der Industrialisierung möglich wurde, die Baumwolle auf Spinnmaschinen und mechanischen Webstühlen zu verarbeiten, war der Protest der Woll- und Flachsverarbeiter gegen diesen billigeren Grundstoff vergebens. Zu Beginn des achtzehnten Jahrhunderts war das Tragen von Baumwolle in England verboten; man nannte Baumwolle einen «teuflischen» Stoff. In Frankreich wurde 1681 ein Verbot gegen das Herstellen und Verkaufen von Baumwolle erlassen. 1770 verbot Joseph II., der Kaiser von Deutschland, seinen Untertanen das Tragen von Baumwolle zugunsten des Leinen. Nach diesem Verbot richtete sich jedoch niemand: Baumwolle war damals schon zu billig und unter der Bevölkerung zu populär geworden.

In Amerika findet man eine andere Baumwollsorte als in Asien. Man nimmt an, daß die Baumwolle schon ungefähr 2000 v. Chr. in Mittelamerika kultiviert wurde. Die feinen Baumwollgewebe, die man in sehr alten Gräbern in Peru gefunden hat, beweisen, daß auch in Südamerika Baumwolle verwendet wurde. Als Columbus 1492 nach Amerika kam, entdeckte er dort Baumwollsträucher. Durch die weiteren spanischen Eroberungszüge verbreitete sich die Baumwollzucht auch in Neu-Mexiko und Chile.

Die amerikanische Baumwolle hat merkwürdigerweise 26 Chromosomen, während die Baumwolle der «alten Welt» nur 13 hat. Biologen vermuten, daß die amerikanische Baumwolle aus einer Kreuzung der asiatischen Baumwolle mit 13 Chromosomen mit einem fernen Vorvater der amerikanischen Baumwolle, der ebenfalls 13 Chromosomen gehabt haben muß, entstanden ist.

Abb. 113 Baumwolle

Die Samenhaare der Baumwollpflanze (Abb. 113) sind die eigentliche Baumwolle. Die Pflanze wächst in fast allen tropischen und in einigen subtropischen Gebieten (Spanien). Der Strauch gedeiht am besten in einem warmen, feuchten Klima. Durch Kreuzungen und Selektion probiert man Sorten zu bekommen, die die gewünschte Qualität besitzen. Dadurch steigt die Anzahl der Sorten ständig. Allein in Amerika sind einige hundert Sorten bekannt. Die meisten davon sind einjährig.

Der Baumwoll-anbau

Baumwolle wird in 80 bis 150 cm auseinanderliegenden Reihen gesät. Die Reihen verlaufen auf dem Acker von Ost nach West, da die Pflanze so am meisten Sonne bekommt. In drei bis fünf Tagen keimt sie, nach zwei bis drei Wochen dünnt man die Reihen aus. Die stärksten Pflanzen bleiben stehen, und das Unkraut wird entfernt. Nach drei Monaten ist die Pflanze 120 cm hoch und blüht in weißen bis cremefarbigen Blüten. Eine Pflanze kann mehr als 60 Blüten bekommen, die nach der Befruchtung rötlich werden und abfallen. Ein kleiner Fruchtknoten entwickelt sich dann innerhalb von ein oder zwei Monaten zu einer reifen Fruchtkapsel. Weil nicht jede Blüte eine gute Fruchtkapsel bildet, können meistens pro Strauch nur um die 25 Fruchtkapseln gepflückt werden. Das Pflücken wird, je nach Brauch des jeweiligen Gebietes, maschinell oder mit der Hand durchgeführt. Beim Handpflücken pflückt man in verschiedenen Etappen, weil nicht alle Fruchtkapseln zu gleicher Zeit reif werden. Eine unreife oder überreife Fruchtkapsel ergibt Baumwolle, die sich nicht so gut färben läßt. Es erfordert viel Erfahrung, beim maschinellen Pflücken den richtigen Zeitpunkt abzupassen. Wartet man zu lange, dann kann die Baumwolle durch die Feuchtigkeit von Tau und Regen oder durch das Wegwehen der Samenhaare stark an Qualität verlieren. Pflückt man zu früh, dann ist ein großer Teil der Saat noch nicht reif. Pro Hektar können 110 bis 340 kg Baumwolle geerntet werden, in Ägypten manchmal sogar 475 bis 530 kg. Heutzutage verwendet man beim Ernten häufig Entblätterungsgifte.

Ein großer Teil der Baumwolle kommt aus den Vereinigten Staaten. Aus Südamerika kommt die peruanische und die brasilianische Baumwolle. Auf dem europäischen Kontinent liefern die Türkei und Griechenland Baumwolle; auch Afrika, Ägypten, der Sudan, Uganda und der Kongo haben Baumwollplantagen und suchen ihren Platz auf dem Weltmarkt. Von der Baumwolle aus China und der Sowjetunion kommt wenig auf den europäischen Markt. Die besten Baumwollsorten gedeihen in Peru und Ägypten.

In Indien besteht die Fähigkeit des Spinnens von sehr feinen Baumwollfäden noch heute. Viele Frauen können dort mit sehr einfachen Hilfsmitteln prächtige Fäden spinnen und weben. Der Markt dafür ist jedoch im Schwinden, weil in Indien selber das Tragen von reiner Baumwolle immer mehr als altmodisch und bäurisch betrachtet wird. Der einigermaßen «gebildete» Mensch trägt Polyamid oder ein Mischgewebe aus Polyamid und Baumwolle.

Verarbeitung Baumwolle besteht als Pflanzenfaser hauptsächlich aus Zellulose. Eine Samenhaarfaser ist ein hohles, mit Flüssigkeit gefülltes Röhrchen, das nach dem Pflücken austrocknet. Dadurch wird das Röhrchen flach und einem Korkenzieher mit 5 bis 10 unregelmäßigen Windungen ähnlich (Abb. 114). Dies bewirkt, daß die Baumwolle sich gut spinnen läßt. Die Drehungen verhindern das Gleiten. An diesen Drehungen der Faser kann man die Baumwolle schnell erkennen: Alle anderen Textilfasern

sind glatt. Eine Wachsschicht über der Haut, der Cuti-
cula, schützt die Samenhaarfaser vor dem Austrocknen.
Diese Wachsschicht erschwert bei späteren Arbeitsgängen
die Aufnahme von Flüssigkeit und Farbstoffen. Darum wird
sie nach dem Spinnen des Stoffes (beim Spinnen «schmiert»
das Cutin die Faser, wodurch regelmäßiger gesponnen werden
kann) durch Kochen in einer Sodalösung entfernt.
Die Baumwolle kommt zu Ballen gepreßt in die Fabrik. Nach
dem Öffnen der Ballen wird die Baumwolle ausgebreitet,
und der Schmutz wird entfernt. Sie sieht nun wie eine Wat-
teschicht aus, die als «Lappen» bezeichnet wird. Anschließend wird die Baumwolle auf der Karde kardiert:
Diese kämmt mit zwei mit Häkchen dichtbesäten Käm-
men die Baumwolle zu einem dünnen Vlies. Dieses
Vlies wird durch eine Art Trichter geleitet, und es
entsteht ein dicker Docht. Dieser Docht kann für
sehr feines Garn noch einmal ge-
kämmt werden, aber meistens
macht man daraus ein Vorgarn, indem man es dreimal hintereinander
vorsichtig dehnt und dann ineinan-
derdreht. Das nennt sich Vorspinnen. Das Vorgarn
kommt dann in die Feinspinnerei. Auf der Feinspinnmaschine wird es noch einmal gedehnt, und das Garn
erhält seinen endgültigen Twist (Ineinanderdrehung).
Dieses Garn ist glatt und stark und wird Zweizylinder-
garn genannt. Hieraus werden unter anderem Laken-

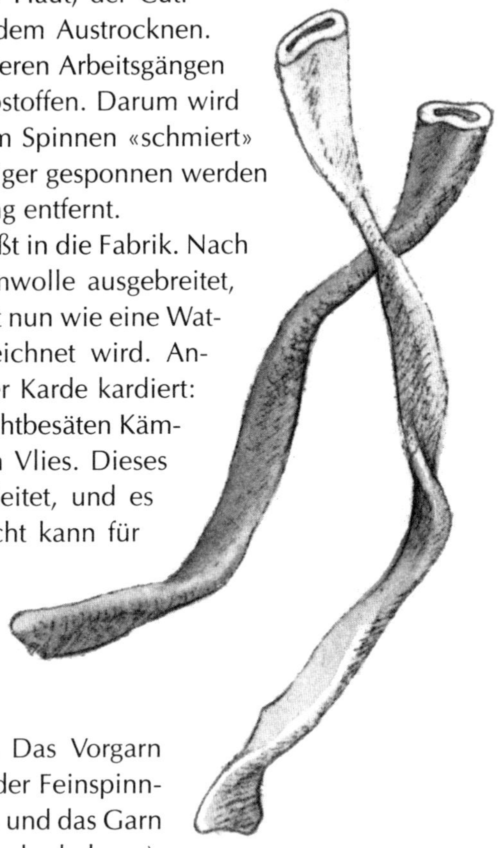

Abb. 114 Baumwollfaser
(stark vergrößert)

stoffe, Cretonne, Batist, Servietten und Tischdecken
hergestellt. Manchmal teilt man das Vlies aus der Karde auch in schmale Streifen. Die Streifen werden zu einer Art Vorgarn ineinandergerollt
und erhalten auf der Feinspinnmaschine dann ihren definitiven Twist.
Das ist das Dreizylindergarn. Es ist weicher und besser wärmeisolierend.
Es wird als Einschlag für Flanell, Handtücher und Moltondecken verwendet. Beim Produzieren von Zwei- und Dreizylindergarn entstehen
Abfallfasern. Diese werden gesammelt und für Abfallgarn verwendet.
Dieses Garn dient als Schußgarn in Scheuerlappen, Küchentüchern und
für Moltondecken von geringerer Qualität.

Kochen in Soda. Man kocht die gewebte Baumwolle mit verdünnter
Bearbeitung Natronlauge. Dadurch verschwindet das Cutin, die Wachsschicht um
die Faser, der Stoff wird geschmeidiger und nimmt leichter Flüssigkeit
und Farbstoffe auf.

Der Stoff, der als ungebleichte Baumwolle in den Handel kommt, ist
stärker als gebleichte Baumwolle, weil das Cutin hier noch die Faser
umgibt; durch das Kochen in Soda verschleißt die Faser.

Als Baumwolle für Laken ist dieser Stoff stark und umweltfreundlich.
Nach ein paarmal Waschen ist der Stoff auch nicht mehr so hart. Durch
das Waschen wird er auch weißer, aber nie so weiß wie in der Fabrik
gebleichte Baumwolle.

Merzerisieren. Hierbei handelt es sich um eine (1844 von dem Englän-
der John Mercer erfundene) Bearbeitung, durch die Baumwollstoff und
-garn glatter, glänzender und stärker wird. Beim Sengen läßt man die
Baumwolle über Rollen an einem Brenner entlanglaufen, der alle herausstehenden Härchen absengt. Dann wird sie in eine konzentrierte
Natronlösung getaucht. Die Fasern wollen krumpfen, aber durch das
Spannen des Materials wird das verhindert. Nach der Behandlung wird
die Lauge ausgewaschen und das Material getrocknet.

Merzerisierte Baumwolle ist nicht so schnell schmutzig, weil sich der
Schmutz nicht so leicht an die glatte Oberfläche heften kann. Stoffe aus
merzerisierter Baumwolle sind: Satin, Popeline, Baumwolldamast.

Kalandern. Bei dieser Bearbeitung wird der Stoff, der vorher in Appretur
(Stärke aus Kartoffelmehl) getaucht worden ist, an warmen Walzen entlanggeführt. Der Stoff bekommt dadurch mehr Glanz und fühlt sich
fester an. Dieser Effekt ist nicht waschecht. Der Glanz ist besonders stark
und bleibend, wenn man Kunstharz als Appretur benützt. Mit Kunstharz
kalanderter Stoff heißt «Chintz». Beim Kalandern geht ein großer Teil des
feuchtigkeitabsorbierenden Vermögens verloren, weil das Kunstharz die
Poren der Faser verstopft.

Krumpffrei machen. Die Baumwolle wird beim Spinnen und Weben
immer in der Längsrichtung gedehnt. Der Stoff ist dadurch länger geworden. Kommt die Baumwolle nun in Seifenwasser, dann federn die Fasern
wieder in ihre ursprüngliche Länge zurück. Das bezeichnet man als
Entspannungskrumpf. Der kann durchaus 10% betragen. Um dem Verbraucher diese unangenehme Überraschung zu ersparen, befeuchtet

man den Stoff und drückt ihn ineinander. Das nennt man «Stauchen». Nach dem Trocknen haben die Fasern wieder ihre ursprüngliche Länge angenommen, und der Stoff geht nicht mehr ein.

«Bügelfrei» machen. Hierfür verwendet man Kunstharz. Durch die spezielle Art der Bearbeitung verschleißt der Stoff stark, nimmt weniger Feuchtigkeit auf und bildet Reibungselektrizität. Bleichen ist verboten, weil das die Kunstharze und den Stoff beschädigt.

Non-resinfinish. Das ist eine Knitterfest-Ausrüstung ohne Kunstharz. Dafür bearbeitet man die Baumwolle so, daß zwischen den Molekülen Querverbindungen entstehen. Die Faserstruktur verändert sich hierdurch; wenn sie in der Wäsche naß wird, streckt die Faser sich und Falten und Knitter verschwinden. Bügeln ist danach nicht mehr nötig. Die Stärke der Baumwolle bleibt hierbei, genau wie beim «bügelfrei» Machen, auf der Strecke. Die Baumwolle kann jedoch normal gewaschen und gebleicht werden. Sie bildet keine Reibungselektrizität und nimmt normal Feuchtigkeit auf.

Antibakterienfinish. Durch die Verwendung von Sanitized, einer Verbindung aus Quecksilberazetat, kann man verhindern, daß der Stoff durch Schweiß und Entwicklung von Bakterien beginnt, unangenehm zu riechen (das kommt nur vor, wenn der Stoff nicht oft genug gewaschen wird). Dieses Finish wird u.a. für Kleidung und Socken, aber auch für Schuhfutter, Möbelbezugsstoffe und Decken verwendet.

Eigenschaften

Baumwolle wächst in warmen, feuchten und sonnigen Gegenden. Nach der Blüte und dem Fruchtansatz hüllt die Pflanze ihre Samen in weichen weißen Flaum. Weiß ist die Farbe, die die Hitze am besten abwehrt. Die Härchen, aus denen dieser Flaum besteht, sind mit Zellplasma gefüllt, das bei großer Hitze verdampfen kann, so daß die Samen nicht vertrocknen. Herrscht jedoch eine sehr feuchte Periode, dann können die Samenhaare die Feuchtigkeit aus der unmittelbaren Umgebung aufnehmen und so die Samen vor Fäulnis schützen. So zeigt uns die Baumwolle in der Natur ihre bemerkenswerten Eigenschaften. Sie spendet den ihr anvertrauten Samen eine kühle Umgebung und hält den Feuchtigkeitsgehalt der Umgebung so gut sie kann auf einem konstanten Niveau.

Diese Fähigkeiten weist auch der gewebte Baumwollstoff auf. Baumwolle ist kühl im Tragen, sie gibt die Wärme schnell und gerne ab, obgleich der Mensch durch dichtes Weben und Aufrauhen das Isoliervermögen erhöhen kann. Baumwolle nimmt viel Feuchtigkeit auf, bevor sie sich naß anfühlt, bis zu 20% ihres eigenen Gewichts. Sie ist daher für Sommer- und Tropenkleidung, die kühl sein muß, außerordentlich gut geeignet. Auch für Textilien, die viel Feuchtigkeit aufnehmen müssen, wie Windeln, Handtücher und Bettwäsche, verwendet man gern Baumwolle. Indem man die Baumwolle zu Trikot verarbeitet, sie an der Innenseite aufrauht oder beim Konfektionieren zwei Schichten aufeinandernäht – zum Beispiel eine gewebte und eine aufgerauhte Trikotschicht –, erreicht man, daß die Wärme besser gehalten werden kann. Dadurch wird Baumwolle auch an naßkalten Tagen in unserem Klima ein angenehmes Material für Oberbekleidung.

Verwendung Baumwolle wird zu Ober- und Unterbekleidung, Sportkleidung, Freizeitkleidung, Haushaltstextilien wie Laken, Badehandtücher, Abtrockentücher und Wohnraumtextilien wie Übergardinen und Möbelbezüge verarbeitet.

Einige Stoffsorten, bzw. Webarten, sind:

Cretonne – wird in einer Leinwand-Bindung gewebt (Abb.115), beispielsweise bei Laken, kommt in weiß und in bedruckter Form vor. Cretonne wird für Kleidung, Gardinenstoff und Möbelbezüge verwendet. Manchmal ist nur die Kette des Gewebes bedruckt;

Jacquard-Gewebe – ein Gewebe in Leinwand-Bindung, mit abwechselnd weißen und farbigen Garnen, so daß ein Blockmuster entsteht. Wird für Kleiderschürzen und Gardinen verwendet;

Batist – ein mit feinen Fäden gewebter, durchsichtiger Stoff in Leinwand-Bindung, für Miederwaren, Taschentücher und Blusen. Batist wird auch aus Wolle und Leinen gemacht. «Seidenbatist» besteht aus Baumwolle. Der Stoff glänzt, weil er kalandert und merzerisiert worden ist;

Denim – ein kräftiger Baumwollstoff, in Kettenköper-Bindung gewebt, meistens in zwei Farben: ein weißes Schußgarn und ein farbiges Kettengarn. Wird für Jeanshosen, Overalls und Stoffjacken verwendet;

Jeans – ein starker Baumwollstoff in Köper-Bindung (Abb. 116). Sieht so ähnlich aus wie Denim, ist aber in einer Farbe gewebt. Für Arztkittel, Jeanshosen, Arbeits- und Freizeitkleidung;

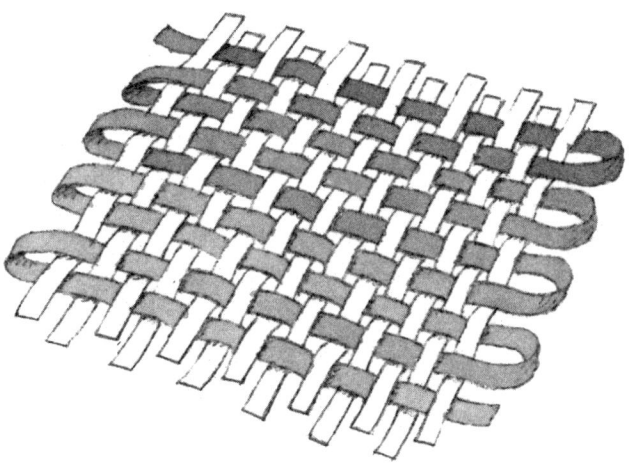

Abb. 115 Leinwand-Bindung

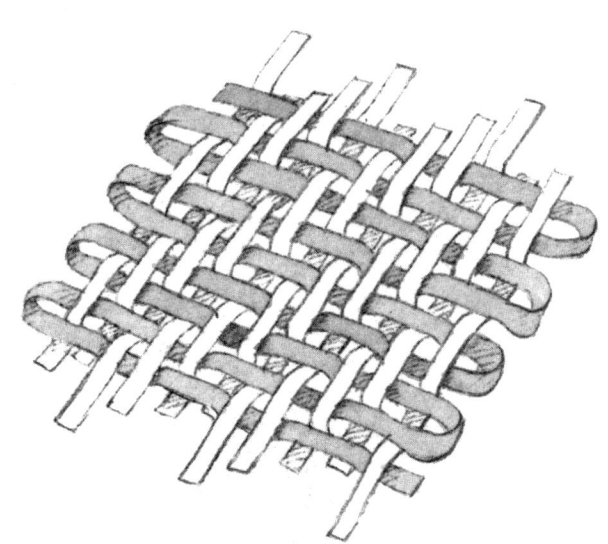

Abb. 116 Köper-Bindung

Köperflanell – an einer Seite aufgerauhter Flanell in einer Köper-Bindung. Der Stoff ist unbedruckt und bedruckt im Handel. Wird für Nacht- und Kinderkleidung verwendet;

Flanell – ein an zwei Seiten aufgerauhter Stoff in Leinwand- oder Köper-Bindung. Kann auch aus Wolle oder Viskose sein. Baumwollflanell wird für Nachtwäsche und Laken verwendet;

Molton – in Leinwand-Bindung mit dickem Schußgarn gewebt, an beiden Seiten aufgerauht, dadurch gut feuchtigkeitsabsorbierend und wärmeisolierend.

Waschen, Bleichen und Bügeln

Weiße Baumwolle kann gekocht werden. Durch die Wärme quellen die Fasern auf, und der Schmutz kann besser entfernt werden. Für Windeln und ähnliches ist anzuraten, diese so heiß wie möglich zu waschen, um die Bakterien, die in der Baumwolle leben, unschädlich zu machen. Will man den Energieverbrauch reduzieren, dann kann auch abwechselnd zweimal bei 60°C und zweimal bei 95°C gewaschen werden, so daß die meiste Wäsche bei jedem zweiten Mal gekocht wird. Bunte Baumwolle je nach Verschmutzungsgrad bei 40°C waschen.

Möglichst ein Seifenwaschmittel verwenden. In Seife gewaschene Baumwolle ist nach dem Trocknen weicher als ein in synthetischem Waschmittel gewaschener Stoff. Dank der Fettschicht um die Faser wird er auch nicht so schnell schmutzig. Neue Baumwolle erst einmal mit der Hand waschen, um Farbechtheit und Krumpf zu kontrollieren.

Bleichen. Weiße Baumwolle läßt sich mit verdünntem Chlor in warmem Wasser bleichen, aber nicht länger als 20 Minuten. In kaltem Wasser nicht länger als 3 Stunden, sonst verschleißt der Stoff zu sehr. Chlor entfernt keine Flecken, sondern beißt den Farbstoff des Flecks weg, so daß der Fleck unsichtbar wird. Chlor wirkt desinfizierend und tötet neben den schädlichen auch die nützlichen Bakterien. Es ist schlecht für die Umwelt, und der Rückstand im Stoff ist beim Auflösen durch Urin oder Schweiß schädlich für die Haut. Früher verwendete man nach der Chlorbehandlung ein Antichlor, welches die Wirkung des Chlors neutralisierte.

Das Bleichen in der Sonne kann Chlor ersetzen. Das zu behandelnde Textil in die Sonne legen oder hängen und den Fleck naß halten. Nasse Wäsche bleicht besser als trockene.

Bügeln. Baumwolle, die nicht mit einer Bügelfrei-Ausrüstung ausgestattet worden ist, kann nach Anfeuchten heiß gebügelt werden.

Die Leichentücher, in die die ägyptischen Mumien gewickelt wurden, waren so glänzend , daß man dachte, sie seien nicht aus Leinen, sondern aus Ramie hergestellt worden. Ramie (*Boehmeria nivea*), die Faserpflanze, die nach Bearbeitung und Reinigung einen wunderbar weißen Faden liefert, könnte zu dieser Zeit in Ägypten bekannt gewesen sein. Es erwies sich jedoch, daß die Leichentücher tatsächlich aus Leinen waren, wodurch die Bewunderung für das fachmännische Können und die Bleichtechniken der Ägypter noch mehr wuchs. Ramie wird auch Chinagras genannt – nach dem Land, in dem die Pflanze am meisten angebaut wird. Sie wird außerdem in Japan, Indonesien, Indien, auf den Philippinen und in Brasilien angebaut.

Ramie

Die Ramiepflanze, die 6 bis 8 Jahre ertragreich sein kann, sieht wie eine große Brennessel aus, mit Stengeln, die einen Durchmesser von 1,2 bis 2 cm haben und an die 250 cm hoch werden können. Die Ernte wird mit einer scharfen Sichel durchgeführt. Alle Stengel, ungeachtet ihrer Länge, und alle Triebe werden geschnitten, um eine gleichmäßige nächste Ernte zu bekommen. Die Stengel werden zwischen den Reihen aufgestapelt und noch am selben Tag eingesammelt, um entholzt zu werden. Die frisch geschnittene Ramie läßt sich am besten verarbeiten und ergibt die beste Faserqualität. Das Entholzen wird mit der Hand oder maschinell durchgeführt. Die Ramie wird dabei in einer Turbine über Stahlkämme geleitet, die den holzigen Bast kleinschlagen.

Nach dem Entholzen wird die Ramie 2 bis 3 Tage getrocknet und ist danach zur weiteren Bearbeitung oder Versendung bereit. In manchen Gegenden wird die Qualität verbessert, indem man die vorgetrocknete Ramie bürstet. Die Qualität wird durch die Länge der Faser und die Reinheit bestimmt. In der Spinnerei wird die Faser, die noch pflanzlichen Leim, Wachs und Pektin enthält, entharzt. Die Ramie wird zweimal unter Druck 1 Stunde lang in einem Bad mit Chemikalien gekocht. Nach jedem Kochen wird das Material gespült. Dann wird es eine Stunde lang mit 1%igem Wasserstoffperoxid gebleicht. Dieses wird anschließend mit verdünnter Essigsäure und Wasser aus der Faser gespült. Zu guter Letzt wird die Faser geölt, um sie wieder geschmeidig zu machen, geschleudert und getrocknet.

Zum Spinnen wird von Spinnanlagen für Jute, Flachs, Seide und Wolle Gebrauch gemacht. Die besten Resultate sind in den letzten beiden

Anbau und Verarbeitung

Spinnanlagen erzielt worden. Wenn man die Ramie vor dem Spinnen kardiert und kämmt, erhält man ein glattes, glänzendes Garn.

Ramiegarn kann auf jedem Webstuhl, der für Baumwolle und Leinen geeignet ist, gewebt werden. Der Stoff läßt sich in der Sonne schneeweiß bleichen und kann mit für Pflanzenfasern geeigneter Farbe gefärbt werden.

Eigenschaften und Verwendung

Ramie wird in Ostasien schon seit Jahrhunderten für inländische Textilien verwendet. Auf dem Weltmarkt nahm und nimmt sie einen sehr bescheidenen Platz ein. Erst jetzt, nachdem man erkannt hat, daß es eine vielseitige Pflanze ist und daß die Faser durch neue Techniken leichter zu gewinnen und zu verspinnen ist, steigt das Interesse von Anbauern und Verarbeitern. Der Konsument wird von ihrer Schönheit und östlichen Geheimnisumwobenheit fasziniert. Ramie ist glänzend, strahlend weiß und kühl – Eigenschaften, die sie für tropische Länder, in denen von Kleidung vor allem erwartet wird, daß sie kühl im Tragen sein soll, besonders geeignet machen.

In den mehr nördlich gelegenen Ländern ist Kleidung aus reiner Ramie, genau wie auch Kleidung aus Linnen, eigentlich zu kalt.

Ramie ist genau so stark wie Leinen und nimmt schneller Feuchtigkeit auf. Hierdurch eignet sie sich sehr für Haushaltstextilien, die viel Feuchtigkeit aufnehmen und häufig gewaschen werden müssen. Man findet Ramie unter anderem auch in im Jacquardgewebe gewebten Tischdecken und Servietten, in Strickgarnen aus natürlichen Materialien, in Spitzen und Stickereien. Die Stärke und Feuchtigkeitsbeständigkeit von Ramie werden bei Feuerwehrschläuchen, Schustergarn, Banknoten und anderen Wertpapieren genützt.

Des weiteren wird sowohl aus reiner Ramie als auch aus Blends mit Polyester Uniformkleidung hergestellt. Ramie wird vor allem in China, Japan und Amerika getragen. Hierzulande wird sie am häufigsten für Ziergarn verwendet.

Tabelle 1: Merkmale von natürlichen Fasern

	Seide	Wolle	Leinen	Baumwolle	Ramie	Torffaser
Wärmeleitung	schlecht; im Winter warm, im Sommer kühl	schlecht; warm im Tragen	gut; kühl im Tragen	gut; kühl im Tragen	gut; kühl im tragen	schlecht; warm im Tragen
Feuchtigkeits-absorbierendes Vermögen	30 %	40 %	25 %	20 %	25 %	vergleichbar mit Wolle
Statische Elektrizität	entlädt sich auf der Haut	entlädt sich auf der Haut	leicht	fast keine	fast keine	entlädt sich auf der Haut
Festigkeit trocken	fester als Baumwolle; nicht so stark wie Flachs	weniger fest als Baumwolle	1 1/2 mal so fest wie Baumwolle	unbehandelte Baumwolle ist fest	1 1/2 mal so fest wie Baumwolle	weniger fest als Baumwolle
Festigkeit feucht	85–90 % der Festigkeit trocken	80–90 % der Festigkeit trocken	130–140% der Festigkeit trocken	110–125% von der Festigkeit trocken	130–140% von der Festigkeit trocken	mit Wolle vergleichbar
Knittern	nicht beschwert: im Tragen viel, in der Wäsche wenig; beschwert: sowohl im Tragen als auch in der Wäsche	sehr elastisch, die Knitterfalten verschwinden von selbst	nicht elastisch; Falten lassen sich schwer ausbügeln	wenig elastisch; knittert schnell, muß gebügelt werden	wenig elastisch; Falten lassen sich schlecht ausbügeln	sehr elastisch Falten verschwinden von selbst
Beständig gegen:	Schimmelpilze und Laugen	recht gut gegen Schimmelpilze und Sonnenlicht	Sonnenlicht, Wärme, Motten, Käfer, Lauge	Chlor, Lauge, Sonnenlicht, Motten	Sonnenlicht, Schimmel, Motten, Lauge	recht gut gegen Schimmelpilze und Sonnenlicht
Wird angegriffen von:	Motten, Sonnenlicht, Säuren	Motten, Lauge, Chlor	Feuchtigkeit, Schimmel, Chlor	Schimmelpilze (<Wetter>)	leicht von Chlor	Motten, Lauge und Chlor
Erkennen des Stoffes; Brandversuch	verbrennt in der Flamme; leicht selbstlöschend; Geruch ähnelt dem von verbrannter Wolle; das schwarze Kügelchen, läßt sich leicht zerpulvern; bei beschwerter Seide bleibt die Struktur des Fadens erhalten	verbrennt in der Flamme; selbstlöschend; Geruch ähnelt dem von angesengtem Haar; das schwarze Kügelchen, das übrigbleibt, läßt sich leicht zerpulvern	entflammt leicht; brennt schnell auf; glüht nicht nach; hinterläßt etwas mehr Asche als mit Kunstharz behandelte Baumwolle; brennt je nach Sorte des verwendeten Harzes anders	entflammt leicht; brennt schnell auf; ergibt fast keine Asche; glüht kurz nach; Geruch von brennendem Papier; mit Kunstharz behandelt: die Struktur des Fadens bleibt in weicher grauer Asche erhalten, riecht nach Fisch	entflammt leicht; brennt schnell auf, glüht nicht nach	verbrennt in der Flamme; selbstlöschend; riecht nach angesengtem Haar; Struktur des Fadens bleibt als Asche erhalten, läßt sich dann leicht zerpulvern

4 Halbsynthetische Fasern

Hierbei handelt es sich um Fasern, die als Basis einen natürlichen Grundstoff haben, der chemisch verarbeitet wird.

Bei Christian Friedrich Schönbein (1799 – 1868), um 1846 wohnhaft in Basel, zerbrach eines Tages in der Küche eine Flasche destillierte Schwefel- und Salpetersäure. Etwas irritiert schaute er um sich nach etwas, womit er die Pfütze aufwischen konnte, und griff nach einer Schürze, die in der Nähe lag. Nach Gebrauch spülte er die Schürze in Wasser aus und trocknete sie über dem Ofen.

Kurze Zeit später wurde er von einem lauten Knall aufgeschreckt: Die Schürze war explodiert, es war von ihr nichts mehr übrig. Schönbein hatte die Schießbaumwolle beziehungsweise das Schießpulver ohne Rauch erfunden, sehr zur Freude der Militärs in seinen Tagen. Die Untersuchung des Geschehenen ergab, daß die Explosion das Resultat von mehreren chemischen Reaktionen war, durch die sich die Struktur der Baumwollmoleküle so verändert hatte, daß die Schürze explodieren konnte.

Der französische Graf Hilaire de Chardonnet (1839 – 1924) führte die Entdeckung Schönbeins weiter. Er konnte von der Idee nicht loskommen, daß Schönbeins Entdeckung brauchbar sein könnte für sein Ziel: die Entwicklung eines Fadens aus künstlichen Grundstoffen, der genau so schön sein sollte wie Seide.

Chardonnet war bestimmt nicht der erste, der über die Herstellung von Kunstseide nachdachte. Der englische Chemiker Robert Hooke (1635 – 1703) experimentierte bereits 1665 in einem Versuch, eine leimartige Flüssigkeit herzustellen, mit erhitzten Glasstäben. Daraus hoffte er dann der Seide ähnliche Fäden ziehen zu können. Der Franzose René-Antoine de Réaumur (1683 – 1757), der geistige Vater des Alkoholthermometers, schreibt nach sorgfältigem Studium der Spinnorgane der Seidenraupe in seinem Buch «Mémoire pour servir à l'histoire des insectes», daß es möglich sein müßte, aus den schönen chinesischen Lacken Fäden zu ziehen, die genau so stark und glänzend sein könnten wie Seide. Die Naturseide würde dann ihre ausschließliche Bedeutung verlieren.

Es dauerte jedoch bis 1885, bevor der Traum der Chemiker, unabhängig von natürlichen Gegebenheiten einen Faden herzustellen, Wirklichkeit wurde. In diesem Jahr meldete Hilaire de Chardonnet, zum ersten Mal in der Geschichte, auf eine Kunstfaser Patent an. De Chardonnet war ein wohlhabender Mann, hatte viel Phantasie und kombinierte diese mit Liebhaberei für Naturwissenschaften und Unternehmungsgeist. Er gewann aus dem Abfall der Baumwollsamenhaare (den sogenannten Linters) Zellulose, indem er die Samenhaare mit Schwefel- und Salpetersäure behandelte. Die Zellulose löste er in einem Gemisch aus Alkohol und Äther, anschließend preßte er die entstandene Flüssigkeit durch dünne Glasröhrchen. Alkohol und Äther verflogen, und ein glänzender, seidenartiger Faden blieb übrig.

1889 stellte er auf der Weltausstellung in Paris seine Kunstseide aus, und 1891 lief in Besançon die erste Kunstseidenfabrik mit einer Tagesproduktion von 50 kg an.

Die erste Kunstseide war nicht sehr stark, und die Fäden waren sehr unregelmäßig. Außerdem war sie auch noch brennbar. Kein Wunder: De Chardonnet behandelte die Zellulose mit demselben Gemisch, mit dem die Schürze Schönbeins getränkt war, bevor sie explodierte.

Die Zeit schien für die Erfindung der Kunstfaser reif zu sein. In England hatte der Elektrotechniker Sir Joseph Wilson Swan (1828-1914) beim Suchen nach Fäden aus Zellulose für die von ihm hergestellten Glühlampen auch Kunstseide entdeckt. Seine Frau hatte diese Fäden in Haushaltstextilien verarbeitet. 1885 stellte Swan auf der Londoner Invention Exhibition diese Erfindung aus, ohne Patent darauf anzumelden.

In Deutschland suchten Max Fremery (1859-1932) und Johann Urban (1863-1940) auch nach künstlichen Fäden. 1897 fanden sie eine Produktionsmethode für Kunstseide, die viel sicherer war als die von de Chardonnet. Sie lösten die Zellulose in Kupferdioxid und Ammoniak auf und gewannen daraus eine prächtige glänzende Kunstseide.

Der Name Kunstseide – obgleich noch immer nicht ganz verschwunden – wurde schon sehr bald geändert in Rayon. Das bedeutet: «strahlend». Der Verbraucher könnte durch die Benennung «Kunstseide» den Eindruck bekommen, daß es sich hierbei um ein billiges Surrogat der Seide handelt, während man es lieber als ein selbständiges, neuentwickeltes Produkt zum Kauf anbot. Heute heißt Rayon Viskose (lat. viscosus= zäh, dickflüssig). Nur für aus Filamentgarnen (Garne, die aus sog. Endlosfäden bestehen) gewebte Stoffe, wie Futterstoffe und hochglänzende Sommerstoffe, verwendet man manchmal noch den Namen Rayon.

Viskose
Beim Besuch einer Zellulose-Fabrik kann man sehen, wie große Packen mit weißen baumwollähnlichen Blättern in die Hallen kommen; das ist Zellulose, der Grundstoff für Viskose. Manchmal wird die Zellulose mit Baumwoll-Linters gemischt oder durch sie ersetzt. Zellulose wird in Papierfabriken hergestellt, indem sehr fein gemahlenes Holz zusammen mit Kalziumbisulfit unter Druck gekocht wird. So entsteht ein dicker Brei. Durch Walzen und Trocknen wird das Wasser entfernt, und die Zellulose-Blätter bleiben übrig. Um 1000 kg Viskosegarn spinnen zu können, benötigt man ca. 3 m³ massives Buchen- oder Fichtenholz. In der Viskosefabrik wird die Zellulose noch einer Reihe von chemischen Bearbeitungen unterzogen, die den Zweck haben, die Molekülstruktur so zu verändern, daß die Moleküle aneinander hängen bleiben. Schließlich bleibt dann eine zähflüssige Masse, die Viskose, übrig.

Dann beginnt der Spinnprozeß. Die Flüssigkeit wird durch sogenannte «Spinndüsen» – eine Art Fingerhut mit sehr kleinen Löchern – in ein Spinnbad gepreßt. Die Viskoseschlieren erstarren darin zu dünnen Fäden. Diese Fäden werden auf Spulen gewickelt und dabei gedehnt. Dieses Dehnen ist wichtig: Dadurch ordnen sich die Moleküle parallel zur Länge des Fadens, wodurch der Faden an Stärke gewinnt. Die Fäden können als sogenannte Endlosfäden (ohne Unterbrechung) verarbeitet oder in Stücke geschnitten werden (Viskosefaser). Viskosefasern lassen sich gut mit Baumwolle, Wolle oder anderen Textilfasern mischen und so zu einer Blend (= Mischung) verspinnen.

Die Herstellung von Viskose ist nicht ungefährlich. Bei den chemischen Prozessen werden giftige Gase frei, und es entstehen gefährliche Abfallstoffe. Die Kosten für die Gesundheitsschäden der Menschen, die mit diesen Stoffen arbeiten, und das Leid, das ihnen dadurch zugefügt wird, sind in dem Preis des Produktes nicht enthalten. Die Kosten für das Deponieren und Abführen der schwer abbaubaren Abfallprodukte auch nicht. Der Preis für Viskose ist deshalb eigentlich viel niedriger, als er eigentlich sein müßte. Wir schieben einen großen Teil dieses Preises weg in die Zukunft und auf die Menschen, die den Kontakt mit den Chemikalien mit ihrer Gesundheit bezahlen müssen.

Eigenschaften
Bei der Viskoseherstellung wird der ursprüngliche Grundstoff, das Holz oder die Linter bis in sein Innerstes zerlegt, von Chemikalien zersetzt. Nur sehr kleine Zellulosemoleküle bleiben bestehen. Später helfen

andere Chemikalien, die Moleküle wieder in einer anderen Reihenfolge aneinander zu reihen, damit die Fäden entstehen können.

Die Eigenschaften der Viskosefäden und -fasern ähneln denen der Baumwolle. Das Zellulosemolekül hat trotz des auslaugenden Zergliederungsprozesses, dem es sich unterziehen mußte, doch die Fähigkeit behalten, Feuchtigkeit aufzunehmen. Das gibt Viskose einen Vorsprung gegenüber den vollsynthetischen Fasern. Modal ist eine durch chemische Bearbeitungen verstärkte Viskosefaser. Viskose kann unter anderem in Seidefinish (glänzend) oder in Baumwollfinish (matt) ausgeführt sein. Der Stoff scheint dann auch «schwerer» zu fallen.

Manche Viskosesorten werden als *Musselin* bezeichnet. Dieser Name wurde ursprünglich nur für geschmeidigen Wollstoff verwendet. Dadurch bekommt man bei der Bezeichnung «Viskose-Musselin» den Eindruck, daß es sich hierbei um einen Stoff handelt, der wärmer als Baumwolle ist. Er wird für Winterkleidung verwendet, aber es zeigt sich, daß er im Tragen doch ein kühleres, nicht so angenehm warmes Gefühl vermittelt. Das ist eine äußerst unerfreuliche Trageeigenschaft.

Viskose bietet eine ganze Skala von Verarbeitungsmöglichkeiten. Bei der Herstellung der Spinnflüssigkeit lassen sich Variationen einbringen, wodurch man eine große Anzahl verschiedener Endprodukte erhält. **Verwendung**

Viskose wird für Unter- und Oberbekleidung, für Haushaltstextilien, rein oder mit natürlichen Fasern gemischt, für Futterstoffe, Tischdecken und Übergardinen verwendet. Aber auch in Fütterungen von Auto- und Flugzeugreifen, für Antriebsriemen, Bremsenfutter und Förderbänder findet sie ihre Verwendung. Durch das Pressen der Viskose durch eine spaltförmige Öffnung, anstatt durch Löcher, erhält man Zellophan, das als Verpackungsmaterial und als Kunststroh für Sommerhüte verwendet wird. Es ist auch möglich, indem man eine Spinndüse mit einem Loch nimmt, einen dicken, harten Viskosefaden herzustellen (Monofilament), der für Bürsten und als Imitations-Roßhaar verwendet werden kann. Letzteres wird als Zwischenfutter in Mänteln und Kostümen benützt.

Modal wird unter anderem, meistens in einer Blend mit Baumwolle, in Miederwaren und Baby- und Kinderkleidung verarbeitet.

Waschen, Bleichen und Bügeln

Viskose und Modal können wie Baumwolle gewaschen werden: weiß bei 95°C, bunt bei maximal 60°C. Diese Stoffe vorsichtiger als Baumwolle behandeln, sie sind nicht so stark. Sie können geschleudert werden.

Weiße Viskose kann in einer sehr schwachen Chlorlösung gebleicht werden.

Bügeln mit dem Bügeleisen auf 160°C oder auf dem Wollstand. Zu große Hitze verformt den Stoff.

Acetat und Triacetat

Nach dem ersten Weltkrieg entdeckte man in Frankreich einen Produktionsprozeß, mit dessen Hilfe man aus Baumwoll-Linters *Acetat* herstellen konnte. Dadurch, daß der neue Stoff zur Bespannung von Flugzeugen verwendet wurde, stieg die Produktion in den ersten Jahren stark an. Acetat und Triacetat haben ein geringes spezifisches Gewicht, und dadurch, daß sie so schön glänzen, ähneln sie der echten Seide mehr als Viskose und synthetische Fasern.

Bei der Herstellung von Acetat und Triacetat werden die Baumwoll-Linters in Essigsäure eingeweicht. Die entstandene Masse bezeichnet man als Acetatzellulose, obgleich die Zellulose bei dieser Bearbeitung ihre kennzeichnenden Eigenschaften verliert. Acetatzellulose ist der Grundstoff für Acetat und Triacetat.

Für *Acetat* folgen nun noch einige Bearbeitungsgänge, die in das Lösen der Masse in Aceton münden. Die so gewonnene zähe Flüssigkeit wird durch Spinndüsen gepreßt. Die dünnen Strahlen kommen in eine Heißluftkammer, in der das Acetat verdampft und der Faden übrig bleibt.

Für *Triacetat* löst man die Acetatzellulose in Methylenchlorid und Alkohol. Anschließend führt man denselben «Trocknungsprozeß» wie beim Acetat durch.

Acetat und Triacetat werden auch als «halbsynthetisches Plastik» bezeichnet – «halbsynthetisch», weil der Grundstoff aus pflanzlichem Material gewonnen wird, «Plastik», weil das Endprodukt der Definition dieses Stoffes entspricht (ein auf synthetischem Wege hergestellter Stoff, der durch Druck und Hitze in allerlei Formen gebracht werden kann).

Auch bei diesem Stoff bezahlt der Verbraucher nicht den tatsächlichen Preis des Artikels. Es zeigt sich immer wieder, daß die Produzenten von (halb)synthetischen Produkten für die Folgen, die der Herstellungsprozeß für Arbeitnehmer und Umwelt hat, blind sind.

Die glatten, häufig glänzenden, bunten Acetatstoffe sind leicht an Gewicht. Die Fasern werden auch für Stoffe mit einem Flor, wie Velours-Chiffon, verwendet. Das sind Stoffe, die die Phantasie stark ansprechen. So findet man zur Karnevalszeit in den Stoffgeschäften viele Rollen Acetat, die eigens dafür angekauft wurden. Auch für Bühnenkostüme verwendet man Acetat, um den Reichtum früherer Jahrhunderte darzustellen, und in den modernen Stücken sorgt der Glanz des Acetats für den richtigen Verfremdungseffekt. **Eigenschaften**

In der Konfektion ist Acetat häufig in Kleidung verarbeitet, die für einen bestimmten Kundenkreis bestimmt ist. Diese «Zielgruppe» benutzt die Kleidung dazu, sich von der «großen Mehrheit» zu unterscheiden.

Der Stoff selber leitet Wärme gut ab und ist daher unangenehm kühl im Tragen. Unter anderem wegen des geringen Gewichts gibt er wenig Umhüllung. Acetat und Triacetat nehmen wenig Feuchtigkeit auf, die Körperfeuchtigkeit kann daher nicht absorbiert und abgeführt werden. Gegen Schweiß ist der Stoff gut beständig. Gerade aus diesem Grund wird er viel als Futterstoff in Mänteln und Kostümen verarbeitet.

Aus Acetat und Triacetat werden Kleidungsstoffe, Trikotstoffe, Futterstoffe, Gardinenstoffe, Schals, Krawatten und Imitationspelz hergestellt. Acetatfasern werden als elektrisches Isolationsmaterial und bei der Herstellung von Zigarettenfiltern verwendet. **Verwendung**

Weiße Stoffe aus Acetat und Triacetat können in der Waschmaschine bei 60°C, farbige Stoffe bei 40°C gewaschen werden. Schleudern ist fast nicht nötig. Will man es doch tun, dann vorher kalt spülen und nur kurz. Acetat nicht in der Sonne oder bei der Heizung trocknen. Acetat kann feucht, mit dem Bügeleisen auf dem niedrigsten Stand, gebügelt werden. Bei zu warmem Bügeln kräuselt sich der Stoff und wird hart. Dieser Schaden läßt sich nicht wieder gutmachen. Triacetat ebenfalls feucht, mit dem Bügeleisen auf 160°C oder auf Wolle, bügeln. Acetat löst sich in Aceton, und Triacetat wird durch Aceton beschädigt. Die Stoffe sind darum nicht gegen alle Fleckenentferner beständig. **Waschen und Bügeln**

Tabelle 2: Merkmale von halbsynthetischen Fasern

	Viskose	Acetat	Triacetat
Wärmeleitung	gut, folglich kühl im Tragen	gut, folglich kühl im Tragen	gut, folglich kühl im Tragen
Feuchtigkeits-absorbierendes Vermögen	ca. 20 %	8 %	2 – 3 %
Statische Elektrizität	gering (stärker, wenn die Faser vielen Bearbeitungen unterzogen worden ist)	ja, knistert und klebt am Körper	ja, knistert und klebt am Körper
Festigkeit trocken	nicht so fest wie Baumwolle	verliert unter dem Einfluß von Sonnenlicht an Festigkeit	besser gegen Sonnenlicht beständig als Acetat
Festigkeit feucht	verliert 35 – 50 % ihrer Festigkeit	verliert 35 % seiner Festigkeit	verliert 20 % seiner Festigkeit
Knittern	knittert stark; manche Sorten werden z.B. mit Hilfe von Kunstharz knitterfrei gemacht	muß gebügelt werden	Bügeln fast nicht nötig
Beständig gegen:	Lauge (ziemlich gut)	Methylenchlorid	
Wird angegriffen von:	Schwefelsäure	verformbar durch Wärme; verträgt kein heißes Bügeln; ist empfindlich gegen Lauge, muß daher vorsichtig gewaschen werden; ein Tropfen Aceton ergibt ein Loch mit schwarzem Rand	löst sich in Methylenchlorid; löst sich in Aceton nicht ganz; ist nicht so schnell durch Wärme verformbar und ist nicht so empfindlich gegen Chlor und Lauge wie Acetat
Erkennen der Faser: Brandversuch	brennt schneller als Baumwolle; hinterläßt wenig Asche; bei mit Kunstharz behandeltem Stoff bleibt ein weißes Gerüst übrig, riecht nach Fisch	Faden schmilzt, noch bevor er in die Flamme kommt; brennt, bereits schmelzend, schnell ab, läßt ein schwarzes Kügelchen übrig, das sich nicht leicht zerpulvern, jedoch leicht vom Faden abziehen läßt	siehe Acetat
Erkennen der Faser: Naßversuch	einen Faden teilweise mit etwas Tinte befeuchten. Kräftig dran ziehen: Der Faden reißt an der nassen Stelle (Baumwolle reißt an der trockenen Stelle)	siehe Viskose	siehe Viskose

5 Synthetische Fasern

1913 entdeckte der Deutsche Universitätsprofessor Fritz Klatte, daß aus Kohlen und Kalk Vinylmoleküle freigemacht werden können, die für die Herstellung von synthetischen Fasern sehr gut geeignet sind. Am 4. Juli dieses Jahres meldete Klatte darauf Patent an. Es dauerte jedoch bis 1931, bis aus Polyvinylchlorid die ersten Pe-Ce-Fasern (die späteren PVC-Fasern) gesponnen wurden.

Das Erfinden von neuen Fasern war jetzt nicht mehr länger die Sache von einzelnen Forschern. In großen Konzernen in Deutschland und Amerika arbeiteten Hunderte von Wissenschaftlern und Technikern in Millionenprojekten an der Entwicklung von neuen Fasern. Nachstehend einige Meilensteine aus der Entwicklung der synthetischen Fasern ab 1935:

1935 Das *Polyamid* (*Nylon*) wird in Amerika entdeckt. In diese Zeit fiel es, daß ein amerikanischer Konzern in 4 Jahren 270 Millionen Dollar ausgab, um die Nylonfaser für die industrielle Produktion geeignet zu machen (Abb. 117).

1937 Die Probeexemplare von Nylonstrümpfen liegen in den Laboratorien. In Deutschland entdeckt man *Polyurethan* (eine elastische Faser wie z.B. Lycra).

1940 In Amerika kommen die ersten 4 Millionen Nylonstrümpfe auf den Markt: Sie sind innerhalb von ein paar Tagen ausverkauft.

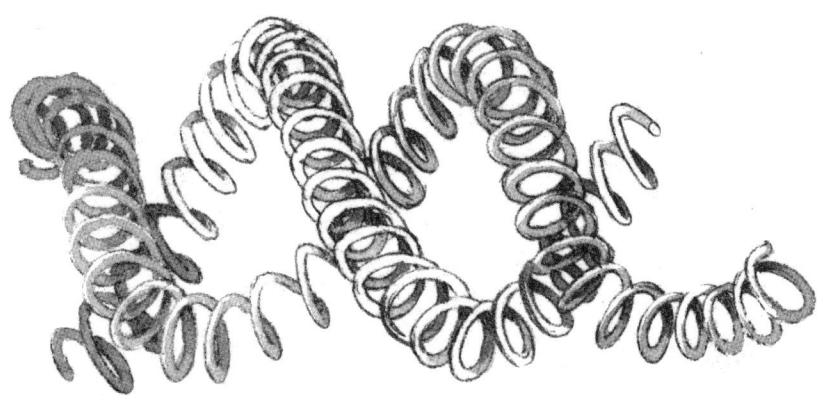

Abb. 117 Nylonfilament

1941 In England wird auf die *Polyesterfaser* Patent angemeldet.

1942 Der Deutsche Herbert Rein (1899-1956) erfindet die *Polyacrylnitrilfaser* (unser *Acryl*).

In den Jahren darauf folgen noch die *Polyolefinefasern*, zu deren Gruppe das *Polypropylen* gehört. Das ist ein Ersatz für den Grundstoff des altmodischen Hanfseils und des Kartoffelsacks aus Jute.

Dies sind die wichtigsten «Familien» von synthetischen Fasern. Für jede Gruppe gibt es viele Verwendungsmöglichkeiten, und jede kann mit anderen kombiniert werden, so daß wiederum «neue» synthetische Fasern auf den Markt kommen.

Die ersten synthetischen Fasern hatten Steinkohle mit einem Zusatz als Grundstoff. Die Pe-Ce-Faser Steinkohle plus Kalk, die Polyamidfaser bestand aus «Kohlen, Luft und Wasser», wie es in der Patentanmeldung stand. Steinkohle wird noch immer verwendet, aber ein Großteil der synthetischen Fasern wird heute aus den Nebenprodukten der petrochemischen Industrie hergestellt. So ist Benzol der Grundstoff für Polyamide (Nylon), Propylen für Acrylfasern, Xylol und Glykol für Polyester. Die Fasern werden wirklich *gemacht*, geradezu *gebaut*. Dafür gibt es verschiedene Methoden: Bei der *Polymerisation* zwingt man die Moleküle durch Chemikalien und Hitze, sich ineinander zu haken. Auf diese Weise entstehen Chlorfasern, Polyamide und Acryl. Bei der *Polyaddition* läßt man das Molekül aufspringen und sich an seinen, gleichfalls aufgesprungenen, Nachbarn heften, so bei Polyurethan. *Polykondensation* ist der Terminus, den man für das Zusammenfügen von Molekülen unter Einfluß von Säure und Alkohol verwendet. Dabei entstehen die Polyesterfasern.

Die Spinnflüssigkeiten werden durch Spinndüsen oder durch eine Spinnplatte gepreßt. Die entstehenden Fäden sind dick und nicht stark. Sie werden nun über mehrere Rollen geleitet; indem man jede nachfolgende Rolle schneller laufen läßt als die vorhergehende, werden die Fäden «gestreckt», das heißt in der Länge gedehnt. Auf diese Weise können sie 5 bis 8 x so lang werden, wie sie ursprünglich waren. Durch diese Behandlung fügen sich die kreuz und quer verstreut liegenden Moleküle in Fadenrichtung und reihen sich aneinander. Erst jetzt erhält der Faden die Stärke und Elastizität, die für synthetisches Garn kennzeichnend sind.

Nach dem Spinnen und Strecken wird der Faden «texturiert». Durch verschiedene Bearbeitungen erhält er eine Kräuselung, sozusagen eine

«Dauerwelle». Die synthetische Faser ist von Natur aus sehr glatt. Aus einem glatten Faden webt man einen glatten Stoff. Ein glatter Stoff hält zwischen Haut und Stoff wenig Luft fest und trägt sich nicht so angenehm. Durch die Kräuselung des Fadens wird dieser für Verarbeitung in Kleidung geeigneter, und die Kleidung bietet mehr Tragekomfort.

Vergleich von natürlichen und synthetischen Fasern

Ständig wird versucht, die konventionellen Fasern Seide, Wolle, Leinen und Baumwolle so gut wie möglich nachzuahmen oder deren Eigenschaften zu «verbessern». Dieses Verbessern gelingt in drei Punkten.

1. Synthetische Fasern sind stärker und verschleißfester. Das bedeutet: Genau wie alle anderen Kunststoffe lassen sich auch synthetische Fasern sehr schwer abbauen.

2. Synthetische Fasern sind pflegeleichter. Das bedeutet: Sie können in der Waschmaschine gewaschen werden, sie trocknen schnell und brauchen nicht gebügelt zu werden. Aber weil sich synthetische Fasern durch Reibung aufladen, ziehen sie auch Schmutz und Fett an. Sie müssen darum öfter gewaschen werden. Sie führen so zu einem viel höheren Verbrauch an Waschmitteln, Wasser und Elektrizität als die konventionellen Textilfasern. Sie belasten unsere Umwelt mehr als nötig wäre.

3. Synthetische Fasern sind im allgemeinen recht preisgünstig. Vieles ist im Preis nicht enthalten. Die Grundstoffe sind häufig hoch giftig. Von Benzol ist bekannt, daß es für das Nervensystem schädlich ist und Leukämie verursachen kann; Toluol ist nicht viel unschädlicher; Vinylchlorid ist krebserzeugend; beim Herstellungsprozeß werden Gase frei, die die Gesundheit der Arbeitnehmer schädigen können und die Umwelt bedrohen. Die Textilfaserindustrie ist von der petrochemischen Industrie abhängig. Sie bezieht von da ihre Grundstoffe und Energie. Die petrochemische Industrie gibt die für sie unbrauchbaren Nebenprodukte an die Kunstfaserindustrie ab.
In der Umgebung (früherer) Fabriken von synthetischen Fasern lagert chemischer Abfall. Manche dieser Lagerstätten sind so stark verschmutzt, daß die Trinkwasserversorgung in der Umgebung bedroht ist. Das Abgraben dieser Deponien kostet Millionen. Die Frage, was mit der vergifteten Erde geschehen soll, stellt uns vor schier unlösbare Probleme. Den Preis davon muß die Gemeinschaft tragen.

Eigenschaften

Synthetische Fasern sind aus toten Stoffen aufgebaut. In den Millionen von Jahren, in denen sich die Erde entwickelte, lagerten sich Steinkohle und Erdölschichten in düsteren Tiefen, in denen das Leben erstorben ist, ab. Der Mensch bringt diese Grundstoffe ans Licht. Sein Geist und seine Erfindungsgabe machen es ihm möglich, so mit Molekülen zu arbeiten, daß aus dem schwarzen und dem flüssigen Gold Fäden und Fasern zum Vorschein kommen. Diese ähneln natürlichen Fasern, aus denen die Menschheit, so weit wie die Geschichte zurückgeht, Kleidungsstücke gemacht hat.

Aber gerade da, wo Baumwolle, Leinen und vor allem Wolle und Seide leben, Feuchtigkeit absorbieren und wieder an die Außenwelt abgeben, vor zu großer Hitze und zu starker Kälte schützen, gerade dort zeigen die synthetischen Fasern ihre Ohnmacht: Feuchtigkeit aufnehmen und durchlassen können sie nicht, sie können nur Feuchtigkeit isolieren; Wärme festhalten können sie schon, sogar so, daß der sich bewegende und atmende Mensch sie als drückend empfindet, aber Wärme zu regulieren sind sie außerstande; sie sind stark, gegen Schimmel und Motten und vieles mehr beständig, aber sie ziehen jedes Schmutz- und jedes Fetteilchen, das in die Nähe kommt, an und können es nur schwer wieder loslassen. Das kommt unter anderem durch die elektrische Aufladung durch Reibung. Manche Menschen sind sehr empfindlich dafür und fühlen Funken überspringen oder bekommen einen Schlag, wenn sie in die Nähe von Gegenständen aus Metall oder elektrischen Apparaten kommen. Trägt man dann auch noch synthetische Fasern, dann werden diese Phänomene stärker. Eine synthetische Faser ist sehr glatt. Sie liegt so dicht auf der Haut, daß die Haut nicht mehr atmen kann. Das vermittelt unbewußt ein Gefühl von unangenehmem Abgeschlossensein und hat auf die Gemütsruhe und die Stimmung des Menschen einen Einfluß. Es macht reizbar und gibt einem manchmal ein gehetztes Gefühl. Das kann zu Mangel an Energie, Müdigkeit, Kopfschmerzen und Konzentrationsschwierigkeiten führen. Weil das Tragen von aus synthetischen Fasern hergestellter Kleidung allgemein üblich ist, werden nur wenige Menschen darauf aufmerksam, daß ihre Beschwerden möglicherweise von der Kleidung, die getragen wird, herrühren. Erst wenn man nach einer Zeit, in der man ausschließlich natürliche Fasern getragen hat, wieder einmal ein Hemd oder eine Bluse aus 65% Polyester anzieht, wird dieser Effekt spürbar.

Verschnittene Polyamide werden als Fasergarn verarbeitet, meistens in Kombination mit einer natürlichen Faser. Blends variieren von 5-10% Polyamiden und 90 – 95% natürlichen Fasern bis zum umgekehrten Verhältnis. Man macht das, um den Stoff stärker und knitterfester zu bekommen.

Verwendungen sind: Bettwäsche, Oberhemden, Hosen, Blusen, Kleider und Kinderkleidung.

Aus Polyamid-Filamentgarn werden sehr verschiedene Produkte hergestellt. Hier folgt eine Auswahl: Strümpfe, Schals, Schürzen, Miederwaren, Oberbekleidung, Regenkleidung, Imitationsspitze, Gardinenstoffe, Teppiche, Schleppkabel, Antriebsriemen, Fallschirme und Borsten für Zahnbürsten.

Für Kleidung, die dehnbar sein muß, wie etwa Unterwäsche und Sportkleidung, wird texturiertes, das heißt gekräuseltes Polyamid verwendet.

Polyamide/ Nylon

Polyamid kann in einer 40°C (bunte Stoffe) bis 60°C (weiße Stoffe) warmen Lauge gewaschen werden.

Erst warmes, dann kaltes Spülen in viel Wasser entfernt alle Seifenreste und verhindert das Vergilben. Ein Weichspüler im letzten Spülwasser verringert die Reibungselektrizität im Gebrauch.

Nicht wringen, kurz schleudern oder tropfnaß aufhängen. Nicht in der Sonne trocknen.

Bleichen: Weiße Kleidungsstücke mit einem speziellen Bleichmittel für Polyamide bleichen. Eine Stunde in 5 Liter Wasser mit 1 Eßlöffel Soda und 1 Eßlöffel Schmierseife hilft auch und macht selbst grau gewordene Farben wieder heller.

Bügeln: falls nötig mit dem Bügeleisen auf dem niedrigsten Stand (120 ° C)

Waschen, Bleichen und Bügeln

Die Polyesterfaser ist durch Terlenka vielleicht am bekanntesten geworden. Die Faser wird häufig mit Wolle und Baumwolle gemischt, um diese Stoffe knitterfester zu machen. Die Mischung 35% Baumwolle/ 65% Polyester kommt bei Oberhemden oft vor.

Polyesterfasern werden unter anderem in Oberbekleidung, Oberhemden, Regenkleidung, Schals, Füllmaterial für Deckbetten, Tüchern, Möbelstoffen, Vorhängen und Gardinenstoffen verarbeitet.

Für Strickkleider, Sportkleidung und Unterwäsche wird texturiertes – gekräuseltes – Polyester verwendet.

Polyester

Waschen, Bleichen und Bügeln

Polyester kann in viel Wasser in einer Lauge von 40°C bis 60°C gewaschen werden. Gut spülen. Ein Weichspüler im letzten Spülwasser verringert die Möglichkeit der elektrostatischen Aufladung im Gebrauch. Nicht wringen, kurz schleudern oder naß aufhängen.

Bleichen: Ein Mischgewebe aus weißer Baumwolle und Polyester kann mit Chlor gebleicht werden. Auf reines Polyester hat Chlor keine Wirkung.

Bügeln: Mit dem Bügeleisen auf dem niedrigsten Stand (120°C) oder unter einem nassen Tuch dämpfen.

Acryl

Acryl sieht luftig und weich aus, wirkt aber durch das beschränkte Feuchtigkeitsaufnahmevermögen (1%) beklemmend. Die Faser mutet woll- oder baumwollartig an, daher sieht man Acryl auch viel als Imitationswolle oder -baumwolle. Ein großer Teil der Strickgarne ist aus Acryl oder damit gemischt. Des weiteren findet man es unter anderem in gestrickten Stoffen für Ober- und Unterbekleidung, in Babysachen, Decken, Möbelbezügen, Teppichböden und Vorhängen.

Waschen, Bleichen und Bügeln

Acryl kann in einer 30°C bis 40°C warmen Lauge gewaschen werden. Durch zu warmes Waschen oder zu viel Seife bekommt der Stoff Falten und knittert. Die Falten lassen sich dann nicht mehr ausbügeln. Nicht reiben oder wringen. Nicht oder nur leicht kalt schleudern. Trocknet schnell. Trocknen im Wäschetrockner nicht über 40°C.

Bleichen: Mit einem Wollbleichmittel bei 30°C.

Bügeln: Wenn das Kleidungsstück strohtrocken ist, kann es mit dem Bügeleisen auf dem niedrigsten Stand (120°C) gebügelt werden.

Chlorfaser

Chlorfasern kann man krumpfen lassen; von dieser Eigenschaft macht man Gebrauch für Cloquéstoff und um synthetische Decken extra dick und voluminös zu machen. Beim Weben werden dann in regelmäßigen Abständen nicht-krumpfende Garne und Chlorfasergarne abgewechselt. Die Chlorfasergarne läßt man anschließend krumpfen.

Wegen der Beständigkeit gegen Salze und Säuren werden Chlorfasern oft in Badeanzügen und in Arbeitskleidung für Räume, in denen viel mit Säuren umgegangen wird, verarbeitet. Die Faser nimmt keine Feuchtigkeit auf, aber isoliert gut die Wärme. Darum wird Unterwäsche aus

Chlorfaser, eventuell mit Wolle gemischt, als Antirheuma-Unterwäsche verkauft. Die Chlorfaser kann jedoch nur die vom Menschen produzierte Wärme festhalten; alle anderen wärmenden, stimulierenden, regulierenden und feuchtigkeitsabsorbierenden Eigenschaften von Wolle, die dem Rheumapatienten hilfreich sein könnten, hat sie nicht.

Außerdem findet man die Faser unter anderem in synthetischem Pelz, Imitations-Wildleder, Sportkleidung, Füllmaterial für Deckbetten, in Markisenstoff, Gardinen und Netzen für Ballspiele.

Chlorfaser mit viel Waschwasser bei 30°C waschen. Gut spülen und naß aufhängen, der Stoff trocknet schnell.
Bleichen: mit einer sehr verdünnten Chlorlösung.

Waschen, Bleichen und Bügeln

Polyurethan ersetzt den Naturkautschuk, aus dem Gummi gemacht wird. Es besitzt ein genauso großes Dehnvermögen wie Gummi, federt aber nicht so leicht zurück.

Polyurethan

Man produziert fast keine Stoffe aus reinem Polyurethan, die Faser wird fast immer in Kombination mit anderen Fasern verwendet. Polyurethan gibt dem Stoff dann die nötige Elastizität. Manchmal werden die Elastomere auch ausgedehnt und dann mit einem Faden aus einer anderen Faser umsponnen. So erhält man ein Garn mit den Eigenschaften der verwendeten Faser und mit einem elastischen Kern.

Polyurethan wird in Badeanzügen, Korsetts, Stützstrumpfhosen, Büstenhaltern und Badekleidung verwendet. Hier haben sie eine figurunterstreichende Funktion. Man spricht dann von **Powerstretch-Artikeln.**
Comfortstretch nennt man die Elastizität bei bequem sitzender Oberbekleidung und Sportkleidung. Die Fasern findet man außerdem in Bündchen für Socken, Jacken und Unterwäsche, orthopädischen Strümpfen, Gummiband, Taillenband, Möbelstoffen und als Vlies auf Textilien für Imitationsleder.

Vorsichtig behandeln in genügend Waschwasser von 30 – 40°C. In einem Handtuch ausdrücken oder kurz (kalt) schleudern. Im Schatten trocknen.
Nicht mit Chlor bleichen.
Bügeln: Falls nötig, mit dem Bügeleisen auf der niedrigsten Stufe (120°C).

Waschen, Bleichen und Bügeln

Polypropylen Polypropylen ist die leichteste Textilfaser (spezifisches Gewicht = 0,9; die Faser schwimmt also auf Wasser). Polypropylen-Produkte sind darum sehr voluminös und wärmeisolierend. Die Faser wird viel als Füllmaterial für Steppdecken, Anoraks und Morgenröcke verwendet. Auch in Korsettstoffen, Freizeitkleidung, Tagesdecken, Möbelstoffen, Matratzenbezügen, Seil, Imitations-Jutesäcken, Industriefiltern und Kunstgras findet es seine Verwendung.

Waschen, Bleichen und Bügeln Buntes Polypropylen kann in genügend Waschlauge bei 40°C gewaschen werden. Weiße Artikel können 60°C vertragen. Gut spülen und naß aufhängen, der Stoff trocknet schnell.
Bleichen: weiße Stoffe mit verdünntem Chlor.
Nicht bügeln.
Ein Kleidungsstück, in dem Polypropylen verarbeitet ist, kann nicht chemisch gereinigt werden, es wird dadurch beschädigt.

Tabelle 3: Merkmale von synthetischen Fasern

	Polyamid/Nylon	Polyester	Acryl	Chlorfaser	Polyurethan	Polypropylen
Wärmeleitung	–	–	gut wärme-isolierend	–	–	–
Feuchtigkeits-absorbierendes Vermögen	4 %	0,4 %	1 %	keines	wenig oder keines	fast keines
Statische Elektrizität	ja, durch Reibung	ja (es sei denn, es ist speziell behandelt)	ja (es sei denn, es ist speziell behandelt)	ja	ja	ja
Festigkeit	sehr fest; verliert im Sonnenlicht an Festigkeit	weniger fest als Polyamid	weniger fest als synthetische Fasern	fester als Acryl, weniger fest als Polyester	nicht so fest, schon fester als Gummi	sehr fest
Knittern	sehr elastisch	sehr formfest und knitterwehrend	gut knitterwehrend, weniger als Polyester	sehr elastisch	knittert wenig oder nicht	recht elastisch und knitterwehrend
Beständig gegen:	Lauge, verdünnte Säuren, Motten und Schimmelpilze	Chlor, Sonnenlicht, verdünnte Säuren, Motten und Schimmelpilze	ebenso	Seewasser, fast alle chemischen Säuren; Kosmetika, Schweiß	Motten und Schimmelpilze, Seewasser, Chlor	Motten, Schimmelpilze, Laugen, Säuren und Chlor
Wird angegriffen von:	unverdünnten Säuren; schmilzt und krumpft bei Behandlungen unter zu hohen Temperaturen	Motten, Lauge, schmilzt und krumpft bei Behandlungen unter zu hohen Temperaturen	verformt sich bei Behandlungen unter zu hohen Temperaturen	–	Sonnenlicht; schmilzt und krumpft bei Behandlungen unter zu hohen Temperaturen	Sonnenlicht; schmilzt und krumpft bei Behandlungen unter zu hohen Temperaturen
Erkennen der Faser: Brandversuch	sehr brennbar; schmilzt, bevor es anfängt zu brennen; Faden erlischt außerhalb der Flamme; es bleibt ein hartes Kügelchen übrig, das direkt nach dem Brennen sehr heiß ist	sehr brennbar; entflammt schwer und tropft; Tropfen bilden harte, schwarze Kügelchen, die sehr heiß sind	sehr brennbar; brennt schnell mit rußender Flamme; brennt weiter; nach Erlöschen bleibt ein hartes Kügelchen übrig; schwer vom Faden zu ziehen und direkt nach dem Brennen sehr heiß	in der stark rußenden Flamme schmelzen die Fasern zu einer harten, schwarzen Masse zusammen; erlischt außerhalb der Flamme; direkt nach dem Brennen sehr heiß	sehr brennbar; entflammt und brennt langsam ab; direkt nach dem Brennen sehr heiß	Faden schmilzt langsam, ohne zu rußen; zu einem Klümpchen Asche; bleibt lange heiß und fühlt sich klebrig an; nach dem Abkühlen ist die Asche sehr hart und glasartig; direkt nach dem Brennen sehr heiß

6 Waschen

Das Waschmittel

Waschmittel haben die Aufgabe, Schmutz und Fett von den Kleidungsstücken zu lösen und im Wasser schwebend zu halten, bis das Waschwasser ausgespült wird. Das Waschmittel muß außerdem folgenden Anforderungen gerecht werden:
- Die Reste, die in der Wäsche zurückbleiben, dürfen für die Haut nicht schädlich sein, wenn sie von Schweiß oder Urin gelöst werden.
- Das Mittel sollte so wenig umweltbelastend wie möglich sein.
- Es sollte ein Minimum an Verschleiß verursachen.

Die Wirkung eines Waschmittels beruht auf dem Vorhandensein von waschaktiven Bestandteilen. Diese sind für das Waschresultat ausschlaggebend; die Stoffe, die weiterhin noch zugefügt werden, sind Hilfs- und Füllmittel. Anhand dieser waschaktiven Bestandteile kann man eine Unterteilung in Seifenwaschmittel, Waschmittel mit nativen Detergentien und Waschmittel mit synthetischen Detergentien vornehmen.

Die Seifenherstellung

In Wasser gelöste Seife verringert die Oberflächenspannung und hindert das Wasser, Tropfen zu bilden. Die Seife löst den Schmutz vom Stoff und hält die Schmutzteilchen schwebend, so daß der Stoff sauber aus dem Wasser kommt. Dadurch, daß Seife aus einem Molekül besteht, das ungefähr wie eine kurze Nadel aussieht, hat sie diese Eigenschaft. Der Kopf der Nadel wird von Wasser angezogen, die Nadel selber von Fett. Kommt nun ein Kleidungsstück ins Seifenwasser, dann stechen sich die Seifenmoleküle in die Schmutzmoleküle. Ihr «Kopf», der vom Wasser angezogen wird, zieht den Schmutz vom Kleidungsstück ab. Die Seife «besticht» dann den Schmutz, bis er so aussieht wie ein vollgestecktes Nadelkissen, und hält ihn so vom Kleidungsstück ab und im Wasser schwebend .

Seife besteht aus pflanzlichen oder tierischen Fetten und einer Lauge wie etwa Kalium- oder Natriumhydroxid. Der Herstellungsprozeß wird in einem Reaktor durchgeführt, in dem das Fett (oder die Fettsäure) und die Lauge in genau eingestellten Verhältnissen miteinander reagieren und die Seife bilden. In kleineren Betrieben und auch bei der Herstellung von Flüssigseifen wird die Seife noch in Kesseln «gesiedet». Nach dem Sieden wird die rohe Seife – bereits je nach Verwendungszweck als kosmetische Seife, Haushaltsseife oder technische Seife – von einem unvermeidbaren Überschuß an Lauge befreit, indem sie ein oder mehrere Male mit einer Salzlösung gewaschen wird. Die in einem Reaktor hergestellte Seife kann direkt neutral eingestellt werden. Neutrale Seifen greifen Haut und Textilfasern nicht an.

Flüssigseife wird mit Wasser auf die richtige Konzentration gebracht, eventuell werden noch Hilfsstoffe (Glycerin, Duftstoffe usw.) hinzugefügt.

Für Seifenpulver wird die Seife auf Walzen mit warmer Luft getrocknet, zu Flocken geschabt und zu Pulver gemahlen. Manchmal wird auch die energieverschwendende «Zerstäubungstrocknung» angewendet, bei der verdünnte Seife gegen einen Heißluftstrom gesprüht wird. Wichtig zu wissen wäre noch, daß es eine wirklich chemisch neutrale Seife (d.h. mit einem pH Wert unter 7) nicht geben kann. Auch die besten kosmetischen Seifen sind ganz leicht alkalisch. Im Gegensatz zu dem, was meistens behauptet wird, ist das gar nicht schädlich für die Haut. Diese ist selber nicht sauer, sondern neutral (pH 6,9 – 7,2).

Synthetische Waschmittel

Die Herstellung von synthetischen Waschmitteln ist viel komplizierter. Palmöl und Kokosfett sind pflanzliche Grundstoffe, die hierfür unter anderem verwendet werden. Bei den meist verwendeten waschaktiven Bestandteilen wie Natriumlaurylsulfat und Natriumlauryläthersulfat, werden diese Fette mit Schwefelsäure verbunden und bilden die nativen Detergentien.

Öle und Fette aus der petrochemischen Industrie bilden zusammen mit Schwefelsäure das *synthetische Detergens,* zum Beispiel die linearen Alkylbenzolsulfonate. Ein natives Detergens ist besser abbaubar als seine synthetischen Kollegen, aber ob ein Waschmittel ein natives oder ein synthetisches Detergens enthält, wird auf der Verpackung meistens nicht angegeben.

Der Produktionsprozeß ist für beide Detergentien derselbe und ähnelt dem Herstellungsprozeß von synthetischen Fasern: Die Moleküle werden abgebrochen und anschließend wieder aufgebaut, bis sie einem Seifenmolekül sehr ähneln. Dies geschieht in einem geschlossenen

Röhrensystem. Am Ende der Produktionskette hat man dann ein Pulver. Das ist das Detergens, das dieselbe Aufgabe wie Seife hat. Dieses synthetische Detergens kann jedoch noch lange nicht, was ein Seifenmolekül kann. Darum müssen Waschverbesserer zugefügt werden. Die Abbaubarkeit ist viel schlechter als die von Seife.

Phosphate und ihre Ersatzstoffe

Phosphate: Das sind Stoffe, die die im Wasser gelösten Kalk- und Magnesiumsalze in gelöstem Zustand halten, so daß sie sich nicht absetzen können. Dadurch enthärten sie das Wasser. Die wichtigste Aufgabe des Phosphats ist jedoch, den Schmutz im Wasser schwebend zu halten und das Detergens zu unterstützen, das ohne Phosphat eine unzureichende Waschwirkung aufweist.

Der große Nachteil der Phosphate ist, daß sie wie eine Art «Kunstmist» wirken, wenn sie nach Lösung ins Oberflächenwasser gelangen und ein reichliches Algenwachstum auslösen. Dadurch kommt es zu einem Mangel an Sauerstoff. Die Algen hindern das Sonnenlicht daran, tief in das Wasser durchzudringen, so daß letztendlich darin kein Leben mehr möglich ist. Waschmittelhersteller können zwar andere Enthärter finden, aber keine, die die obengenannte Funktion der Phosphate genau so gut und billig übernehmen können.

N.T.A. – Nitrilotriessigsäure. Dieser Stoff wird synthetisch hergestellt und ist stark wasseranziehend. Man kann 1 Gramm N.T.A. gegenüber 1 1/2 Gramm Phosphat mit demselben Resultat verwenden. In Schweden und in Kanada ist es in Gebrauch, aber in manchen Staaten von Amerika ist das Mittel verboten, weil es angeblich krebserzeugend ist. Wenn die Temperatur des Oberflächenwassers unter 8°C liegt, wird N.T.A. nicht abgebaut (in Deutschland liegt die Temperatur mindestens drei Monate im Jahr unter 8°C). Über 8°C wird N.T.A. erst nach einem Monat abgebaut. Das Risiko beim Gebrauch von N.T.A. wird sehr hoch eingeschätzt, und dort, wo das Mittel erlaubt ist, werden nur kleine Mengen akzeptiert.

N.A.S. – Natriumaluminiumsilikat oder -zeolith. Dieser Stoff kann Phosphat recht gut ersetzen, aber um die spektakuläre Waschwirkung des Waschmittels zu behalten, werden auch Phosphate zugefügt. N.A.S. wird unter anderem in Deutschland aus mineralischen Grundstoffen hergestellt. Der Stoff besteht aus winzigen Tonteilchen, die erst unter einem Elektronenmikroskop als Pulver sichtbar werden. Er ist nicht löslich und braucht folglich auch nicht abgebaut zu werden. Zehn Jahre Forschung konnten bis heute noch keine Giftigkeit nachweisen, selbst nicht bei sehr hohen Konzentrationen.

Soda oder Natriumkarbonat ist ein Nebenprodukt der Salzgewinnung. In der modernen Waschmaschine hat es keine wasserenthärtende Wirkung. Erst wenn Soda ungefähr 8 Stunden in Wasser gelöst ist, kann es den Kalk aus dem Wasser an sich binden, so daß dieser sich auf dem Boden des Eimers niederschlägt. Soda als Zusatz in Seife erhöht die Alkalität des Wassers, den Gehalt an Natronlauge. Das ist wichtig beim Waschen von Pflanzenfasern. Sie quellen dadurch schneller und stärker an, wodurch die Waschwirkung der Seife verbessert wird.

Hierbei handelt es sich um Stoffe, mit denen Flecke, die Farbstoffe enthalten, wie etwa Wein-, Kaffee- und Fruchtsaftflecken, während des Waschprozesses entfärbt werden; das bedeutet jedoch nicht unbedingt, daß sie auch weggewaschen sind. Folgende Bleichmittel werden verwendet:

Bleichmittel

Natriumperborat. Natriumperborat wirkt bei Temperaturen über 80°C. Durch Zufügung von T.A.E.D. (siehe unten) kann diese Temperatur auf 40°C erniedrigt werden. Der Stoff hat eine ätzende, stark oxydierende Wirkung – nicht nur auf Flecken, sondern auch auf die Haut –, und die Wäsche verschleißt davon. Der Stoff greift die Bakterien in Wasseraufbereitungsanlagen an, wodurch diese weniger gut wirken, und ist außerdem schädlich für Pflanzen und Tiere.

Natriumperkarbonat. Das ist Soda mit einem zusätzlichen Sauerstoff-Molekül. Beim Feuchtwerden, aber auch bei dem geringsten Temperaturanstieg wird dieses Sauerstoffmolekül abgespalten, und das gewöhnliche Soda bleibt zurück. Natriumperkarbonat ist bereits bei 30 – 40°C wirksam und hat eine mildere Wirkung als Natriumperborat. Darum ist es Perborat vorzuziehen.

T.A.E.D. – Tetra-Acetyl-Äthylen-Diamine. Dieser Stoff wird in Kombination mit Natriumperborat verwendet. Zusammen bilden sie Peroxydessigsäure, die bereits bei 40°C zersetzt wird und ihre Bleichwirkung entfalten kann.

Optische Aufheller. Diese Stoffe heften sich an die Wäsche. Sie nehmen die ultravioletten Strahlen des Lichts auf und reflektieren sie bläulich. Dadurch erscheint die Wäsche weißer. Bei Tageslicht ist die Wäsche weißer als bei künstlichem Licht. Aber gegen das Licht gehalten sind die Flecken schon noch da. Unter Einfluß des Sonnenlichts können optische Aufheller vergilben. Das ist nur bei Baumwolle der Fall. Auf Polyester/Baumwolle haben optische Aufheller wenig Effekt. Optische Aufheller können sich in Schweiß oder Urin lösen und dann auf der Haut abgelagert werden. Das Produkt gehört zu einer Gruppe von Stoffen, von denen man annimmt, daß sie krebserzeugend sind. Dennoch werden optische Aufheller sogar in Zahnpasta und Papierwindeln verarbeitet.

Enzyme

Enzyme bauen eiweißhaltige Flecken, beispielsweise von Blut oder Stuhlgang, ab. Die Enzyme werden in der Fabrik eingekapselt, weil sie auf der Haut oder beim Einatmen Hautkrankheiten und allergische Reaktionen verursachen können. Bei Temperaturen über 60°C werden sie zerstört. Diese Stoffe werden eigens für Waschmittel gezüchtet – man könnte fast sagen: auf Waschmittel trainiert. Sie kommen in der Natur in dieser Form nicht vor. Über ihr Verhalten in Boden und Grundwasser ist kaum etwas bekannt.

Silikate

Silikate sind Verbindungen aus Kieselsäure mit mineralischen Stoffen wie Natrium oder Kalium. Die Erdkruste besteht aus derselben Art von Verbindungen. Im Waschpulver neutralisieren Silikate die Kalksalze aus dem Wasser, sie unterstützen die Waschwirkung und verhindern, daß die Waschmaschine korrodiert.

Schaum-hemmer

Schaumhemmer müssen synthetischen und nativen Detergentien zugesetzt werden, um die Bildung von zu viel Schaum zu verhindern (eine große Menge an Schaum sagt bei synthetischen Waschmitteln übrigens nichts über die Waschkraft aus). Bei Seifenwaschmitteln sind sie überflüssig, weil richtig dosierte Seife wenig schäumt.

Um dem Waschmittel einen eigenen Duft zu geben, wird ein (meistens synthetisches) Parfüm zugesetzt. Diese Duftstoffe können allergische Reaktionen bei Mensch und Tier hervorrufen. In Deutschland stieg, hauptsächlich durch die in Kosmetika und Waschmitteln verwendeten Grundstoffe, der Bevölkerungsanteil, der allergische Reaktionen aufweist, in wenigen Jahren von 5 auf 20%. Es ist bekannt, daß bestimmte Insekten schon bei sehr geringen – mit unseren Sinnen nicht wahrnehmbaren – Konzentrationen von synthetischen Parfüms Verhaltensstörungen zeigen. Über den Nutzen von Parfüm läßt sich streiten.

Parfüm

Im weißen Waschmittel lassen sich manchmal blaue und grüne Kügelchen unterscheiden. In Flüssigwaschmitteln kommen rosa, gelbe und grüne Farbstoffe vor. Sie haben keinerlei Funktion, sind oft schwer abbaubar und stellen eine zusätzliche Belastung für die Umwelt dar.

Farbstoffe

Synthetische Waschmittel ätzen die Wäsche sauber. So sauber, daß die Textilfaser wie ein nackter, knisternder Bindfaden im Gewebe liegt. Um dem entgegen zu wirken, muß man einen Weichspüler verwenden. Dafür werden meistens kationische Detergentien verwendet, die eine spezifische Eigenschaft haben: Sie heften sich als dünner Film an den Stoff, mit dem sie in Kontakt kommen (wer ein «weichgespültes» Hemd anzieht, zieht folglich erst ein Detergenshemd an und dann ein Hemd aus Textil). So kommt das Detergens auch auf die Haut. Das feuchtigkeitsabsorbierende Vermögen von Haut und Stoff wird dadurch verringert. Die Rückstände dieses Detergens sind sehr giftig für Fische.
Weichspüler darf erst dem letzten Spülwasser zugegeben werden, weil er den waschaktiven Stoff im Waschmittel unwirksam macht. Das Einbauen eines Weichspülers in ein Waschmittel gelingt auch nur mit Hilfe von chemischen Kunstgriffen.

Weichspüler

Seifenwaschmittel

Eigenschaften von Seifenwaschmitteln und von synthetischen Waschmitteln

1. Spuren von Seifenwaschmitteln, die in den Magen gelangen, werden dort zu körpereigenen Stoffen abgebaut.
2. Seife ist neutral für die Haut.
3. Genau wie bei Detergentien kann für jede spezielle Art von Wäsche eine spezielle Seifensorte entwickelt werden. Bestimmte Seifenwaschmittel können in der Waschmaschine verwendet werden. Das ist auf der Verpackung angegeben. Seife hinterläßt eine natürliche Fettschicht auf der Textilfaser, so daß diese weich bleibt. Graue, harte Wäsche wird darum nach regelmäßigem Waschen mit einem Seifenwaschmittel weicher.
4. Seife wird schnell und vollständig in der Natur abgebaut, Kläranlagen können Seife gut bewältigen.
5. Eine gut dosierte Waschlauge schäumt mäßig.
6. Ein Seifenwaschmittel büßt selbst nach Jahren nichts an Waschkraft ein, selbst nicht, wenn es austrocknet.

Synthetische Waschmittel

1. Spuren von synthetischen Waschmitteln werden im Magen nicht abgebaut, weil der Magen Verbindungen mit Schwefelsäure nicht abbauen kann. Sie erhöhen die Durchlässigkeit der Schleimhäute im Verdauungskanal.
2. Synthetische Waschmittel wirken auf die Haut austrocknend und können Allergien und Hautkrankheiten hervorrufen.
3. Für jede spezielle Art von Wäsche gibt es ein spezielles Waschmittel.
4. Alle Waschmittel müssen, je nach Umständen, zu mindestens 80% in der Natur abgebaut werden können, so lautet die gesetzliche Vorschrift. Bei synthetischen Waschmitteln werden die restlichen 20% nicht oder erst nach langer Zeit abgebaut. Kläranlagen können nur einen Teil des Detergens neutralisieren.
5. Die Schaummenge sagt nichts über die Waschkraft eines synthetischen Waschmittels aus.
6. Ein synthetisches Waschmittel verliert schon nach einigen Monaten an Waschkraft. Ein Waschmittel mit Enzymen verliert seine Waschkraft, wenn es feucht wird.

Die Dosierung von Wäsche und Waschmittel, die Temperatur während des Waschprozesses und das Beladen der Maschine sind entscheidende Faktoren für das Erzielen eines guten Waschresultats.

Dosierung. Dosieren der Wäsche: Die Maschine nicht überladen, die Wäsche muß sich frei bewegen können. Oben in der Trommel muß ein kleiner, freier Raum bleiben.

Dosieren des Waschmittels. Eine zu hohe Dosierung ist Verschwendung und erhöht die Umweltverschmutzung. Eine zu *niedrige Dosierung* ist häufig die Ursache eines verfrühten Verschleißes der Waschmaschine und eines *schlechten Waschresultats.* Es kann dann vorkommen, daß abgesetzter Schmutz in grauen Flecken auf der Wäsche zurückbleibt, weil das Waschmittel nicht genügend Kraft hat, um den Schmutz in der Waschlauge schwebend zu halten. Manchmal lassen die Flecken sich mit der Hand abreiben. Gelingt das nicht, dann ist nochmaliges Waschen die einzige Lösung. Diese Flecken können sowohl bei einem synthetischen als auch bei einem Seifenwaschmittel vorkommen. Man muß vielleicht etwas herumexperimentieren, um den richtigen Mittelweg bei der Dosierung des Waschmittels zu finden.
Bei Verwendung eines *Seifenwaschmittels* muß die vorgeschriebene Dosierung *gewissenhaft* eingehalten werden, auch was die *Härte des Wassers* betrifft, denn die ist bei einem Seifenwaschmittel *für das Resultat ausschlaggebend.* Ist immer ein synthetisches Waschmittel verwendet worden und geht man dann auf ein Seifenwaschmittel über, dann sind die ersten Waschergebnisse häufig enttäuschend: Es sieht so aus, als wäre die Wäsche nicht sauber geworden, weil die optischen Aufheller herausgewaschen werden und sich in der Waschlauge absetzen. Nach wiederholtem Waschen wird das Resultat besser.
Für die Dosierung von synthetischen Waschmitteln gibt der Hersteller eine großzügige Sicherheitsspanne an, damit auch die schmutzigste Wäsche, selbst bei Unterdosierung, doch sauber aus der Maschine kommt. Man kann mit der Dosierung experimentieren, um bei der geringst möglichen Dosierung ein möglichst optimales Resultat zu erzielen.
Sowohl bei Seifen- als auch bei synthetischen Waschmitteln werden die besten Resultate erzielt, wenn ein Wasserenthärtungsapparat an die Waschmaschine angeschlossen wird, der das einströmende Wasser erst weicher macht. Die Dosierung kann dabei bis zu 40% niedriger sein.

Dosierung und Temperatur

Temperatur. Weiße Pflanzenfasern wie Baumwolle, Leinen und Ramie verlangen eine hohe Temperatur und eine hohe Alkalität, um den angehefteten Schmutz loszulassen: Die Faser muß nämlich ordentlich aufquellen. Ob man nun ein Seifen- oder ein synthetisches Waschmittel verwendet – ständige 60°-Wäsche von weißen Textilien führt auf die Dauer zu einer Verschmutzung der Wäsche. Man merkt das an dem Grauschleier und an dem verringerten feuchtigkeitsabsorbierenden Vermögen des Stoffs. Um solchen Problemen vorzubeugen, kann man jede zweite oder dritte Wäsche bei 95°C waschen. Auch für Buntwäsche gilt, daß Baumwolle bei 60°C nicht gut sauber zu halten ist. Als Zwischenlösung kann man die Wäsche eine Nacht einweichen.

Mischgewebe wie Wolle/Baumwolle, Wolle/Polyester und Baumwolle/Polyester werfen beim Waschen Probleme auf: Wolle kann kalt gewaschen werden, Seide und synthetische Fasern wäscht man bei niedrigen Temperaturen; Baumwolle, Leinen und Ramie bei hohen Temperaturen. Bei der Etikettierung geht man von dem temperaturempfindlichsten Grundstoff aus. Die Beimischung, die eine höhere Waschtemperatur verlangt, wird dann nicht gut sauber.

Kombinationen von tierischen, pflanzlichen und synthetischen Fasern untereinander sind leicht zu pflegen (zum Beispiel Wolle/Seide, Baumwolle/Leinen, Polyester/Acryl). Ein Waschmittel wählen, das zu der Art der Wäsche paßt. Für Wäsche unter 60°C kein Waschmittel mit Natriumperborat verwenden, das wird dann ungebraucht im Oberflächenwasser gelöst, während die oxydierende Wirkung noch ganz aktiv vorhanden ist.

In Buntwaschmitteln sind keine Bleichmittel, und doch muß das Waschmittel bei einer niedrigen Temperatur sauber waschen können. Zu diesem Zweck werden zusätzliche Phosphate und Enzyme dem Waschmittel zugesetzt, oft mehr, als nötig ist.

Von *Flüssigwaschmitteln* sollte abgeraten werden. Sie sind zwar phosphatfrei, enthalten aber drei- bis viermal mehr Detergentien als pulverförmige Waschmittel. Es liegt auch auf der Hand, daß ein pulverförmiges Mittel viel stärker konzentriert werden kann als ein flüssiges Mittel. Neuere Untersuchungen (1988) in Deutschland und in der Schweiz ergaben, daß die Waschwirkung bedeutend schlechter ist als die von Pulvern.

Nachstehende Anregungen können helfen, sowohl die Wäsche als auch die Maschine gut zu pflegen und die Umwelt nicht mehr zu belasten, als unbedingt notwendig ist.

Waschen mit einem guten und umweltfreundlichen Resultat

– Bei der Wahl eines Waschmittels macht man am besten – als Gegenstück zum Totalwaschmittel – vom «Baukasten»-Prinzip Gebrauch. Man kauft je nach Bedürfnis Enthärter, Waschmittel und Bleichmittel einzeln, um eine der eigenen Situation entsprechende Kombination zusammenzustellen: viel, wenig oder kein Enthärter, Bleichmittel oder kein Bleichmittel usw.

– Bei einem Seifenwaschmittel ist ein Weichspüler überflüssig.

– Das *Vorwaschen* kann man ganz weglassen, es sei denn, daß man extrem verschmutzte Wäsche hat (Verbände, Salbenlappen, usw.). Die meisten Vorwaschprogramme sind sehr kurz und erhöhen den Waschmittelverbrauch, ohne wesentlich zum Waschresultat beizutragen.

– Indem man die Waschmaschine, nachdem sie einige Minuten gelaufen ist, ein oder zwei Stunden ausstellt (Küchenwecker) und sie anschließend wieder von vorn durchlaufen läßt, wird das Waschprogramm verlängert, wodurch ein besseres Waschresultat erzielt wird.

– *Stark verschmutzte Wäsche* abends ein paar Minuten in der Maschine laufen lassen, und am nächsten Morgen die Waschmaschine wieder neu von vorne durchlaufen lassen.

– *Stark verschmutzte* Kleidungsstücke aus Pflanzenfasern eine Nacht in einem Eimer Wasser mit 1 oder 2 Eßlöffel Soda oder etwas Silvester (in Spezialgeschäften erhältlich) einweichen, aber nicht Kleidungsstücke aus Wolle und Seide!

– *Schmutzige Kragen und Manschetten* mit Kernseife einreiben, bevor sie in die Waschmaschine kommen.

– Alle sechs Monate das 60°-Waschprogramm ohne Wäsche oder Waschmittel, aber dafür mit 3 bis 4 Eßlöffeln Zitronensäure (in der Drogerie erhältlich) durchlaufen lassen, um eventuelle Kalkablagerungen auf den Heizelementen zu entfernen.

– Wenn man vor dem Neukauf einer Waschmaschine steht, möglichst einen Typ wählen, bei dem man nicht an feste Programme gebunden ist, sondern alle Arbeitsgänge (Temperatur, Vorwäsche, Spartaste, Spülgänge) selbst regeln kann. Auch auf den Wasser- und Stromverbrauch achten: Die neuesten Typen kommen mit ca. 70 Litern Wasser (normal 140 Liter!) und ca. 2 kWh Stromverbrauch (normal 3 kWh!) aus.

Literatur

Lisa de Boor, *Kleidung als Urbild. Hemd, Hut und Hose,* Stuttgart 1981

H. Driesch, *Welche Chemiefaser ist das?* Stuttgart 1962

Wolfgang Goebel und Michaela Glöckler, *Kindersprechstunde. Ein medizinisch-pädagogischer Ratgeber.* Stuttgart 1986

Karl König, *Die ersten drei Jahre des Kindes,* Stuttgart 1988

Paulus Johannes Lehmann, *Die Kleidung – unsere zweite Haut,* Dreieich 1982

W. zur Linden, *Geburt und Kindheit,* Freiburg 1982

Mensch und Kleidung, Zeitschrift für menschengemäße Bekleidung, erscheint vierteljährlich im Siegfried Traut Verlag, D–7065 Winterbach

Werner Meyer-Larsen, *Vom Bohrloch zum Bikini*, Reinbek bei Hamburg 1972

H. A. Möllmann, *Welche Naturfaser ist das?* Stuttgart 1960

Manfred Pawlak, *7000 Jahre Handwerk und Technik*, Herrsching o.J.

W. Chr. Simonis, Von der elektrostatischen Aufladung des Menschen durch Kleidung und Umwelt. In: *Mensch und Kleidung*, 17/18, 1983

W. Chr. Simonis, *Wolle und Seide. Der Mensch als Wärmewesen. Bekleidungshygienische Betrachtungen*, Stuttgart 1973

Detlef Sixel, *Wärme und Bekleidung in der Entwicklung des Kindes,* Basel 1967

Rudolf Steiner, *Über das Wesen der Bienen*, 4. Aufl. Dornach 1988

Rudolf Steiner, *Der Mensch als Zusammenklang des schaffenden, bildenden und gestaltenden Weltenwortes*, 6. Aufl. Dornach 1985

Rudolf Steiner, *Natur und Mensch in geisteswissenschaftlicher Betrachtung,* Dornach 1981

Rudolf Steiner, *Die Erziehung des Kindes vom Gesichtspunkte der Geisteswissenschaft,* Dornach 1981

F. von Zglinicki, *Die Wiege*, Regensburg 1979

CHRISTIANE KUTIK / EVA OTT-HEIDMANN

Das Jahreszeitenbuch

Anregungen zum Spielen, Basteln und Erzählen –
Gedichte, Lieder und Rezepte zum Jahreslauf.
Durchgehend illustriert. 4. Auflage, 320 Seiten, gebunden

Was sollen wir mit unseren Kindern spielen; welche Geschichten erzählen, welche Lieder singen? Eltern und Erzieher sind heute oft ratlos, wenn es um solche Fragen geht. Altes, traditionelles Brauchtum hat weitgehend seine soziale Wirksamkeit verloren oder ist gar in Vergessenheit geraten. Neue Ideen aber sind rar, Erneuerungskräfte kaum vorhanden.

Das Jahreszeitenbuch will hier weiterhelfen. Es zeigt in Form eines echten «Hausbuches», wie der Jahreskreislauf, mit den Kindern gemeinsam erlebt, zum Spielen, Singen, Erzählen, Basteln und Backen anregt. Daraus kann dann auch ein sinnvolles Gestalten der Jahresfeste entwickelt werden: Weihnachten und Ostern, aber auch die heute kaum noch beachteten Feste Johanni und Michaeli. Christiane Kutik erläutert knapp die Bedeutung dieser Feste. Sie schafft es, durch die Auswahl der Geschichten und Lieder und mit ihren begleitenden Zwischentexten Eltern und Kindern das Erleben des Jahreslaufs wieder nahezubringen. Überdies ist das Buch wunderschön mit vielen Zeichnungen von Eva Ott-Heidmann versehen.

«Das neue, große Jahreszeitenbuch ist vergleichbar mit einem wunderbaren Schatzkästlein. Wo immer man es aufschlägt, finden sich Kostbarkeiten, jedoch nicht wahllos und kunterbunt, sondern bei aller Lebendigkeit folgerichtig in den Jahreskreis und seine Festeszeiten eingeordnet.»

Die Brücke

Verlag Freies Geistesleben